W0073294

SAH D'SIMONE

sensationell spirituell

Aktiviere deine innere Superpower

Aus dem Englischen
von Judith Elze

KNAUR✪
BALANCE

Die amerikanische Originalausgabe erschien 2020 unter dem Titel
»Spiritually Sassy. 8 Radical Steps to Activate Your Innate Superpowers«
bei Sounds True, USA.

Besuchen Sie uns im Internet:
www.knaur-balance.de

Aus Verantwortung für die Umwelt hat sich die Verlagsgruppe
Droemer Knaur zu einer nachhaltigen Buchproduktion verpflichtet.
Der bewusste Umgang mit unseren Ressourcen, der Schutz unseres Klimas
und der Natur gehören zu unseren obersten Unternehmenszielen.
Gemeinsam mit unseren Partnern und Lieferanten setzen wir uns für
eine klimaneutrale Buchproduktion ein, die den Erwerb von Klimazertifikaten
zur Kompensation des CO_2-Ausstoßes einschließt.
Weitere Informationen finden Sie unter: www.klimaneutralerverlag.de

Deutsche Erstausgabe April 2022
© 2020 Sah D'Simone
© 2022 der deutschsprachigen Ausgabe Knaur Balance
Ein Imprint der Verlagsgruppe
Droemer Knaur GmbH & Co. KG, München
Alle Rechte vorbehalten. Das Werk darf – auch teilweise – nur mit
Genehmigung des Verlags wiedergegeben werden.
This translation published by arrangement with Sounds True and
by the agency of Agence Schweiger.
Redaktion: Patricia Ging
Covergestaltung: Isabella Materne
Coverabbildung: Ali Kaukas
Satz: Adobe InDesign im Verlag
Druck und Bindung: CPI books GmbH, Leck
ISBN 978-3-426-67615-8

2   4   5   3   1

Für Mom und Dad

Inhalt

Einleitung

Hallo, Schätzchen, und willkommen bei *sensationell spiri-tuell*! Dieses Buch fasst die Kunst, in unserer modernen Welt gut zu leben, in acht radikalen, aber absolut erreich-baren Schritten zusammen, die dich direkt zum Herzen füh-ren. *Sensationell spirituell* ist ein Leitfaden ins *Jetzt*.

Die Schritte in diesem Buch sind kein Quickfix. *Sensatio-nell spirituell* ist nicht irgend so ein cooler Slogan für eine spi-rituelle Vermeidungsstrategie. Es ist eine Einladung, dich zusammen mit einem Typen an die Arbeit zu machen, der es am eigenen Leib erprobt hat und mit dem du dich identifi-zieren kannst. Als Mischung aus tantrischem Buddhismus, evidenzbasiertem psychologischem Wissen und meiner spe-ziellen frechen Würze ist *sensationell spirituell* die moderne Antwort auf dein Leid. Vielleicht fragst du dich: »Was zum Teufel willst du mit diesem großen Wort *Leid* sagen?« Ich meine das ganze Paket: die Verwirrung darüber, wer du bist, den Schmerz aus der Vergangenheit, die Schuldgefühle, die Scham, den Hass, die Grausamkeiten, die Gleichgültigkeit, Selbstzufriedenheit ... Die Liste ist lang – all das Zeug, das du ungewollt mit dir herumschleppst und das leider dein Leben bestimmt. Ich biete dir einen Zugang zur Spiritualität, der dir helfen möchte, deinen Scheiß zu heilen, dich mit deinem Herzen zu verbinden, deine innere Superpower zu aktivieren und deinen Fußabdruck auf der Welt zu hinterlassen, indem du bist, wer du wirklich bist. Wie soll ich es ausdrücken? In *sensationell spirituell* geht es um dein verdammtes Selbst! Ich möchte, dass du dich erinnerst, wie es ist, tapfer zu sein und

Raum für dich einzunehmen, denn tief in dir drin weißt du das alles längst. Es ist an der Zeit, dass du dich erinnerst, denn die Welt braucht deine Magie, sie braucht alles, was du ihr schenken kannst. Das hier ist ein ganz neuer Lehrplan, und deine Hausaufgabe besteht darin, ganz du selbst zu sein und deinem Innersten kreativ Ausdruck zu verleihen.

Als mein Leben langsam in sich zusammenfiel, fing ich an, ernsthaft nach mehr zu suchen. Damals war ich in meinen Zwanzigern, völlig verängstigt und depressiv, arbeitete mit voller Leistung in der Modeindustrie und war Mitbegründer einer erfolgreichen Zeitschrift. Ich lebte das Leben, das ich mir gewünscht hatte, ein Leben, wie es die Gesellschaft cool findet. Ich verdiente viel Geld, hing mit Stars ab und war scheinbar erfolgreich. Dabei hatte ich eine schwere Depression und verlor mich in Drogen und Alkohol. Ich fütterte meinen Körper mit Scheiß, und wie ich mit mir umging, hatte nichts mit meinem wirklichen Selbst zu tun. Was wollte ich? Wer war ich? Und warum war ich so verdammt unglücklich, wenn ich doch alles hatte, was ich wollte? Das waren die Fragen, die mich zu Beginn antrieben. Als PoC und queerer Immigrant in den USA legte ich viel Wert auf Materielles, Besitz war zu meinem einzigen Vokabular geworden. Also wurzelte alles, was ich machte, im Streben nach einer besonderen Art von Erfolg. Dieses Streben bestimmte die Qualität meiner Erfahrung und mein Selbstwertgefühl. Ich fühlte mich zwar zu spirituellen Dingen hingezogen, wusste aber nicht, wo ich anfangen sollte, und ganz sicher nicht, wo in solchen Kreisen mein Platz sein könnte. Wo war mein Platz, und woran glaubte ich?

Wenn du so bist wie ich, gibt es keinen direkten Weg zur inneren Freiheit. Mein Weg lief unausweichlich über die Intersektionalität. Ich war weder das eine noch das andere, gehörte nirgends dazu, denn ich passe in keine Schublade. Was ich an spirituellem Leben um mich herum sah, passte nicht zu mir. Also begann ich, nach Räumen zu suchen, die sich vertraut anfühlten. Am Ende entwickelte ich den sensationell-spirituellen Weg. Ich fand ein Zuhause für mich und möchte dich dorthin einladen. Hier sind alle willkommen.

Meine Suche hat mich durch die ganze Welt geführt. Sie hat mich dazu gebracht, die Modebranche zu verlassen und einen ganz anderen Weg einzuschlagen. Jetzt lehre und lerne ich und arbeite tagtäglich daran, mich selbst zu befreien. Ich bin zu spirituellen Lehrer*innen, Neurowissenschaftler*innen, kontemplativen Psycholog*innen, Trauma-Expert*innen gegangen und habe von ihnen und von all den wilden und coolen Leuten gelernt, die ich auf meinen Reisen kennenlernen durfte. Meine Suche hat mich zu einer Lebensweise gebracht, die sich zwar aus all meinen Studien herleitet, aber nach mir anfühlt. Jetzt möchte ich mit dir die Schritte teilen, die ich in der Hoffnung entwickelt habe, dass sie auch dir helfen, dich mehr wie du selbst zu fühlen. Lies und probier aus, was für mich funktioniert hat. Vielleicht kann es dir zu mehr Lebendigkeit verhelfen.

Sensationell spirituell ist ein Lehrplan, mit dem du lernst, dein Leben neu zu gestalten, und dich am Ende von alten Gefühls-, Denk- und Verhaltensweisen verabschiedest. Du wirst nicht mehr in den Gewohnheiten deines konditionierten Denkens gefangen sein, sondern dich voll und ganz mit deinem innersten Wesen verbinden und danach leben können.

Egal, ob deine Arbeit chaotisch, laut, extravagant oder fantastisch ist – das ist alles in Ordnung. Du musst dich nur mit deinem ganzen Selbst zeigen, und zwar vor allem mit den Teilen, auf die du nicht stolz bist. Ich hatte da ein ganz eigenes Erwachen, von dem ich später erzählen werde. Der Punkt ist, dass ich am Ende nicht still oder komplett zenmäßig wurde. Meine Version von Spiritualität ist wild und macht Spaß, und genau so sollte sie auch sein. Ich lade dich ein, wild und frei dein eigenes Ich zu leben. Auch wenn das vielleicht egoistisch und nicht sehr spirituell klingt, ist es genau das Gegenteil, das versichere ich dir. Wenn du wirklich du bist, gibst du auch anderen die Erlaubnis dazu. Denn wir sind alle tief miteinander verbunden. Wenn du dein freches Herz aufdeckst, beeinflusst du alle damit. Du kannst es zwar nicht mit eigenen Augen sehen, aber das Wissen, das aus deinem Herzen aufsteigt, sagt die pure Wahrheit. Je mehr du deine innere Welt verwandelst, desto mehr kannst du anderen helfen, dasselbe zu tun. Und je mehr du anderen hilfst, desto mehr verwandelt sich deine innere Welt. Der sensationell-spirituelle Weg ist ein nachhaltiger, heilsamer Kreislauf. Begegnen wir jemandem, der sein volles Potenzial lebt, ist das etwas ganz Wunderbares. Wir fühlen uns sofort zu ihm hingezogen und bewundern seine Art zu sein. Du bist dieser Jemand. Ich möchte dir helfen, dich daran zu erinnern.

Halte genau jetzt einen Augenblick inne. Stell dir vor, du bist vollkommen frei. Visualisiere dich komplett befreit – du hast alle Antworten, alle Unterstützung, du lebst deinen Traum. Stell es dir nur einen Augenblick vor. Dieser kleine Einblick ist ein Beispiel dafür, wie du Zugang zur wundervollen Technologie des Herzens bekommen kannst. Dein Herz will dich glücklich sehen, Schätzchen. Bleib in diesem Gefühl, schließlich ist es dein Geburtsrecht.

Und jetzt begleite mich ein Stück. Ich möchte dich über die Brücke zu deinem Herzen führen.

Bist du bereit?

Glossar

Bevor wir uns auf die Reise machen, möchte ich dich, nur damit wir uns richtig verstehen, über ein paar Schlüsselbegriffe aufklären, die ich im Buch häufig verwende.

Bitch

Bitch ist in meinem Sprachgebrauch völlig frei von der traditionellen, beleidigenden Bedeutung. Es ist geschlechtslos. Wenn ich es benutze, meine ich damit mich selbst in frechem Sinne. Es ist eine Art liebevoller Spitzname für mich oder andere, fast als würde ich »ich« oder »du« sagen. Wichtig ist, die negative Konnotation zu kennen und zu wissen, dass man damit auch Leute beleidigen kann. In diesem Buch nehme ich mir aber die Freiheit, dem Wort eine positive Bedeutung zu geben.

Girl

Ähnlich wie Bitch, nenne ich mich selbst und andere häufig auch liebevoll *Girl*. Dieser Begriff ist ebenfalls nicht gegendert. Es geht hier nicht um die buchstäbliche Bedeutung von Girl als Mädchen. Auf dem Frechheitsbarometer ist Bitch eine Zehn und Girl vielleicht eine Sechs. Beide sind frech, Girl aber ein bisschen zahmer, weil es eben kein Schimpfwort ist.

Herz

Ich spreche hier nicht von deinem schlagenden physischen Herzen, auch wenn sich das, was ich meine, an der Stelle deines organischen Herzens befindet. Ich meine das spirituelle *Herz*. Ich glaube, dieses Herz enthält unser wahres Wesen und die tiefste Weisheit, die wir je erfahren können. Wenn es ein spirituelles Ziel gäbe, würde es darin liegen, diesen Platz in uns zu finden und zu lernen, immer Zugang zu ihm zu haben. Alle Übungen, alle Theorie und Weisheit in diesem Buch kreisen genau darum. Meine Mission ist es, dich dein Herz erforschen zu lassen oder dich zumindest zu motivieren, ihm mehr Aufmerksamkeit zu schenken.

Höhere Vision

Nach einer *höheren Vision* zu leben bedeutet, dass du in Übereinstimmung mit deinem Lebensziel und deinem Herzen lebst. Du lebst ein herzgesteuertes Leben und sorgst emotional, spirituell und körperlich für dich. Du bist im Gleichgewicht.

Karma

Ich werde viel über *Karma* und karmische Samen reden, um mithilfe der Gartenmetapher den karmischen Garten deines Geistes und Verstandes anzusprechen. Bei unserer Geburt ist unsere Leinwand alles andere als weiß. Man könnte sagen, dass das Karma aus den genetischen, biologischen Anlagen besteht, wie sie uns über unseren Familienstammbaum weitergegeben wurden. Das heißt nicht, dass wir unsere Eltern und Vorfahren verantwortlich machen sollten für das, was wir sind. Auch wenn das auf einer bestimmten Ebene der Realität entspricht, möchte ich Karma so verstanden wissen, wie der historische Buddha es begriff. Dieses Karma gibt nichts und niemandem die Schuld. Stattdessen überantwortet es uns das vollständige Eigentumsrecht darüber, wer wir sind. Was ich als Nächstes sage, sollst du dir nicht wie spirituelles Kool-Aid herunterkippen. Ich schlage es dir nur als Hypothese vor: Was wäre, wenn unsere karmischen Anlagen aus unseren eigenen vergangenen Tagen in früheren Leben geerbt wären und eine direkte Wirkung auf unser jetziges Leben hätten? Sie gestalten die jetzige Version deines ICHS (die gute Nachricht ist aber, dass sie das gar nicht mehr müssen!).

Was Karma angeht, will ich im vorliegenden Buch nicht allzu technisch werden, dich aber einladen, es dir als Bündel gesunder und ungesunder Gewohnheiten vorzustellen, die du geerbt hast. Diese Neigungen erschaffen alles, was du erlebst: Gutes und Schlimmes, Schönes und Trauriges. Es ist an uns, diesen Erschaffungsprozess zu beeinflussen: ihn zu verstehen und Werkzeuge zu finden, die uns unterstützen, damit wir dem blöden Zeug nicht mehr erlauben, unser Leben zu bestimmen und Entscheidungen für uns zu treffen. Dein karmischer Garten ist dort, wo du die Macht hast, in jedem Moment neu zu entscheiden, welche Samen du gießen und keimen lassen willst und welche nicht.

Megaboss

Ein *Megaboss* lebt seine Lebensaufgabe, inspiriert andere und strahlt positive Schwingungen aus, ganz egal, wohin er geht. Grundsätzlich ist er jemand, der ehrlich zu sich selbst ist und an sich arbeitet. Er ist auf seinem Weg und daher im Flow. Er schwingt sich auf die Gelegenheiten ein, die sich ihm bieten, und erntet die Schätze, die sich daraus ergeben. Ganz egal, welchen Beruf er hat, Hauptsache, er liebt, was er tut. Von ihm geht Liebe aus.

Verdienst

Verdienst hat direkt mit Karma zu tun. Verdienst wirkt ungesundem Karma (oder schlechten Angewohnheiten) entgegen. Stell dir Verdienst wie spirituelles Geld vor, das auf dein Bankkonto fließt, um ein Minussaldo auszugleichen. Manches Tun bringt mehr Verdienst ein als anderes. Du kannst es mit deinen Gedanken, Worten oder auch Taten kultivieren. Wenn du freundlich mit dir und anderen im Denken und Sprechen bist, dann kultivierst du positiven Verdienst, gießt die günstigen Samen im karmischen Garten deines Geistes und rupfst schädliches Unkraut aus der Erde.

Und irgendwann werden sich diese günstigen Samen zu einer glücklicheren und entspannteren Version von dir auswachsen. Du glaubst mir nicht? Probier es einfach aus!

1
Raus aus dem
spirituellen Versteck

Herzlichen Glückwunsch, mein Schatz. Du hast schon einen Schritt in Richtung Wohlbefinden und Herz gemacht. Dein Vertrauen ehrt mich, und ich möchte mit dir teilen, was meiner Erfahrung nach das Zeug hat, uns heilen zu lassen und glücklich zu machen. Dein Wohlbefinden fordert dich mit Haut und Haar: Du musst Verstand und Körper trainieren, damit du deinem Herzen Gehör schenken kannst. Ich verspreche, ehrlich und offen zu sein und dich an die Hand zu nehmen, wenn wir gemeinsam über die Brücke gehen. Bist du bereit, dich mit mir zusammen auf diese Reise zu begeben? Bist du bereit, dich an die Arbeit zu machen?

Es wird nicht leicht, aber es lohnt sich, das verspreche ich dir. Manchmal wird es vermutlich sogar verdammt unheimlich. Aber weißt du was? Du bist es wert. Sprich mir nach und schwöre: *Ich bin es wert.*

In diesem Kapitel gehe ich die acht Schritte des Programms von *sensationell spirituell* einmal durch, damit du weißt, worauf du dich einlässt. Ich erzähle von meinem spirituellen Coming-out, und du kannst schon mal anfangen, deinen eigenen einzigartigen Weg raus aus deinem spirituellen Versteck zu entwerfen. Denn ich sag dir gleich: Zehn Minuten am Morgen bringen es nicht. Du bist der Megaboss, Schätzchen! Du bist eine lebende Legende und kannst alles spiritualisieren.

Eine neue Spiritualität

Also, was zum Teufel meine ich überhaupt mit »sensationell spirituell«? Es gibt viele Wege in die Freiheit, was ist also so interessant an meinem sensationell-spirituellen Weg? *Sensationell spirituell* ist die Krönung der Studien, die ich von West nach Ost und wieder zurück betrieben habe. Mein Vokabular ist kein rein buddhistisches. Es ist eher meine Interpretation von allem, was ich durch das Studium des tantrischen Buddhismus, der kontemplativen Psychotherapie und als totaler Befreiungsjunkie gelernt habe. Es ist die Weisheit, nach der ich lebe, und zu der Kraft geworden, die mich leitet. In den hier versammelten Lehren verarbeite ich alles, was ich durch den buddhistischen Weg gelernt habe, und gebe es auf sehr zugängliche, revolutionäre und meine widerspenstige Weise an dich weiter. Es handelt sich nicht um ein buddhistisches Buch, auch wenn ich einige buddhistische Prinzipien verwende. Im Gegenteil, ich verstoße gegen so einiges, was meine Lehrer mir sagen. Vielleicht ist das rebellisch, zugleich aber das, was ich weiß und was für mich funktioniert.

Es ist kein Geheimnis: Ich bin voll homosexuell, voll PoC, langhaarig und lockig und Brasilianer, ich lache laut, bin exaltiert, tanze gern, nenne alle Leute »Schätzchen« und sage dir gleich bei unserer ersten Begegnung, dass ich dich liebe. Und auch das sind Fakten: Ich war süchtig, schämte mich für meine Sexualität, hielt mich für wertlos, war schwer depressiv und voller Ängste. Ich dachte, niemand könnte mich je lieben, und fütterte meinen Körper mit Müll. Fakt ist aber auch: Ich bin Buddhist und meditiere jeden Tag; Tanzen ist meine Freiheitspraxis; ich habe bei spirituellen Lehrern und Lehrerinnen weltweit gelernt; die Übung von Liebe und Vergebung mir selbst und anderen gegenüber gehört zu meiner täglichen Arbeit; ich bin nicht perfekt. Das alles gehört zu mir. *Sensationell spirituell* gibt diesen Dingen Raum und geht noch weiter, damit wir entdecken, was dahintersteckt, damit wir entdecken, wer wir wirklich sind: unser freches, erwachtes Herz.

Du hast einen Platz in dieser Welt, mein Schatz. Du verdienst es, das Leben zu führen, das du möchtest. Du verdienst es, deine verletzten Anteile zu heilen. Du verdienst es zu wissen, dass du nicht dein mentaler Wirrwarr bist. Du verdienst es, dein erwachtes Herz kennenzulernen; du bist es wert, die Pläne zu hören, die es für dich hat. Es gibt keine zwei Menschen mit ein und demselben Weg, denn keine zwei Menschen haben ein und dieselben Erfahrungen. Jeder und jede von uns hat andere Gaben, die wir hier auf dieser Welt miteinander teilen wollen. Jeder und jede von uns hat andere Wunden, die wir hier auf dieser Welt heilen wollen. Ich habe es satt, wenn Lehrer oder Lehrerinnen sagen: »Es gibt nur den einen richtigen Weg …« Nein, es gibt viele Möglichkeiten, frei zu sein. Gerade auf unsere wunderbare Einzigartigkeit kommt es an, und die würdigt der Weg von *sensationell spirituell*. Ich möchte, dass du anders bist. Ich möchte, dass du DU bist. Volle Kraft voraus, Liebling! Denn was dich frei macht, mein Schatz, das ist dein unverwechselbarer, authentischer Ausdruck deiner selbst (das ICH, das von deinem Herzfeld ausstrahlt).

Die Methode
von *sensationell spirituell*

Meine Methode wird von zwei Fragen bestimmt: Wie kannst DU besser sein? Und wie kannst du deine Fähigkeiten mit der Welt teilen? Ich bin kein Guru, aber ein paar Werkzeuge stehen mir zur Verfügung. Und auch wenn ich dir vielleicht einen, *allenfalls* zwei Schritte voraus sein mag auf der Brücke, gehen wir doch gemeinsam hinüber. Mein Weg ist inklusiv: Er würdigt dich genau so, wie du bist. Mein Weg respektiert deine innere Weisheit. Wer bist du, und warum bist du hier? Das Schöne ist, dass *nur du das weißt!* Ich bin die Verbindungsstelle und nur dazu da, dir ein bisschen Werkzeug zu reichen, damit du den Weg findest, der für dich hier auf der Erde bestimmt ist. Ich werde dich auf dem Weg begleiten, in einer Sprache, die du verstehen kannst.

Sensationell spirituell ist kein passiver Weg. Nur weil ich dich liebe, heißt das noch lange nicht, dass er leicht wird. Er benötigt deine volle Aufmerksamkeit. Aber hab keine Angst! Ich werde dich nicht auffordern, 30 Tage am Stück zu schweigen oder über lange Zeiten zu meditieren (versteh mich nicht falsch: Wenn du das machst, finde ich das voll in Ordnung!). Ich verlange nicht, dass du das Leben nicht mehr genießt, nur noch Weiß trägst oder dich eine Stunde lang vollquatschen lässt (aber wenn das dein Ding ist: auch cool). *Sensationell spirituell* fordert dich auf, dich voll und ganz auf deine Entwicklung einzulassen. Und genau da kommt der Spaß ins Spiel.

Bei meiner Lehrmethode geht es darum, wieder Spaß und Leichtigkeit – und Freude – in die Spiritualität zu bringen. Ich werde dich auffordern, dabei dein ganzes Selbst zu nutzen. Geist, Körper und Herzensweisheit. Ich werde dich auffordern, deinen Körper zu bewegen. Das meine ich ernst. Du wirst tanzen und herumspringen. Du wirst dich daran erinnern, dass du einen Körper hast. Und warum? Weil ich glaube – und die Wissenschaft belegt –, dass tief in uns Traumata abgespeichert sind, die wir durch Bewegung aus unserem System herausbekommen. Es wird chaotisch werden, und du wirst dir selbst gut zureden: »Ich fühl mich total mies, aber ich bin OKAY!« Wir werden spielen. Warum? Weil wir kreative Wesen sind. Kreativität ist verdammt spirituell. Und am Ende werden wir uns erinnern, dass wir kreative, von Natur aus geniale Wesen sind, die einfach nur vergessen haben, vom Herzfeld aus zu leben.

Es geht darum, dass du den Teil von dir aufdeckst, der vollständig erwacht ist: dein Herz. Das Herz ist die Essenz von allem, was auch nur im Entferntesten spirituell ist. Meditation, Achtsamkeit und die Grundlehren des Buddhismus sind dazu da, deine besten Eigenschaften in Führung gehen zu lassen, und genau die leben in deinem Herzen. Wir leiden, weil wir uns von unserem ungeschulten und total konditionierten Verstand und nicht von unserem Herzen leiten lassen. Punkt. Dem habe ich nichts weiter hinzuzufügen. Der Buddha hat alles gesagt. Seine Heiligkeit der Dalai Lama hat alles gesagt. Die großen Meister haben alles gesagt. Was ich zu bieten habe, ist ein Zugang, den Menschen verstehen können. Und zwar alle. Wie ich schon sagte, bin ich die Verbindungsstelle – die nicht-*weiße*, queere, immigrierte, exaltierte, fröhliche, tanzende Verbindungsstelle –, die dir ein paar Werkzeuge an die Hand gibt, damit du lernen kannst, deinen Verstand so zu trainieren, zu befrieden und zu reinigen, dass er dein Herz in seiner Essenz erkennt. Das ist nicht so einfach, wie es klingt. Aber klingt es nicht großartig? Die acht Schritte in diesem Buch stellen eine integrative Methode dar, einen modernen Twist mit Schritten in eine Freiheit, wie der historische Buddha sie lehrte. Versteh mich einfach als den frechen Übersetzer. Die Weisheit bleibt dieselbe, aber ein neuer Lehrer ist in der Stadt. Meine Schritte sind, wie ich schon sagte, vom Buddhismus und anderen Lehren beeinflusst, aber es sind meine ganz eigenen.

Wieso sensationell spirituell anders ist

Als ich zum ersten Mal nach Indien und Nepal kam, lebte ich in Retreat-Zentren und Klöstern und war ein sehr »ernster« Praktizierender. Mit »ernst« meine ich, dass ich meine Verbindung zur Freude verloren hatte. Ich hatte das Wesentliche nicht begriffen und intellektualisierte die Spiritualität. Der Verstand liebt Geschichten. Damals lebte ich die Geschichte ULTRASPIRITUELLER Leute – dachte ich jedenfalls. Diese megaspirituellen Leute waren sehr still, sie aßen nur wenig, lachten nicht laut, bewegten sich nicht auffallend. Um ehrlich zu sein, mangelte es diesen Ashrams, Dharma Centers und Klöstern an Diversität. Ich erlebte nur heterosexuelle *weiße* Männer und imitierte ihren spirituellen Weg. Dabei taten sie bloß, was sie für *ihre* persönliche Heilung brauchten, und das war nicht *mein* Weg.

Als ich anfing zu reisen und buddhistischen tantrischen Lehrern begegnete, stieß ich auf eine Lehrmethode, die die gesamte Zuhörerschaft zum Lachen brachte: Die Lehrer waren frech. Es war ein wundervolles Schauspiel, wenn sie auftraten. Da gab es so viel zu riechen, zu sehen, zu erfahren. Diese ganzen Sinnesgenüsse, die uns normalerweise vom Herzen ablenken, führten mich, auch wenn ich es damals noch nicht wusste, genau dorthin zurück. Ich dachte, diese Lehrer könnten das alles, weil sie schon vollständig erwacht wären, während ich unmöglich so handeln dürfte. Ich dachte, ich müsste weiter diesen sehr asketischen Weg gehen – bis sie mir zeigten, dass ich als Praktizierender eher tantrisch als asketisch veranlagt bin. Ich habe Zugang zu extremen Gefühlen, ich mag schöne Dinge, ich lache und tanze gern.

Auf dem tantrischen Weg kann all das und noch viel mehr von dem, was die moderne Welt zu bieten hat, dazu genutzt werden, unser Herz aufzudecken.

Später entdeckte ich natürlich, dass ich genau dazu berufen war. Als ich aber anfangs in Nepal und Indien lebte, war ich besessen von diesen stillen Praktizierenden, die wenig aßen und sich einfach kleideten. Allerdings schummelte sich meine provokante Ader trotzdem mit rein. Ich erwischte mich dabei, wie ich meinen Kittel geschickt zu stylen versuchte. Abends flocht ich mir die Haare, damit sie gut aussahen, wenn ich um Viertel vor fünf aufwachte, und ich stand so früh auf, damit ich bis zur Meditation noch genug Zeit für Sport hatte. In der Meditationshalle wurde ich sogar herausgerufen. Jemand fragte: »Wer macht hier morgens früh um fünf Seilspringen vor den Niederwerfungen?« Oje. »Hallo, das war ich.« Damals war mein freches Ich kurz davor zu verschwinden: Ich versuchte, jemand zu sein, der ich nicht war. Diese Asketen lehnten das moderne Leben ab, weil das ihr Weg war. Mein Weg ist tantrisch, das weiß ich jetzt. Ich muss alles nutzen können, was die moderne Welt zu bieten hat, um uns tagtäglich in jedem Augenblick mit Freude und Intention zu verbinden.

Es war nicht nur eine Frage von Askese oder Tantrismus, dass ich mich auf meinem spirituellen Weg selbst fand. Im spirituellen Bereich werden die Narrative von heteronormativen, cisgender und *weißen* Stimmen beherrscht. Als junger, nicht-*weißer Millennial* fühlte ich mich häufig isoliert und in vielfacher Hinsicht als Minderheit. Wie passt ein nicht-*weißer* queerer Mann aus Brasilien ins Bild, der auch noch in New York lebt? Die spirituellen Orte, die ich kannte, dienten weder jungen Leuten noch PoCs, städtischen Kreisen oder überhaupt *Millennials*. Ich sehnte mich nach etwas Neuem. In meiner Version von Spiritualität geht es nicht darum, dir Vorträge zu halten darüber, wie du zu leben hast. Ich verspreche, dass du das nie von mir kriegen wirst. In meiner Lehre fällt alles weg, was ich selbst an der Spiritualität nicht mochte, was mich nicht ansprach oder mir auf meinem Weg nicht half. Für mich geht es im Kern darum, ein Umfeld zu schaffen, das zugänglich und inklusiv ist für die Welt, in der wir leben – nicht-*weiß*, Schwarz, queer, hetero, weiblich, auffallend, männlich, transgender –, für unsere moderne Welt. Ich möchte dort einen sicheren Raum schaffen, wo es bisher traditionell noch keinen gegeben hat. Nach einem solchen Raum habe ich selbst gesucht, und ich weiß, dass sich auch viele andere nach ihm sehnen.

Ich bin hier, damit jeder weiß, dass Spiritualität nicht gleich *Weiß*-sein ist. Ich bin hier, um die absoluten Wahrheiten zu sprengen, die uns eingetrichtert wurden. »Wir sind alle eins« ist eine davon. So schön diese Wahrheit auch ist, sie lässt sich nicht besonders gut auf die moderne Welt übertragen. Tatsächlich gibt es jede Menge Unterschiede unter uns. *Sensationell spirituell* glaubt, dass jeder Ein(er) ist. Trotz aller Lippenbekenntnisse, die über das »Einssein« abgegeben werden, behandelt die Gesellschaft viele ihrer Mitglieder nicht so, als ob wir alle eins wären. Vielen sagt sie tagtäglich: Du bist anders, du bist schlecht, du bist verkehrt, du bist unwürdig. In einer so ungerechten Welt zu leben und blind an das Einssein zu glauben, ist im besten Fall eine Lüge, und im schlimmsten verleugnet es die alltägliche Wirklichkeit unserer Welt. Ja okay, eine einzige Liebe. Aber ich war depressiv wie sonst was, Bitch! Kriegt mich euer Einssein aus dem Bett raus? Einssein ist nicht auf meiner Seite, wenn ich als einziger nicht-*weißer*, queerer Körper einen Raum betrete, wenn mir, bevor ich überhaupt den Mund aufmache, nonverbale Vorstellungen und Vorurteile über mich – die eine echte Wirkung auf meine Realität haben – entgegenkommen. Einssein konnte mir weder eine neue Arbeit verschaffen noch meine Verhaltensmuster ändern. Das war in der ersten Zeit meiner Suche meine Erfahrung. Als einzige nicht-*weiße*, queere Person in einem spirituellen Umfeld fühlte ich mich häufig ausgegrenzt. Mir fehlten die Sprache und die nötigen Werkzeuge, um mit meiner Depression, meinem Gefühl von Abgetrenntsein und Isolation umgehen zu können. Ich wollte mich so gerne verbinden, spürte aber, wie sich die Wirklichkeit meiner gelebten Erfahrung in meine Praxis einschlich. Einssein half mir nicht. Als der queere, auffallende, nicht-*weiße* Immigrant *war* ich der andere. Mein Leben lang war ich der andere gewesen.

Damit will ich überhaupt nicht sagen, dass wir immer in der Dualität bleiben. Ich will nur darauf hinaus, dass wir eine realistischere und inklusivere Herangehensweise ans moderne Leben brauchen. War ich es wert? Gehörte ich dazu? Irgendwann kam die Antwort. JA! Genau dieses hart erkämpfte JA leitet mich heute in meiner Lehrpraxis, und gerade meine nachvollziehbare, wirklichkeitsorientierte und zugängliche Herangehensweise ist die Triebfeder für *sensationell spirituell*. Ich *bin* anders, und das ist wunderschön. Ich *bin* anders, und ich bin es wert. Wenn Einssein für alle gilt, dann gilt *sensationell spirituell* für alle anderen.

Sensationell spirituell ist etwas sehr Persönliches für mich. Auf meinem Weg, von dem ich im Buch erzählen werde, verlor ich mich selbst und hielt das auch noch für einen unerlässlichen Teil des Prozesses. Das meine ich überhaupt nicht komisch. Ganz ernsthaft dachte ich, nicht regelmäßig zu duschen, mit den Händen zu essen, und zwar nur einmal täglich, und der Stillste von allen zu sein ... ja, ich dachte wirklich, *das* wäre spirituell. In diesen Jahren verlor ich mein freimütiges, freches Ich. Ich wusste damals nicht, dass genau das unverbrüchlich zu mir gehörte. Es ist einer der Wege, auf denen ich Menschen erreiche, und einer der Gründe, aus denen ich in Verbindung trete.

Das Ziel

Das Ziel? Ganz einfach. Freiheit, Schätzchen. Weil wir die Nase voll davon haben, uns wie der letzte Scheiß zu fühlen. Es ist an der Zeit, nicht high, sondern frei zu sein. Und der Schlüssel zur Freiheit? Gewahrsein. Besonders heute, wo wir kaum noch abschalten, leben wir ohne jedes Gewahrsein von unserem eigentlichen Selbst. Das führt dazu, dass wir völlig unverhältnismäßig aufs Leben reagieren, dass wir in verschiedenster Hinsicht aus dem Gleichgewicht geraten. Gefangen in einem pausenlosen Kreislauf aus Fühlen-Denken-Reagieren, haben wir überhaupt keinen Raum, um irgendwie angemessen mit dem Leben (unseren Gefühlen, Beziehungen, uns selbst) umzugehen.

Bei *sensationell spirituell* geht es im Kern darum, uns in unserer inneren Welt Raum zu schaffen und einen Schritt zurückzutreten – bevor die ganzen Erzählungen, Chöre und Orchester unserer Angst- und Schamgeschichten auf den Plan kommen und den Umgang mit dem Leben für uns übernehmen. Diese falschen Geschichten sind der Grund für unser Leiden. Hinter den Geschichten liegt die Freiheit. Und der Weg führt durchs Herz. Allerdings gibt es da diese unsichtbare Wand, die uns in unserem konditionierten Verstand gefangen und vom Herzen fernhält.

Freiheit ist ein großes Wort, ich weiß. Vielleicht hast du jetzt eine ganze Menge Fragen, wie zum Beispiel: *Wie kann ich frei sein? Wie sieht Freiheit aus? Ist Freiheit denn wirklich möglich?* Ich glaube, Freiheit bedeutet, ein sinnvolles Leben zu führen. Meine Schüler haben Gründe, warum sie zu mir kommen: weil sie in ihrer Therapie an Grenzen gestoßen sind, und weil sie einen Sinn suchen. Alle suchen nach jemandem, der ihnen ihren Sinn im Leben erklärt, denn ein Leben mit jeder Menge »du solltest aber« scheint so viel einfacher zu sein, als auf den Boden zu kommen und das eigene Innenleben zu erforschen. Doch das mit dem »du solltest« klappt nur vorübergehend. Freiheit geht viel einfacher, als es scheint. Wenn du deine natürlichen Eigenschaften kennst (und nutzt) – und das sind: Mitgefühl, Freundlichkeit, Kreativität und Weisheit –, dann weißt du auch, was Freiheit ist. Freiheit bedeutet, dass du im tiefsten Innern eine Stabilität findest, auf die du immer zählen kannst. Diese Quelle zu nutzen ist Sinn und Zweck des Lebens.

Sicher werden wir flüchtige Blicke aufs Einssein werfen können. Aber vielleicht nicht jeden Tag. Irgendwann *erreichen* wir das Einssein dann vielleicht sogar, aber auf dem spirituellen Weg gibt es kein Ziel. Es geht nur darum aufzudecken, was ohnehin da ist. Vielleicht werden wir immer wieder einen Blick erhaschen können, und das ist okay. Diese Ein-Blicke summieren sich; sie sind Augenblicke von Freiheit. Das ist echtes Leben in der echten Welt. Die Freiheit, von der ich spreche, ist aber absolut für jeden und jede von uns möglich, und zwar jeden Tag. Die Freiheit, von der ich spreche, ist da, wenn wir anfangen, mit unserem Drama aufzuräumen, wenn wir atmen lernen, wenn wir Raum schaffen zwischen unserem Impuls und unseren gewohnten Reaktionen, wenn wir uns tagtäglich ein bisschen hinsetzen und unsere innere Software Stück für Stück ein bisschen weiter aktualisieren. Am Ende setzen wir uns mit unseren göttlichen Eigenschaften – unserem Herzen – in Verbindung.

* * *

Sensationell spirituell wird dein Leben verändern:
- Der Verstand hört auf, so klebrig zu sein; mit weniger Gedanken an die Vergangenheit oder Ängsten vor der Zukunft genießt du tatsächlich den jetzigen Augenblick.
- Der Verstand hört auf zu klammern, sodass du nicht mehr so lange an den Höhen und Tiefen des Lebens hängen bleibst.

- Deine Standarddenkweise updatet sich und wird glücklich, mitfühlend, weise, kreativ, überbordend und mutig.
- Du bist nicht mehr reaktiv, sondern proaktiv.
- Verrückte Gewohnheiten sind gezähmt.
- Unstillbare Gelüste sind unter Kontrolle, und der Körper ist energetisiert.
- Du erkennst deine Essenz.
- Du fängst an, dein Herz zu hören.
- Du hörst auf, dich selbst zu beschuldigen und Opfer zu sein.
- Du schließt Freundschaft mit dem Wandel und akzeptierst die Vergänglichkeit von allem.
- Du begreifst, dass alles miteinander verbunden ist.
- Du kennst deine Aufgabe in der Welt.
- Mühelos lebst du ein zielgerichtetes Leben.
- Mit deinem täglichen Tun inspirierst du andere.
- Du wirst eine freche, sensationelle Bitch!

Die acht Schritte

Da die einzelnen Schritte aufeinander aufbauen, sollten sie auch der Reihe nach ausgeführt werden. Jeder Abschluss bringt dich dem Erwachen näher.

Schritt 1: Mach dir deine Geschichte bewusst, damit du sie ändern kannst.

Dabei untersuchen wir die Denkgewohnheiten und Denkmuster, die dich festhalten, und du erfährst etwas über die wissenschaftlich fundierten Möglichkeiten, wie du dich neu verdrahten kannst.

Schritt 2: Lerne, dir selbst und den Idioten zu vergeben, die dich verletzt haben.

Hier entdecken wir die Kraft von Vergebung und Dankbarkeit als direkten Weg in die Freiheit – einen Weg, den du auf deiner Reise brauchst.

Schritt 3: Befreie die Glaubenssysteme, die dich festgehalten haben, von allem Ballast.

Wir entrümpeln die alten Denkweisen und schaffen Raum für eine neue Geschichte, die nicht mehr den inneren Kritiker, sondern dein großartiges Herz spiegelt.

Schritt 4: Wecke deine innere Weisheit.

Hier reden wir Tacheles: Wir überprüfen unsere Träume und Ziele und lernen kraftvolle Übungen, damit sie Wirklichkeit werden können.

Schritt 5: Nenne deine Superpower beim Namen.

Hier findest du deine natürliche Superpower und deinen unverkennbaren eigenen Stempel. Du erkundest deine Talente und Eigenschaften und machst dir alles nutzbar, was du zu bieten hast. Du findest deine einzigartige Mission im Leben.

Schritt 6: Glaube daran, dass du großartig bist.

Du lernst, dir selbst nicht mehr im Weg zu stehen, und zwar in großem Stil. Wir erkunden, ob dich zum Beispiel die Angst vor Erfolg unbewusst zurückhält.

Schritt 7: Nutze, was du hast.

Hier lernst du, wie wichtig es ist, über dich selbst hinauszuschauen, deine Gemeinschaft, deine Leute zu sehen und zu überlegen, wie du etwas zurückgeben kannst. Sich nützlich zu machen ist ein nachhaltiger Weg in die Freiheit. Du lernst zu nutzen, was du hast, und das zeigt Wirkung.

Schritt 8: Lass nicht locker!

Das ist die Instandhaltungsebene. Wir lernen Übungen, mit denen du dich emotional fit und stabil halten und deine ständige Weiterentwicklung fördern kannst.

Kein Quickfix

Das Hauptproblem, das ich bei Leuten sehe, die nach spiritueller Transformation streben, ist das verzweifelte Bedürfnis nach schnellem Erfolg. Ein Quickfix ordnet das innere Chaos aber nur neu. Du verarbeitest es damit nicht und entfernst es auch nicht aus deinem System. Es ist unerlässlich, dass du die Reise schön langsam angehst. Warum? Weil es sehr lange gedauert hat, die Ursachen und Voraussetzungen für deine jetzigen Erfahrungen herzustellen, also wird es auch eine Weile brauchen, bis du neue Voraussetzungen geschaffen hast, die eine neue Erfahrung unterstützen.

Ich möchte, dass du dich hier und jetzt verpflichtest, das Buch bis zum Ende zu lesen und alle Übungen auszuprobieren. Und ich möchte, dass du dich jeden Tag vor allem einer Sache verpflichtest: und zwar deinem Potenzial, komplett frei zu sein. Ich möchte, dass du dir jeden Tag die Zeit nimmst, dich daran zu erinnern, dass es einen Teil in dir gibt, der bereits komplett erwacht ist. Lass dich nicht von dem Wort »Übung« einschüchtern. Üben heißt einfach nur, dass du dir die Zeit nimmst, dich an deine erwachte Natur zu erinnern.

2

Die Grundlagen

Jetzt sehen wir uns die Grundlagen des sensationell-spirituellen Weges an. Bei der Lektüre des Buches wirst du einiges an Gewohnheiten, Verhaltensweisen und Mustern bei dir finden, das du ändern willst. Aber wie fangen wir mit diesem Wandlungsprozess an? Ich möchte sichergehen, dass wir auf derselben Wellenlänge sind, was dich und vor allem dein Herz angeht.

Sei ganz du selbst

Ich fühle mich so elend. Warum sind diese blöden Gefühle mein Grundzustand? Aargh! Einsamkeit, wenig Selbstbewusstsein, die Folgen von Trauma, Kindheitsverletzungen, Depression, Angst, fehlendes Selbstwertgefühl, Ablehnung, Selbstverachtung, Sucht, alle möglichen Trigger. Wir sammeln dieses Zeug als Reaktion auf Schmerz in unserem Leben an und meinen, unsere mentalen Tricks und Vermeidungsstrategien würden uns vor noch mehr Schaden bewahren. Was wir aber tatsächlich durch Erfahrung ansammeln, ist nur der kleinste Teil davon (nein, ich sage das nicht, um dir Angst zu machen).

In Wahrheit kommen wir mit einem ganzen Garten voller – günstiger und ungünstiger – karmischer Samen zur Welt. Unter »guten« Voraussetzungen gehen sie als mentale

Neigungen auf und bilden unsere Gewohnheitsmuster, egal, ob die dann unser Herz unterstützen oder uns im Leid gefangen halten.

Den alten Indern und des historischen Buddhas zufolge haben wir, wie schon erwähnt, unsere Neigungen von unserer Familie übernommen. In gewisser Weise haben wir uns unsere Familie ausgesucht. Sie hilft uns, unseren Geist zu erkennen, mit ihr können wir gemeinsam aus unseren alten schädlichen Programmen herauswachsen und günstige Samen – wie Kreativität, Mitgefühl, Weisheit, Liebe und Freude – kultivieren.

Unter den schon erwähnten »guten« Voraussetzungen wird dein karmischer Garten kultiviert. Falls also deine Eltern herumgeschrien, sich gestritten oder getrunken haben oder einfach nicht da waren, dann hat diese frühe Dynamik bereits vorhandene karmische Samen zum Keimen gebracht, die das Leiden fortsetzen.

Aber keine Sorge, das ist nicht nur schlecht! Es hat auch etwas Schönes, das zu wissen. Denn wie die Wissenschaft belegt, kannst du dein genetisches Make-up umgestalten, du kannst die Architektur deines Gehirns verändern, dein Standarddenken spirituell upgraden und so deinen karmischen Garten von der ungünstigen Saat befreien, die deine günstigen Samen fast erstickt hätte.[1] Du veränderst dein Vokabular: Von der inneren Chaossprache wechselst du zur Sprache des Herzens über, du schließt dich an die Frequenz des Herzens an und lässt immer mehr zu, dass es dich auf deinem Weg in die Freiheit unterstützt, nährt und leitet.

Du bist gut

Ich erinnere mich noch, wie ich zum ersten Mal gesagt bekam, ich wäre gut. Ich war im Himalaja auf einem Retreat bei einer buddhistischen Nonne aus Kanada. Sie redete über die

Buddha-Natur und darüber, dass wir alle in unserer Essenz gut sind. Ich hatte noch kein Zuhause in mir, war noch sehr abgekoppelt und fühlte mich von ihr direkt angesprochen. Ich fing an zu weinen, weil mir noch nie jemand ins Gesicht gesagt hatte, dass ich gut bin. Sobald uns Sprache zur Verfügung steht, manchmal sogar noch früher, wird uns durch alle möglichen negativen nonverbalen Botschaften beigebracht, dass wir schlecht, verkehrt, nicht gut genug sind. Ich dachte bei mir: *Was für eine verdammte Epidemie! Warum erinnert man uns nicht lieber regelmäßig daran, dass wir gut sind?*

Niemand wird als schlechter Mensch geboren. Die Wahrheit ist, dass wir allesamt von Natur aus gut sind, wir sind von Natur aus der Megaboss, der Superstar, unsere höhere Vision, der erwachte Buddha. Unsere Aufgabe ist es, die Blockaden und Schleier aufzulösen, die uns daran hindern zu sehen, wer wir wirklich sind.

Der karmische Garten

Die Gartenmetapher nutze ich im Buch und im Unterricht, weil die Botanik, die Pflanzenkunde, viel verständlicher ist als das Karma-Konzept. Beim Karma geht es, wie du wahrscheinlich weißt, traditionell ums Tun: um unsere gesammelten Taten aus vergangenen Leben und ihre Auswirkungen auf unser heutiges Leben. Das Konzept ist sicherlich sinnvoll, für viele von uns wahrscheinlich aber zu abstrakt. Daher schlüssle ich es gern mit dem Gartenbild auf. Stell dir vor, wir hätten alle einen Garten in unserem Kopf. Die Ideen und Überzeugungen, Muster und Gewohnheiten sind die Pflanzen, die dort wachsen. Wir haben die Aufgabe, unseren Garten zu pflegen. Was ist dabei die Hauptarbeit? Unkraut jäten, neue Samen setzen, wässern sowie ständig das Gute nähren und das Schädliche und Unerwünschte entfernen.

Da dieser Garten aus Denkgewohnheiten besteht, müssen wir ihn auch mit unserer Geisteskraft pflegen: gute Absichten nähren, negative Gedanken durch positive ersetzen, Verdienste kultivieren, anderen Gutes wünschen und ihnen helfen, Denkmuster durchschauen, neue neuronale Leitbahnen für gesündere Denkmuster und Verhaltensweisen schaffen und neue Gewohnheiten einführen. Es geht darum, diese Samen zu nähren und die alten Denkmuster, Denkgewohnheiten und Verhaltensweisen kontinuierlich zu jäten. Das alte Zeug taucht dann weiterhin in Form von Triggern und negativen Gefühlen auf, die alte Gewohnheiten auslösen. Bei mir wird zum Beispiel jedes Mal, wenn ich an jemandem vorbeigehe, der raucht, das Verlangen nach einer Zigarette ausgelöst – ich muss mich also aktiv entscheiden, diesen Gedanken sofort zu jäten und einen neuen zu wählen. Es ist ja nur altes, überreifes Karma. Diese Frucht brauche ich nicht zu pflücken. Ich kann mir eine andere, passendere aussuchen, die ich selber gezüchtet habe. Mit der Zeit wird sich das alte Karma beruhigen und nicht mehr ganz so große Früchte ausbilden.

Das Schöne am karmischen Garten ist, dass er dir gehört und du lernen kannst, eigenständig zu sein und die Kontrolle zu haben. Du hast die Macht. Du bist der Gärtner und die Landschaftsarchitektin. Du entscheidest bis an dein Lebensende über die Gestaltung deines Gartens und darüber, was du hier wachsen lassen möchtest. Haben wir einmal begriffen, dass jede Absicht, jeder Gedanke, jedes Gefühl, jedes Wort und Tun entweder einen vorteilhaften oder einen schädlichen Samen nähren, können wir auch erkennen, dass wir selbst die Kontrolle darüber haben.

In deinem Garten gibt es also Samen, die dich frei machen, und andere, die dich gefangen halten – so einfach ist das. Welche Samen wässerst du? Ich wette, du hast unbewusst auch schädliche Samen genährt, die dich in einem

Teufelskreis festgehalten und unglücklich gemacht haben. Damit ist jetzt Schluss. Du wirst jetzt tief in deinen Geist eintauchen und am Ende des Buches in der Lage sein, in jedem Augenblick viel weisere Entscheidungen darüber zu treffen, wie dein Garten wirken und sich anfühlen soll. Du wirst ein viel besseres Verständnis dafür entwickeln, wie die Samen aussehen, was Unkraut anzieht und welchen wunderschönen, gesunden Blumen und Pflanzen du ein noch besseres Wachstum ermöglichen willst.

Außerdem musst du wissen, dass es kein schlechtes Karma gibt. Karma ist einfach bloß Karma. Das Leben ist ein einziger großer Tanz aus Licht und Dunkel. Du brauchst nur tanzen zu lernen. Wir wären ja nicht unser freches, sensationelles Selbst, wenn wir nicht beides hätten; es geht einfach darum, das Gleichgewicht zu halten. Wenn das schädliche Karma überwiegt, fühlen wir uns außer Kontrolle und müssen einen Blick auf unseren Garten werfen. Karma an sich ist schon frech und sensationell. Es macht uns zu der Person, die wir sind. Jeder und jede von uns hat sein oder ihr ganz einzigartiges, wunderschönes Unkraut zu beackern. Deine Arbeit macht dich zu dir. Scham hat hier nichts zu suchen, wir sind alle hier, um uns da durchzuarbeiten. Karma ist der große Gleichmacher; wir haben es alle; alle haben wir irgendwelchen Scheiß auf unseren Weg mitbekommen, Schätzchen. Aber was willst du aussäen: günstige oder ungünstige Samen?

Füttere dein spirituelles Bankkonto

Ich stelle mir das buddhistische Verdienstkonzept gern wie spirituelles Geld vor. Es hat direkt mit Karma zu tun. Neben dem Erlernen von wirklich nützlichem Denken und Verhalten können wir auch das Verdienst nutzen, um den Verstand zu reinigen und günstiges Karma zu kultivieren. Am wirksamsten sammeln wir Verdienst durch Großzügigkeit an. Wenn du jemandem hilfst, ihm oder ihr ein Kompliment machst und so ein gutes Gefühl gibst oder uneigennützig handelst, dann schickst du der Person im Wesentlichen Liebe und gute Wünsche. Dieses Handeln kommt nicht nur anderen zugute, es sammelt sich auch auf deinem spirituellen Bankkonto an und ist Dünger für deinen karmischen Garten. Es wässert den positiven Samen, den du gesät hast, und fördert Wachstum in deinem Leben und im Leben anderer. Anderen zu helfen und ihnen ein gutes Gefühl zu vermitteln ist so ziemlich das Stärkste, was du in spiritueller Hinsicht machen kannst.

Im Verlauf des Buches werde ich immer wieder Dinge sagen wie: »für das höchste Wohl aller«. Das mache ich, weil, wie schon gesagt, nichts von dem, was du tust, in einem Vakuum geschieht. Du übst auf jede Person, der du begegnest, eine große Wirkung aus. Du wirst während der Lektüre viel an dir selbst arbeiten, aber die Frage wird immer wieder lauten: *Wie kannst du anderen helfen?* Alles, was wir auf dem sensationell-spirituellen Weg tun, sollte nicht nur dir selbst, sondern dem höchsten Wohl aller dienen. Wir sind alle miteinander verbunden. Alle Gärten nähren einander. Wenn du dir selbst hilfst, hilfst du anderen. Das ist eine große Wahrheit.

Finde zum Kern deiner Selbst

Was wäre, wenn ich dir sagen würde, dass deine einzige Aufgabe in diesem Leben darin besteht, aus deinem Herzen heraus zu leben und der Welt deine Herzensmission durch Dienen, Tun und Liebe zu zeigen? Kein Problem, oder? Genau das meinen wir, genau das ist der Kern der sensationell-spirituellen Herangehensweise: Du aktivierst deine innere Superpower.

Sei du selbst. Du weißt, wer das ist. Oder etwa nicht? Würde ich dich fragen, wer du bist, wäre die Antwort vielleicht: »Ich bin Alex, arbeite als Architekt und lebe in San Francisco. Ich habe einen Hund, zwei Geschwister und bin gerade Single.« Das ist nicht das Ich, über das wir hier sprechen. Das ist das Ich, das du der Welt zeigst (»Hallo, Welt, akzeptiert mich, ich bin normal, ich bin okay«). Ich möchte, dass du weiter in die Tiefe gehst. Das ICH in Großbuchstaben, das ich meine, lebt in deinem Herzen, Schätzchen. Damit du überhaupt eine Vorstellung davon bekommst, wer oder was das ist, musst du deinen karmischen Garten womöglich erst mal von dem ganzen Bullshit befreien, den man dich gelehrt hat, von dem ganzen Bullshit, den dir die Gesellschaft eingetrichtert hat – und dazu könntest du vielleicht ein bisschen Hilfe brauchen. Höchstwahrscheinlich hast du es hinter dem Ich, das du der Welt zeigst, mit einem erdrückenden Gefühl von Unzulänglichkeit zu tun, mit dem Hochstaplersyndrom, einem Unwürdigkeits- oder Minderwertigkeitsgefühl, mit Bedauern, Selbstkritik, Angst oder Depression. Such dir was aus, und mach dir nichts draus. Genau das ist uns für unseren Umgang mit dem Leben beigebracht worden: Wir sollen so tun, als wäre alles in Ordnung, alles tun, um zu überleben, und uns anpassen, unsere Gefühle bekämpfen oder sie mit Drogen oder Alkohol, Surfen im Internet, Essen, Pornos oder Leuten, die uns nicht guttun, suchtmäßig wegdrücken. Such dir was draus aus. Aber jetzt ist es an der Zeit, dass du erstens herausfindest, wer du bist, und zweitens lernst, wie du auf gesunde Weise diese Version von dir bestärken kannst.

Also noch mal von vorn: Schätzchen, weißt du, wer du bist? So ganz richtig, ohne Scheiß? Genau darum geht's. Wie wäre es, wenn ich dir bei dem ganzen Mist, der in dir, in deiner Umgebung und in der Welt vor sich geht, sagen würde, dass es etwas in dir gibt, das schon immer in Frieden, frei und fröhlich war? Und dass du durch Übung lernen kannst, Zugang zu diesem Teil von dir zu bekommen und ihm zuzutrauen, der Standard zu werden, mit dem du dich der Welt zeigst? Vor den acht Schritten in diesem Buch gilt es, einen allerersten Schritt zu tun: diesen Teil von dir, dieses Ich zu entdecken (etwa so: Hallo, wo zum Teufel warst du, während ich mich hier durchstresse und ein Scheiß nach dem anderen abläuft?!). Die acht Schritte sollen dir helfen, ein Leben um diese Person herum aufzubauen. Und genau an diesem Punkt komme ich, kommt das Buch ins Spiel.

Wenn dein Leben nicht genau mit dem zusammenpasst, was du als dein Ich kennst und wovon du in deinem tiefsten Innern weißt, dass es dein Potenzial ist, dann bist du damit nicht allein. Das Leben ist hart! Mensch sein ist hart! Mit anderen Menschen zusammen sein ist hart! Manchmal ist es ein einziger Hindernislauf. Und ein emotionales Desaster – dieser ganze Herzschmerz und die verzweifelten Anläufe, mit unserer Innenwelt klarzukommen, während wir uns draußen in der Welt exponieren. Kein Wunder, dass wir uns verlieren oder vom Weg abkommen. Kein Wunder, dass wir uns beibringen, uns zu verstecken. Kein Wunder, dass wir echten Kontakt vermeiden. Wir versuchen doch nur, uns zu schützen, zum Teufel. Die Welt da draußen kann ganz schön unheimlich sein!

Das ganze Gerede über das Herz und das wahre Ich – was soll der Mist, könnte man denken, so nach dem Motto: »Wer zum Teufel ist dieser Typ, der mir hier sagen will, ich wüsste nicht, wer ich bin?« Das ist eine völlig natürliche Kopfreaktion. Aufgrund unserer Konditionierung reagiert unser Verstand automatisch mit Urteilen und Gemeinheiten uns selbst und anderen gegenüber. Skeptisch und misstrauisch zu sein ist seine Grundeinstellung. Der Verstand ist ängstlich, paranoid und grausam und versucht, dich vor Peinlichkeiten und dem Scheitern zu bewahren, indem er dir irgendwelchen Mist erzählt und gemein ist. Er redet dir ein, lieber keine Risiken einzugehen, und beschimpft dich, wenn du es doch tust. Was für ein bescheuerter Spielverderber. Dabei *will* er dein Leben gar nicht ruinieren, das ist nur sein altes Betriebssystem. Es ist völlig überholt, läuft automatisch weiter, redet und redet, erzählt dir was vom Pferd, sagt die Zukunft voraus und ist gewöhnlich ganz schön negativ. Wie oft kommt es vor, dass dir dein Verstand sagt: »Ich bin ja so verdammt toll und hab hier echt gute Arbeit geleistet, alle lieben mich«? Häufiger wirst du dir anhören müssen: »Ich hab sicher total bescheuert ausgesehen, das hier hab ich echt vergeigt. Ich hasse mich. Ich bin ein Stück Scheiße. Ich blöder Arsch.« Hab ich recht? Natürlich ist dein Verstand auch großartig, bitte versteh mich nicht falsch. Aber wenn dein *neurotischer* Verstand (also der, der nie abschaltet) ein Mensch wäre, würdest du doch nie mit dem abhängen wollen! Dabei handelt er so, um dich zu schützen, ob du es glaubst oder nicht (an anderer Stelle im Buch sprechen wir noch darüber).

Jetzt aber zum Herzen! Hmmm. Schon allein der Gedanke daran macht mich ruhiger. Wichtig ist aber vor allem zu verstehen, dass Verstand und Herz ununterscheidbar eins sind: Sie haben nur aufgehört, miteinander zu kommunizieren. Wenn dein ungeschulter Verstand die Person ist, mit der du nie abhängen würdest, dann ist dein erwachtes Herz die Freundin, die dich liebevoll anlächelt und am meisten nährt, akzeptiert und liebt. Sie ist großzügig und freundlich und gibt dir das Gefühl, dass alles gut ist. Sie lebt in dir, weißt du, sie lebt in jedem und jeder von uns. Nur kann der Verstand so verdammt laut sein, dass wir die Einladung des Herzens gar nicht mitkriegen. Es flüstert ungehört: »Hallo du, komm und häng mit mir ab, du verdienst bedingungslose Freude.« Deshalb geht es im Herzen (das Wortspiel ist gewollt!) der sensationell-spirituellen Schritte darum, deine Aufmerksamkeit von diesem irrsinnig lauten Verstand weg und hin zum Zentrum deines Seins zu lenken: in dein Herz. Dort wartet die Freiheit auf dich.

Worum es beim Thema Herz geht

Ich möchte noch mal aufs Herz zurückkommen. Ja, ich weiß, ich weiß ... das Herz ist für mich das Größte überhaupt. Aber du musst jetzt unbedingt tiefer in dieses Herz-Programm einsteigen. Lass uns hier mal gleich mal was klarstellen: Wenn ich vom »Herzen« spreche, meine ich nicht das romantische Herz, denn das ist nur ein Aspekt des spirituellen Herzens. Und ich meine auch nicht den Körpermuskel, der in unserer Brust schlägt. Gemäß dem tantrischen Buddhismus liegt dort, wo sich das Organ befindet, auch der Weg zu unserem spirituellen Herzen, zu diesem wissenden Ort in uns, an dem sich unsere Essenz befindet.

Dieses tiefe Herz, das ich meine, ist unser natürlicher Zustand, der im Buddhismus Buddha-Natur genannt wird. Wir haben das Potenzial, komplett wach zu sein und uns daran zu erinnern, dass wir bereits vollständig erwachte Buddhas sind. Das haben wir nur vergessen. Die Sprache des spirituellen Herzens ist unterstützend, mitfühlend, sie ist freundlich, mutig und kreativ. Aber die Standardeinstellung von einem Großteil unseres Verstandes ist bedingt durch die vorab vorhandenen karmischen Samen von Unsicherheit, Zweifel, Scham und Schuld.

Wenn sich das spirituelle Herz überhaupt mit Worten beschreiben ließe – was schwierig ist, da es selber nicht in Worten kommuniziert –, dann wäre es tiefes inneres Wissen. Es ist nicht ein *Ich weiß*, sondern Wissen. Bitte beachte den Unterschied. Hier fällt auch der Beobachter weg, einfaches reines *Wissen* steigt auf.

Schau dir so häufig wie möglich ins Herz und ermögliche dem inneren Wissen, an die Oberfläche zu kommen! Es wird alle deine Lebensbereiche durchdringen. Es wird dir zeigen, welches Essen du brauchst, damit dein Körper gesünder wird. Es wird dir zeigen, wie du deine Standarddenkweise ändern kannst, damit du statt der hindernden, negativen, unbeholfenen Gedanken und Gefühle unterstützende, geschickte, mitfühlende Impulse aus deinem spirituellen Herzen erhältst. Es wird dir deine Bestimmung in der Welt zeigen und dich leiten.

Uns Menschen ist die Fähigkeit gegeben, zu denken und zu fühlen. Ebenso sind uns unsere Sinne gegeben: Schmecken, Sehen, Fühlen, Tasten und Hören. Genau diese Werkzeuge helfen uns, uns wieder auf unser Herz einzustimmen. Ich glaube, die Bestimmung des Menschen besteht darin, sich mit dem Herzen zu verbinden und Heilung und Liebe auszustrahlen: so eine Art Fabrik des Mitgefühls, in der wir auch anderen zu einem ausgeglichenen, regulierten Zustand verhelfen.

Wichtig ist, aufzuhören, nach dem Warum zu fragen. WARUM fragt nur der Verstand, der die Dinge linear aneinanderreihen will. Das Warum hält uns vom Wie ab. Wie kann ich besser leben? Wie komme ich dem Herzen näher? Wie kann ich anderen helfen? Wie kann ich heute etwas besser machen? Frag, WIE, und nicht, warum. Jede herzzentrierte Frage fängt mit WIE an.

Das Schöne an dieser Arbeit ist, dass immer weniger Fragen bleiben, je weiter du auf dem spirituellen Weg gehst, je enger du mit dem spirituellen Herzen verbunden bist. Du stellst weniger Fragen und bist mehr in der Akzeptanz. Du fängst an, selbst in den chaotischsten Situationen die Harmonie zu sehen. Du erkennst deine natürliche Fähigkeit, dich sogar mit dem Potenzial zu verbinden, das in den am schlimmsten getroffenen Teilen von dir steckt. Und wenn du erst die Wirklichkeit und die Rätsel des Lebens akzeptierst, dann durchdringt diese Akzeptanz dein ganzes Wesen. Dann weißt du, dass die spirituelle Arbeit funktioniert. Du duckst dich nicht weg, weil du keine Antworten findest. Du hast bereits ein Grundwissen etabliert, in dem eine allumfassende Akzeptanz mitschwingt. Das unterscheidet sich sehr von unserem üblichen Standardmodus, bei dem es immer nur darum geht, Schicht um Schicht von Fragen anzuhäufen: *warum Geist, warum Herz, warum dies, warum ich, warum mein Leben, warum, warum, warum*! Inneres Wissen steigt auf, Akzeptanz durchdringt alles – und das wird zu deiner Standardeinstellung.

Es liegt komplett im Bereich des Möglichen. Tatsächlich ist es ja schon da. Wenn du den Verstand trainierst, deckst du deine Essenz auf. Sei offen für das Mysterium des Lebens. Hätten wir Antworten auf alles, wäre das Leben unendlich langweilig. Du wärst gelangweilt. Ich wäre gelangweilt. Ich vertraue darauf, dass sich aus meinem Leben mehr und mehr Antworten ergeben werden. Und das Großartige daran? Ist eine Wahrheit da, dann durchdringt sie den ganzen Körper. Wenn der Körper ausgeglichen und in Heilung begriffen ist, entspannt sich auch der Geist. Und wenn das Herz spricht, weißt du es einfach. Gänsehaut lügt nicht. Dieser Mitteilung kannst du vertrauen.

Die Sprache des Herzens

Wie schon gesagt, sind Verstand und Herz ununterscheidbar eins, und doch kommunizieren sie sehr unterschiedlich.[2] Stell dir einen Pferdewagen vor: Die Pferde, die den Wagen ziehen, sind die Sinne, der Wagenlenker (beziehungsweise der Verstand) lenkt sie mit all ihren neurotischen Neigungen (den karmischen Samen und genetischen Veranlagungen), und im Wagen sitzt das Herz. Nun ist der ungeschulte Verstand, unterstützt von der Pferdekraft, vom Verlangen gesteuert: Er will permanent irgendwas haben, will ständig konsumieren, um sich besser zu fühlen. Er kann die Veränderlichkeit der Dinge nicht akzeptieren. Er ist unsicher und sehnt sich nach Bestätigung, Aufmerksamkeit und Ablenkung. Am Ende aber geht es aber um nichts anderes als um die Sehnsucht nach der Klarheit und Er-Wach(t)heit, die im Herzen wohnen. Das Herz andererseits hat Bedürfnisse, die dem Verlangen entgegenstehen. Bedürfnisse sind etwas anderes als Verlangen. Während das Verlangen uns kurzfristige Vergnügungen und Befriedigungen verschafft, sind Bedürfnisse Dinge, ohne die wir nicht leben können, vor allem, weil mit jedem gestillten Bedürfnis der Weg zu einem glücklichen inneren Garten weiter geebnet wird. So werden unsere Sinne geübter und der Verstand herzbezogener. Genau wie unser physischer Körper Wasser, Nahrung und Schlaf zum Leben benötigt, braucht das Herz Liebe, Weisheit, Mitgefühl und Freude. Und alle diese Eigenschaften werden dich dabei unterstützen, dich und die Welt anders zu sehen, wobei jede einzelne – wie die vier Richtungen eines Kompasses – einem eigenen Zweck dient, obwohl sie von den anderen untrennbar ist. Du wirst diese Bedürfnisse hören, wenn das Herz versucht, dich wieder in die Balance und auf den Weg in die Freiheit zu lenken. Wie cool ist das denn? In diesem Buch lernst du, auf die sanften Rufe des Herzens zu hören, damit du dich darauf einstimmen und den Wagen lenken kannst.

Die vier Gesichter des Herzens

In der traditionellen buddhistischen Literatur werden die vier Gesichter des Herzens als *Brahmavihara* bezeichnet. Ich liebe den Klang dieses Wortes. Natürlich habe ich sie so übersetzt, wie ich sie für freche, sensationelle Megabosse in unserer Zeit am passendsten finde.

1. Liebe: ist einfach unser natürlicher Wunsch, sodass wir und andere glücklich sind. Wenn du über die Liebe und Beziehungen nachdenkst und zu dir selber, zu einer Freundin oder einem Geliebten »Ich liebe dich« sagst, meinst du damit eigentlich: »Ich unterstütze dich, damit du glücklich bist.« Wir sind so konditioniert worden, dass wir verzweifelt und von einer Warte des Mangels und der Not aus auf die Liebe schauen. Nichts könnte weiter von der Wahrheit entfernt sein. Du bist mit dem Wissen auf die Welt gekommen, wie es geht, zu lieben und geliebt zu werden.

2. Selbstmitgefühl und Mitgefühl: Lass uns einen Moment innehalten, um zu erkennen, dass sich ausnahmslos jeder Mensch genau wie du und ich dieselben zwei Dinge wünscht – nämlich glücklich und frei von Leid zu sein. Mitgefühl basiert auf Handeln: Es geschieht durch Bewegung, dadurch, dass du etwas tust, um dein Leid und das Leid anderer zu beheben.

3. Freude: ist ein Zustand unerschütterlicher Zufriedenheit und deine natürliche Fähigkeit, dich an

deinem Glück, Wohlbefinden und Erfolg ebenso zu freuen wie an dem anderer.

4. Weisheit: Man könnte sagen, dass dies die geheime Spezialwürze ist. Sie ist der Boden, auf dem die anderen Eigenschaften nachhaltig wirken. Traditionell mit dem Begriff »Gleichmut« übersetzt, ist Weisheit eine innere Ruhe, ein Zustand inneren Gleichgewichts, der dir hilft, die Wirklichkeit klar und nicht von den Filtern des ungeschulten Verstandes getrübt zu sehen. Es ist die Fähigkeit, dein Herz auch gegenüber dem eigenen Leid oder dem anderer offen zu halten und einen direkten Zugang zu seinen natürlichen Eigenschaften zu wahren.

Auf dem sensationell-spirituellen Weg wirst du lernen, dich auf Abruf mit dem Herzen zu verbinden. Du lernst, dich genauso schnell an deine innere weise Führung zu wenden, wie du dir einen Quickfix holen kannst. Wir werden uns in dieser inneren Methode üben, damit wir sie flüssig beherrschen. Das Schöne an dieser Arbeit ist, dass wir, sobald wir mit dem spirituellen Herzen in Kontakt sind, auf alle und alles um uns herum eine Wirkung haben. Wir senden keinen Stress mehr aus. Wir sind eine Radiowelle, die Mitgefühl, Liebe, Kreativität, Mut und Inspiration ausstrahlt.

Auf dem sensationell-spirituellen Weg ist das Herz dort, wo wir Zugang zu unserem inneren weisen Lehrer oder unserer inneren weisen Lehrerin haben. Es ist der Zugang zu dem Teil von unserem Selbst, der auch dann nicht leidet, wenn wir glauben, dass es als Ganzes Leid erfährt. In manchen Lehren ist das Herz der superfeine Geist oder das Superbewusstsein, es ist die Seele oder das Höhere Selbst. Nenne es, wie du willst und wie es sich für dich richtig anfühlt. Ich nenne es »Herz«, damit es allgemein verständlich ist und wir lernen können, dass wir über den Herzensweg frei werden. Manche nennen es auch *Spirit*. Sie sagen: »Spirit hat mir dies und jenes gesagt.« Ich möchte, dass du nicht im Außen nach Antworten suchst, sondern dich ganz und gar nach innen wendest. Denn genau darum geht es in meinem Buch: dich nach innen zu wenden.

Raus aus dem spirituellen Versteck

Das Allerwichtigste zuerst: Wir wollen uns outen und stolz sein. Bei *sensationell spirituell* geht es genau darum, dass du deine Einzigartigkeit, dein authentisches Selbst würdigst. Spirituelle Lehrer werden dir sagen, dass wir alle eins sind. Betrittst du aber einen Raum und unterscheidest dich sichtbar von allen anderen dort, und die Welt draußen fühlt sich unsicher und abweisend an gegenüber deinem Anderssein, dann kann sich Einssein sehr real falsch anfühlen. Das war jedenfalls absolut meine Erfahrung. Gewöhnlich meinen wir mit »sich unterscheiden« »anders sein«, auch wenn wir es positiv ausdrücken. Du kannst nur dann »anders sein«, wenn du aus dem Mainstream-Blickwinkel betrachtet wirst (*weiß*, cis, heteronormativ). Selbst wenn Einssein also eine nette Idee sein mag und ich, spirituell gesehen, zumindest theoretisch damit einverstanden bin, ist die Welt, in der wir heute leben, noch nicht bereit dafür. Wenn du das Gefühl hast, du musst erst mal Wände einreißen, bevor du ein Mindestmaß an Sicherheit oder Zugehörigkeit spüren kannst – wenn das deine Realität ist, dann fühlt sich die Idee vom EINS-sein falsch an. Deshalb finde ich diesen Begriff schwachsinnig. Auch wenn es sicher stimmt, dass wir spirituell gesehen und aufs Herz entblößt alle eins sind (das heißt, wenn Farbenblindheit/Rassismus/Homophobie tatsächlich keine Rolle mehr spielen sollten), finde ich das Konzept irrelevant. Ich rufe stattdessen dazu auf, ein Fest des Andersseins zu feiern: Feiere deine einzigartige Magie, denn du bist auf die Welt gekommen, um sie mit uns zu teilen. Deine Magie wird dich befreien.

Ich hoffe, am Ende sind wir alle so eigenständig und stark, aber bis dahin werden wir Teile von uns verbergen, werden versuchen, uns den Mainstream-Standards anzupassen, oder einfach den Schmerz und die Scham empfinden, nicht dazuzugehören, nicht akzeptiert zu sein oder diskriminiert und ausgeschlossen zu werden. Und das tut unglaublich weh. Mir tut es weh, das zu schreiben, weil ich dabei an meine eigene Erfahrung denken muss. Daran, wie ich versuchte, meine eigene Stimme zu finden – persönlich, spirituell und sogar sexuell. Ich verließ mein Versteck nicht nur als queerer, sondern auch als spiritueller Mensch, und die Art, wie ich meine Individualität feierte, war nicht jedermanns Sache. Ich musste lernen, dass das in Ordnung ist. Ich bin nicht jedermanns Sache. Das Risiko hat sich mehr als gelohnt. Ich habe mich, meine Leute und meine Aufgabe im Leben gefunden. Vielleicht wirst auch du, wenn du deine metaphorischen Verstecke verlässt, nicht jedermanns Sache sein. Aber du musst darauf vertrauen, dass du deine Zugehörigkeit finden wirst, deine Bestimmung, deine Fülle und Heilung. Und das wirst du tun, indem du dir treu bist, deinem ICH in Großbuchstaben.

~~Sei wie alle anderen~~ Sei du selbst

Ich möchte, dass du dich von dem verabschiedest, was man dir über das Anderssein erzählt hat. Ich bin anders wegen dem, was in mir vorgeht, und das ist anders als das, was in dir vorgeht. Und natürlich unterscheiden wir uns auch äußerlich. Wenn wir anfangen, unsere mentalen Trübungen zu reinigen und uns eine Brücke zum Herzen zu bauen, erkennen wir, wie wunderbar es ist, dass wir nicht alle gleich sind und dass wir aus einer Vielzahl von Unterschieden bestehen. Zuerst aber müssen wir individuelle Arbeit leisten, unsere Eigenheiten, die eigene Schönheit würdigen. Dann werden wir die Schönheit bei anderen Menschen sehen können.

Mir ist diese Erkenntnis nicht leichtgefallen. Als queerer nicht-*weißer* Mann war ich es verdammt leid, spirituelle Räume zu betreten und mich von einem weißen Heteromann belehren zu lassen. Ich hatte die Schnauze voll. Fühlte mich nie zu Hause. Selbst in Nepal waren von 250 Menschen bei einem 30-tägigen Stille-Retreat nur drei PoCs! Eine Schwarze Frau, ein Schwarzer Mann und ich. Dieses Anderssein anzuerkennen hat meine Praxis und Lehre entscheidend beeinflusst. Mit meinem Buch spreche ich eine spirituelle Einladung an alle Menschen aus, vor allem, wenn sie sich nie zu Hause gefühlt haben in einer Welt, die alle Unterschiede leugnet.

Nur du kennst deine Spezialwürze. Mit ihr macht das Leben Spaß. Genau sie macht dich schön. Lass uns aufhören, uns selbst zu belügen und zu meinen, wir wären alle gleich. Machen wir lieber unsere Einmaligkeit zu einem Teil des spirituellen Lebens. Deine Persönlichkeit ist doch Ausdruck deines Herzens in dieser Welt. Sie soll dir helfen und dich auf deinem einmaligen Weg leiten. Du bist zu einzigartigem Lachen, Spielen und Tanzen geboren. So findest du auch deine Leute und deine Aufgabe im Leben. Das ist der Duft deines Herzens. Hör auf, ihn zu verstecken. Hör auf, dich zu verstecken! Die Welt braucht genau deinen Duftstempel, deinen Farbtupfer, deine Struktur. Ich brauche dich. Wir brauchen dich. Du brauchst dich.

Wenn es darum geht, deine natürliche Superpower zu aktivieren, dann lädst du damit zugleich alle, mit denen du in

Kontakt kommst, ein, dasselbe zu tun. Die Leute werden durch die Art und Weise beflügelt, wie du sprichst, wie du dich verhältst, wie du gehst, wie du deine Gabel hältst, wie du dich anziehst. Man sagt uns, dass wir egozentrisch und eitel sind, wenn wir unseren Traum leben und tun, was wir lieben. Genau dieses Vokabular und die ganze Geschichte dahinter müssen wir umschreiben.

Vielleicht bist du angefixt, vielleicht auch verängstigt. Das ist okay. Es geht nur darum, dass du würdigst, was gerade da ist, und es trotzdem tust. Jeder und jede von uns hat eine Achillesferse. Wir haben es alle mit irgendwelchem Scheiß zu tun, der gewöhnlich immer gerade dann aus dem Hinterhalt kommt und »Buuuh!« ruft, wenn du Ruhe am nötigsten hättest – also dann, wenn du Mut und Selbstmitgefühl gebrauchen könntest. Stattdessen wirst du von Selbstzweifeln oder Unsicherheit, Schuldgefühlen, Ängsten oder Sorgen, Depression oder Selbstmitleid, Selbstgeißelung oder sonst was überrollt. Oder du bist wie ich, und deine ganze Welt ist auseinandergefallen. Also suchst du nach Antworten, nach der Wahrheit, nach dir selbst. Dein Scheiß wird dich immer finden, egal, wo du bist. Du verstehst schon: Er zeigt sich bei jedem und jeder anders, aber unsere Aufgabe ist es, ihn ans Licht zu holen, damit er unser Leben nicht mehr bestimmt. Lass uns loslegen. Ich garantiere dir, dass du den Weg über die Brücke selber findest.

3

Deine aktuelle Ich-Geschichte

Schritt 1: Mach dir deine Geschichte
bewusst, damit du sie ändern kannst.

Um herausfinden zu können, wer du bist, musst du erst
mal verstehen, für wen du dich *hältst*. Welche alten
Glaubenssysteme halten dich gefangen? Erst wenn du das
weißt, kannst du sie abreißen und neue bilden. Oft entspricht das, was wir uns über uns erzählen, gar nicht unserem wahren Ich. Von meiner Geschichte habe ich schon ein
bisschen erzählt und davon, was mich dazu brachte zu erwachen. Als mein Leben auseinanderfiel, passierte dasselbe
mit dem, was ich mir bislang über mich erzählt hatte. Häufig
gibt es einen Auslöser für das Erwachen; wie wir dahin kommen, ist immer verschieden. Zu meiner Geschichte gehörte
eine Definition von Erfolg, die nicht wirklich zu mir passte.
Bevor ich herausfinden konnte, was übrig blieb, musste ich
mir diese Geschichte von allen Seiten ansehen. Stell dir vor,
du trittst aus deinem Film von der Leinwand herunter ins
Publikum und wirst Zuschauer bei dem, was da gerade läuft.
Schau genau hin: Wo befindet sich bei dir die Endlosschleife?
Worüber grübelst du nach? Worüber machst du dir Sorgen?
Wie sabotierst du deine persönliche Freiheit und deine Fähigkeit, inneren Erfolg und äußere Fülle im Leben zu kulti-
vieren? Darum geht es in diesem Kapitel.

Lerne den Verstand verstehen

Lass uns mit dem Verstand beginnen. Um einen kleinen Abstand zwischen dem Ich und deinen Gedanken zu schaffen, musst du die Kraft des Verstandes nutzen. Das ist der erste Schritt, um dein Ich zu orten. Du bist nicht, wer du denkst. *Ähh … was redet der Typ da?*, denkst du jetzt vielleicht. *Ich bin einfach nur ein Mensch – ich bin ich!* Ja, das stimmt, das will ich auch gar nicht abstreiten. Wenn ich sage: »Du bist nicht, wer du denkst«, meine ich buchstäblich die Gedanken in deinem Kopf. »Ich bin klug«, sagst du dir vielleicht, »ich habe intelligente Gedanken, die mir helfen, Entscheidungen zu treffen.« Und das könnte auch stimmen. Du bist brillant, und viele deiner Gedanken sind sicher hilfreich, die meisten aber wahrscheinlich eher nicht. Experten schätzen, dass der Verstand täglich zwischen 60 000 und 80 000 Gedanken hat. Das macht durchschnittlich 2500 bis 3000 Gedanken pro Stunde.[1] In diesem Kapitel werden wir ein Verständnis für die Qualität dieser Gedanken entwickeln und unsere Beziehung zu ihnen neu gestalten. Ein Verständnis für die Qualität unserer inneren Landschaft wird uns die Informationen geben, die wir für unsere Befreiung benötigen. Der erste Schritt besteht darin, die Rolle und die Macht unserer Gedanken anzuerkennen.

Gefühle beeinflussen die Gedanken und umgekehrt. Zusammen beeinflussen sie das Handeln. Jetzt haben wir ja bereits eingeräumt, dass viele unserer Gedanken nützlich und brillant sind. Mir geht es aber um den Teil, der zu unglaublicher Selbsttäuschung neigt. Diesen Gedanken ist nicht zu trauen. Sie sind verdammt überzeugende Vollidioten, die sich in deinem Kopf breitmachen, nie die Klappe halten und dich einen Haufen Lügen glauben lassen darüber, wer du bist und wie die Welt dich sieht. Wie oft am Tag findest du dich zum Beispiel dumm? Oder hässlich? Wie oft am Tag versuchst du dich zu überzeugen, dass dich nie jemand lieben wird, dass du nichts wert bist, dass du dein Ziel vielleicht lieber gleich aufgeben solltest? Je mehr negative Gedanken du hegst, desto mehr glaubst du, sie *sind* du. Aber das ist Bullshit!

Du hast dir dein Leben lang Lügen angehört. Es ist an der Zeit, als Megaboss die Kontrolle über deinen Verstand zurückzubekommen. Dieser Boss ist weise, nicht aggressiv drauf und reagiert nicht blind. Um ihn zu verkörpern, musst du der proaktive Zuschauer sein, der über das Kopftheater, das sich da abspielt, nur den Kopf schüttelt und grinst. Du kannst dieser Boss sein, der den »albernen Verstand« amüsiert beobachtet und sich nie im Leben von ihm herunterziehen lässt. Du weißt es besser, du weiser Boss. Die Sache mit den Gedanken ist die, dass sie sich ganz von selber einstellen. Sie sind spontan, automatisch und brauchen deine Hilfe überhaupt nicht. Gegen sie anzukämpfen funktioniert nicht, denn sie sind irrational und beliebig. Es ist völlig nutzlos, einen Gedankenkampf mit dir selber auszufechten. »Halt die Klappe! Hör auf, iiih, ich hasse mich!« So gerätst du nur in einen Strudel aus negativen Gedanken und Selbstbeschimpfungen. Statt mit dir zu reden, trainierst du jetzt, dich zurückzulehnen, einfach zuzuschauen und der Boss zu sein.

Anstatt also zu versuchen, die Gedanken zu kontrollieren, was völlig sinnlos wäre, müssen wir uns auf das konzentrieren, was wir kontrollieren können: unser Verhältnis zu ihnen. Wenn wir aufhören, jeden Gedanken als etwas zu betrachten, das einer Aktion oder Reaktion bedarf, werden sie gleich viel ruhiger. Auch die negativsten und ängstlichsten beruhigen sich, wenn du nicht auf sie reagierst. Negative Gedanken lieben den negativen Teufelskreis aus Gedanken und Beschimpfungen! Wechselst du dagegen in die Position der liebevollen Zuschauerin, dann deckst du deine wahre Natur auf und verbindest dich wieder mit dem Herzen. Hörst du auf, dich vereinnahmen zu lassen, dann beruhigen sich die Gedanken. Sie funktionieren nicht anders als Kinder, die, wenn sie bei einem Wutanfall nicht beachtet werden, friedlich dazu übergehen zu malen oder irgendwas anderes zu tun. Du trainierst deinen Verstand, weniger abhängig zu werden von deinen Reaktionen. Wenn die Gedanken lernen, dass eine bestimmte Reaktion nicht kommt, hören sie auf, so herumzuschreien, und beruhigen sich am Ende. Wir müssen ganz bewusst die Wahl treffen, unseren Verstand toben zu lassen, während wir uns anmutig zurücklehnen und den Sturm vorbeiziehen lassen, statt uns von ihm erfassen und emotional herumwirbeln zu lassen.

Eine kurze Übung:
Beobachte deine Gedanken wie ein Megaboss

Beachte: Der Boss urteilt nicht. Beobachte einfach, ohne zu urteilen oder zu etikettieren, was du siehst. Sei innerlich ganz still und schau zu.

- Sei, wo immer du gerade bist. Es ist völlig egal, ob du sitzt, stehst, gerade auf dem Weg zur Arbeit bist oder entspannt auf dem Sofa liegst.
- Stell deinen Timer auf fünf Minuten und beobachte deinen Verstand mit seinen Gedanken, ohne dich einzumischen.
- Beobachte mentale Geschichten wie Wut, Zweifel, Angst oder Schuldgefühle. Lass dich nicht verwickeln, es geht nur ums Beobachten.

Das Problem ist, dass wir es meist gar nicht in die Beobachterrolle schaffen, sondern gleich voll einsteigen, uns verwickeln, verstricken, belagern lassen. Du hast ein Verlangen, du befriedigst es; kaum kommt dir der Gedanke, dass du dich beschissen fühlst, schon isst du einen Becher Eiscreme; weil die Person, die du magst, dir nicht getextet hat, fühlst du dich mies mit dir und deinem Selbstbild, also gehst du schnell shoppen und gibst Geld aus, das du nicht hast. Zu deiner aktuellen Geschichte gehört vermutlich, dass du wegen so blöder Gedanken und Gefühle, die dich regelmäßig überrollen, ein wenig förderliches Verhalten an den Tag legst, um dich schnell wieder besser zu fühlen. Die Absicht ist gut – ein Teil deines polarisierten Verstandes versucht, dich zu schützen –, aber wie oft unterstützen unsere Entscheidungen und Verhaltensweisen unser Herz wirklich, wenn wir den Launen des Verstandes nachgeben? Wir müssen lernen, es besser zu wissen und weisere Entscheidungen zu treffen.

Der Teufelskreis (Zirkus) aus Angst und Reaktivität

Gemäß der buddhistischen Psychologie tauchen die Gefühle auf, bevor sie der Verstand verarbeitet; die Gedanken wiederum beanspruchen die Gefühle, und dann reagieren wir. Genau das nenne ich gern den reaktiven Zirkus. Warum? Weil es ein verdammter Zirkus ist. Ständig glauben wir, was wir denken und fühlen, und reagieren auf unsere Gedanken und Gefühle, als wären sie die einzige Wirklichkeit. Was wäre, wenn wir wüssten, dass alles das, was wir über das Leben denken und fühlen, nichts mit der Art und Weise zu tun hätte, wie wir leben möchten? Was, wenn es einfach nur Konditionierung wäre? Die Gedanken gehen durch dich hindurch, sie werden nicht in dir geboren. Und genau wie die Gedanken ohne deine Hilfe kommen, tun das auch die Gefühle. Das funktioniert so: Du hast ein angenehmes Gefühl, das zu einem positiven Gedanken wird, also suchst du dir was, das dieses angenehme Gefühl aufrechterhält.

Und das ist das Problem. Ständig versuchen wir, uns an den guten Sachen festzuhalten, und übertreiben sie. Wir klammern uns an diese Gefühle, und das führt zu allen möglichen Komplikationen. Dabei geht es in Wahrheit immer nur um drei Haupttypen, wie es in den *Vier Grundlagen der Achtsamkeit* in der buddhistischen Psychologie heißt. Sie erklärt, dass alle Gefühle von einem von drei Impulsen begleitet sind: einem angenehmen, unangenehmen oder neutralen.[2] Wir versuchen, uns am Angenehmen festzuhalten. Sind wir in einem unangenehmen Zustand, verspüren wir Abwehr. Fühlen wir uns neutral, suchen wir schnell einen Weg zurück zu einem guten Feeling. Fühlen wir uns gut, wollen wir eine noch bessere Erfahrung: vielleicht Eis, ein Glas Wein oder auch Klatsch. Und auch wenn sich das vielleicht gut anfühlt, muss es noch lange nicht gut für dich sein.

Ein Moment von Freiheit entsteht, wenn du dich zum Zuschauer oder zur Zuschauerin deiner eigenen Erfahrung machst: wenn du in der Lage bist, dich so tief mit deinem Herzen zu verbinden, dass du beobachten kannst, wie sich dieser reaktive Zirkus abspielt. Ein Gefühl macht sich breit, ein Gedanke kommt, und Reaktion/Impuls nehmen auch schon Gestalt an. Aber *anstatt* dich ihnen zu überlassen, *bemerkst* du es, nimmst einen Atemzug, horchst in dein Herz hinein und *entscheidest* erst dann. Du hast eine Wahl! Wir meinen, wir hätten keine, weil wir in den Automatikmodus geschaltet haben. Fühlen – denken – reagieren, fühlen – denken – reagieren, immer wieder von vorn. Nur wenn wir uns mit dem Herzen verbinden, haben wir Zugang zum freien Willen und die Wahl. Wenn du beobachtest, was passiert, dann bist du bereits im Herzraum. Das ist Herztraining. So einfach ist das.

Überleg mal, auf wie viele Arten der ungeschulte Verstand versucht, dich abzulenken und dein Herz zu verdecken wie Wolken die Sonne. Die Wolken sind die Gedanken, die Jahreszeiten die Gefühle, und hinter all dem befindet sich die unablässig scheinende Sonne. Daher ist es egal, was gerade bei dir los ist, wie deine innere Landschaft aussieht oder in welchem inneren Chaos du steckst – du hast jederzeit Zugang zum Herzen (zu deiner Sonne), zu dieser Sonnenenergie, die warmes Licht und Potenzial ausstrahlt. Wir sind nicht unsere Gedanken; wir sind auch nicht unsere Gefühle; wir sind das, was sich dahinter befindet: die Sonne.

Dein Denken wird von dem Glaubenssystem bestimmt, das du über dich und die Welt verinnerlicht hast. Dabei haben diese Überzeugungen nicht unbedingt etwas damit zu tun, wer du bist. Zu diesem feinen Unterschied haben die meisten von uns gar keinen Zugang, dabei ist es eine tiefgreifende Wahrheit. Man hat uns nicht beigebracht zu merken, dass wir – sobald auch nur, BUUM, das kleinste unangenehme Gefühl auftaucht – sofort aus dem gegenwärtigen Augenblick herausfallen und ein Katastrophendenken ansteuern. Der Körper bittet dich sofort, zurückzukommen, indem du zum Beispiel anfängst, Nägel zu kauen. Damit kommuniziert er dir, ihn doch bitte, bitte wieder zu bewohnen und in den gegenwärtigen Augenblick zurückzukehren. Inzwischen wissen wir: Die Glaubenssysteme, die wir verinnerlicht haben, sind ein Ergebnis unseres ungeprüft ablaufenden Standarddenkens. Ist es nicht cool zu wissen, dass wir mit ein bisschen Gewahrsein eingreifen und den Verstand auf einen neuen Standard trainieren können? Du bist stark und hast das Sagen.

Überzeugungen

Schauen wir uns unsere Überzeugungen mal ein bisschen genauer an. Stell dir vor, der Verstand wäre ein Haus. Da bist du nun auf deiner spirituellen Reise und fängst gerade an, deine Denkgewohnheiten bewusst wahrzunehmen. Du wachst in diesem Haus auf und hast nicht die leiseste Ahnung, wer es gebaut hat, wer es eingerichtet, die Tapeten ausgesucht, es ausgestattet hat. Du schaust dich erstaunt um, so nach dem Motto: »Was ist das denn für Zeug?« Stell dir vor, alles in diesem Haus stellt deine Glaubenssysteme dar. Der große Tisch im Esszimmer steht für deine Beziehung zum Essen. Der Spiegel im Bad für die Beziehung zu deinem Körper. Die Fenster und Vorhänge stellen dein Selbstwertgefühl dar und auch, wie viel Liebe du zu verdienen meinst.

Das Haus ist vollgestopft mit muffigen, verstaubten Möbeln. Alles ist so zugestellt, dass du keinen Zugang zu deinem Herzen hast. Das ganze Gerümpel verbaut dir den Zugang zur Blaupause für deine Freiheit. Du kannst dich nicht mal bewegen in diesem Haus, ohne ständig an irgendeine negative Überzeugung zu stoßen: *Diese Möbel und Tapeten sind schlecht, und ich fühl mich schlecht damit!* Du hast nicht nur das Potenzial, dich in dem Haus aufzuhalten und es als Zuschauer oder Zuschauerin zu betrachten, ohne gleich blind zu reagieren, sondern auch das Potenzial, es komplett neu zu gestalten in einem Stil, der zeigt, wer du bist.

Zuallererst müssen wir anerkennen, dass die große Mehrzahl unserer Gefühle, Gedanken und Reaktionen aufs Leben schon vorab in unserem Gedankenstrom existieren und durch die Umgebung und Menschen, in der und bei denen wir aufgewachsen sind, zu den verstaubten Möbeln wurden, die unsere unqualifizierten Glaubenssysteme in unserem Verstand repräsentieren. Unbewusst und automatisch, wie sie auftauchen, sind diese Glaubenssysteme, Gefühlsreaktionen und Denkmuster mit der Zeit zu unserer Identität geworden. In dem Moment aber, wo du dich entscheidest, das Haus, in dem du derzeit wohnst, bewusst wahrzunehmen, und merkst: *Hilfe, diese ganzen Möbel passen überhaupt nicht zum Innendesign von meinem Herzen – zu meinem Verhältnis zum Essen und zu meinem Körper, zu der Art und Weise, wie ich Beziehungen lebe, zu meinem Sinn für Mode, Kunst, Musik und so weiter –, das ist ja alles aus Glaubenssystemen aufgebaut, die gar nicht ich sind,* kann das Herz seinen Neuentwurf in die Tat umsetzen.

Diese Überzeugungen nähren das Narrativ deines Gedankenstroms. Denk dran, du hast die Wahl. In dem Augenblick, wo du dir eines schwierigen Gedankens oder Gefühls bewusst wirst, kannst du dich für den Quickfix oder ein kurzes High entscheiden, indem du dich ablenkst von dem, was du weißt, und dich betäubst, um nicht zu spüren, was da an Unangenehmem auftaucht. Oder du befreist dich, bleibst im Haus, staubst die Möbel ab und kratzt den Schimmel weg, bis du den ganzen alten Mist schließlich in den Hinterhof stellst und verbrennst oder vielleicht sogar einen Hammer nimmst und die Wände des Hauses niederschlägst, um ein ganz neues mit einem ganz neuen Fundament zu bauen. Eins nach dem anderen. Der Punkt ist, dass du immer die Wahl hast zwischen: high sein oder frei sein. Mach es wie immer oder entscheide dich für DICH. Je mehr du DICH wählst, desto natürlicher wird es sich anfühlen. Nach und nach wird es immer weniger wehtun und dich weniger erschlagen.

Auf dem sensationell-spirituellen Weg und in diesem sensationell-spirituellen Megaboss-Programm bekommst du die Werkzeuge an die Hand, mit denen du dein ganzes Haus mithilfe von Glaubenssystemen, die deine herzgeleitete Freiheit fördern, neu aufbauen und neu gestalten kannst.

Und jetzt schau dich bitte in deinem Haus um. Ich möchte, dass du ehrlich Bilanz ziehst, wo du in diesem Augenblick in deinem Leben stehst. Mit der folgenden Übung betrachten wir dein Leben ganzheitlich und schauen uns an, was gut ausgerichtet ist und was nicht. Am Ende des Tages wollen wir doch alle mit möglichst vielen Bereichen unseres Lebens übereinstimmen, oder? Und was ist das Maß dafür? Das Herz natürlich. Wenn wir mit unserem Herzen übereinstimmen, das heißt, wenn wir dauerhaft glücklich sind und aus der Wahrheit leben. Ziel ist es, alle Zylinder feuern zu lassen.

Und wenn nicht alle, dann wenigstens die *meisten*. Du hast die Aufgabe, dein bestmögliches Leben zu führen, die Aufgabe, das zu verbessern, was einer Verbesserung bedarf, und den Teilen von dir Aufmerksamkeit zu schenken, die um ein bisschen mehr Liebe bitten. Darum geht es im Wesentlichen. Und auch das entspringt dem Herzen. Was von deinem Herzen ausstrahlt, die Wahrheit darüber, wer du bist, sollte frei in alle Lebensbereiche einfließen dürfen. Ist das nicht der Fall, dann weißt du, was du persönlich zu tun hast.

Teil 1: Wie geht es mir, und was will ich?

Vielleicht ist dieses Gerede über Herz und Übereinstimmung auch nicht greifbar genug. Also reden wir jetzt erst mal über Wünsche. Notiere dir bei jeder Frage, was gut läuft und was mehr Aufmerksamkeit braucht. Und dann schreib dir den Wunsch auf, den du für dich selber hast. Lass den Wunsch ultimativ, wahr und ehrlich sein. Vertrau auf ihn, auch wenn du dir nicht vorstellen kannst, wie er Wirklichkeit werden soll. Trage deine Antworten hier unten ein oder schreib sie in dein Tagebuch.

1. **Selbstliebe (Deine Beziehung zu dir)**
   Was funktioniert?

   _____

   _____

   _____

   Woran muss ich arbeiten?

   _____

   _____

   _____

Mein Wunsch

_____

_____

_____

2. **Beziehungen (Freundschaft/Gemeinschaft/Romantik)**
Was funktioniert?

_____

_____

_____

Woran muss ich arbeiten?

_____

_____

_____

Mein Wunsch

_____

_____

_____

3. **Familie**
Was funktioniert?

_____

_____

_____

Woran muss ich arbeiten?

_____

_____

_____

Mein Wunsch

_____

_____

_____

4. **Spiritualität**
   Was funktioniert?

_____

_____

_____

Woran muss ich arbeiten?

_____

_____

_____

Mein Wunsch

_____

_____

_____

5. **Arbeit (Deine Karriere oder was auch immer deine Arbeit draußen in der Welt ist)**

Was funktioniert?

_____

_____

_____

Woran muss ich arbeiten?

_____

_____

_____

Mein Wunsch

_____

_____

_____

Teil 2: Bist du bereit, dich zu ändern?

Du hast die Bereiche identifiziert, denen du auf deiner Reise mehr Aufmerksamkeit schenken möchtest, und einen Herzenswunsch darüber geäußert, wie du dich ändern willst. Jetzt kommt der schwierige Teil: Du musst handeln und dein Verhalten tatsächlich ändern, damit du dein bestmögliches Leben führen kannst. Veränderung ist kein Kinderspiel, Freunde.

Die folgende Übung soll dich auf den Wandel vorbereiten und zeigen, was dich daran hindert, das zu tun, was du eigentlich tun willst. Wahrscheinlich kennst du deine Ausflüchte selbst nur allzu gut und weißt, warum du nicht gehandelt hast oder warum du es zwar versucht hast, aber gescheitert bist. Es ist ziemlich cool, wie wir mit ein bisschen wilder Weisheit das durchbrechen können, was wir uns so alles erzählen, um uns durchs Leben zu schummeln.

Es gibt fünf Stadien der Veränderung: 1) Vorbetrachtung, 2) Kontemplation, 3) Vorbereitung, 4) Aktion und 5) Aufrechterhaltung. Diese Stadien werden häufig zur Suchtüberwindung verwendet, lassen sich aber auf fast alle Lebensbereiche übertragen, die du verändern möchtest.[3]

Denk an Teil 1 dieser Übung, wenn du die folgenden Fragen beantwortest. Behalte dabei deine spezifischen Lebenswünsche im Kopf und das, was nötig ist, damit diese Wünsche Wirklichkeit werden können.[4]

Wie wichtig ist es auf einer Skala von 1 bis 10, das zu ändern?

① ② ③ ④ ⑤ ⑥ ⑦ ⑧ ⑨ ⑩

Wie stark vertraust du auf einer Skala von 1 bis 10 darauf, dass du darin erfolgreich sein kannst?

① ② ③ ④ ⑤ ⑥ ⑦ ⑧ ⑨ ⑩

Wie bereit bist du auf einer Skala von 1 bis 10 für eine Veränderung?

① ② ③ ④ ⑤ ⑥ ⑦ ⑧ ⑨ ⑩

Was sind die Folgen, wenn du dich *nicht* veränderst? Mach dir eine Liste mit den Pros und Contras.

_____

_____

_____

Was sind die Folgen, wenn du dich veränderst? Mach dir eine Liste mit den Pros und Contras.

_____

_____

_____

Warum möchtest du diese Veränderung/en in deinem Leben? Geh ans Eingemachte.

_____

_____

_____

Was hindert dich daran, dich zu verändern?

_____

_____

_____

Welche Dinge, Menschen oder Verhaltensweisen haben dir in der Vergangenheit zu einer Veränderung verholfen?

_____

_____

_____

Was hilft dir jetzt, in diesem Moment?

_____

_____

_____

Welche Hindernisse siehst du vor dir, und wie kannst du sie beseitigen?

_____

_____

_____

Was hat dir in der Vergangenheit *nicht* geholfen, und womit kannst du diese Dinge ersetzen?

_____

_____

_____

An wen kannst du dich wenden, wenn du Unterstützung brauchst?

_____

_____

_____

Zähle drei bis fünf Sachen auf, die du ab jetzt tun kannst, um dem Ziel deiner Wünsche näher zu kommen. Fang klein an.

1. _____

2. _____

3. _____

4. _____

5. _____

Du *kannst* auch einem alten Hund noch Tricks beibringen

Jetzt weißt du also, was dir im Weg steht, was du zu tun gedenkst und was dein Herz am meisten braucht. Und trotzdem steht dir noch dieser lästige alte Hund von Verstand im Weg. Am allerschwersten ist es, sich zu verändern und das mit all dem zu vereinbaren, was der Rest von dir will. Aber ich habe gute Nachrichten: die Neuroplastizität, eine großartige Sache, die die Wissenschaft entdeckt hat. Die Forschung zeigt tatsächlich, dass das Gehirn plastisch ist, was so viel heißt wie[5]: Es ist flexibel und nicht festgelegt. Hinsichtlich bestimmter Instinkte, die zum Beispiel das Überleben oder negative Vorurteile betreffen (darüber später mehr), mag unser Gehirn fest verdrahtet sein. Was aber unsere alltäglichen Überzeugungen und Gewohnheiten angeht (die dich gefangen halten), steht es sehr wohl in deiner Macht, das Gehirn zu trainieren und dir Neues anzueignen.[6] Nach und nach passt sich das Gehirn der Veränderung an und kann mit ein bisschen Übung die von den alten Denkmustern gesteuerten Verhaltensweisen ändern. Handelst du jetzt auf neue Weise (wie zum Beispiel mit einer Pause oder einer Entscheidung, mit der du die automatischen Gedanken, Gefühle und Verhaltensweisen unterbrichst), kann sich das Gehirn neu verdrahten und fängt an, diese neue Reaktion zu erwarten. Ich bin absolut kein Neurowissenschaftler, aber die Grundlagen der menschlichen Evolution und die Art und Weise, wie das Gehirn arbeitet, sind ziemlich faszinierend. Deshalb möchte ich dir mehr davon erzählen.

Aufs Überleben gepolt

Wenn wir in unserer heutigen Welt aufs Überleben gepolt sind, bedeutet das leider automatisch eine Ausrichtung auf Sorgen, Angst und Negativität. Ich bin meinem Gehirn, meinem limbischen System und Nervensystem unendlich dankbar, weil es mich all die Jahre am Leben gehalten hat und mich auf Gefahren und Bedrohungen aufmerksam macht. Die andere, weniger nützliche Seite seiner Ausrichtung ist, dass … na ja, wir geraten heute nicht mehr so oft in Gefahr. Also versetzt uns das Gehirn, obwohl es ja nur helfen will, bei so ziemlich allem in den Panik-/Angst-/Furcht-/Negativitätsmodus: egal, ob es sich um einen Text oder Anruf, eine Präsentation, E-Mail, Zurückweisung oder einen schlechten Tag handelt. Denk einfach daran, dass das Gehirn bloß seine Arbeit tut. Unsere Aufgabe als weises Herz besteht darin, es besser zu wissen und den Unterschied zwischen einer echten Bedrohung und einem schlechten Tag oder einer blöden Situation zu erkennen.

Die Amygdala ist dazu da, unsere Gefühle und das gefühlsbedingte Verhalten zu regulieren. Interessanterweise ist sie daher auch involviert, wenn es um unser Verhältnis zu Sex, Essen und Drogen geht. Der besterforschte Bereich, in dem die Amygdala tätig ist, betrifft allerdings die wesentliche Rolle, die sie bei unserem Angsterleben spielt. Studien haben gezeigt, dass die Amygdala bei Stimuli wie angsterfüllten Gesichtern, angsterzeugenden Bildern und Auslösereizen aktiviert wird.[7] Diese Aktivierung soll dich eigentlich warnen: Dein Gehirn sendet dir das Signal, dass du Angst haben, gestresst sein, ausflippen sollst.

Unsere Vorfahren brauchten diese Bedrohungs- und Gefahrenerkennung als Standarddenkweise, weil es da noch keine iPhones, geschützten Wohnsiedlungen für Wohlhabende oder Wach- und Schließgesellschaften gab. Wir mussten aufs Feld, in den Dschungel oder in den Wald, Nahrung jagen und einen

Schutz für die Nacht bauen. Überall lauerten Gefahren, sodass dieses neurale Alarmsystem entscheidend zu unserem Überleben beitrug. Heute ist das nicht mehr unbedingt so. Die Welt hat sich inzwischen verändert, dieser alte Teil des Gehirns nicht. Daher ist es unsere Aufgabe als weises Herz, diesen archaischen Mechanismus zu überwinden und den Unterschied zwischen einer echten Gefahr und bloßem Unbehagen zu erkennen. Wir müssen mental einen Zwischenraum herstellen zwischen der Wirklichkeit und dem, was das Gehirn aus alter Angstgewohnheit macht. Wir alle haben das Potenzial, das, was wir *Standarddenkweise* nennen, neu und für die heutige Zeit funktionaler, mitfühlender und weiser zu gestalten. Stell dir vor, du machst es nächstes Mal, wenn du eigentlich ausflippen würdest, anders. Statt dich in einer Angstspirale zu verlieren, kannst du dich entspannen, weil du weißt, dass dein Verstand einfach nur seine Arbeit macht. Du bist der beobachtende, wissenschaftsbasierte Boss.

Auf Veränderung gepolt

Das Schöne an der Wissenschaft ist, dass sie bestätigt, was wir bereits wissen und was spirituelle Traditionen seit Tausenden von Jahren lehren. Die antike Praxis der Achtsamkeit, bei der du dein Gewahrsein auf dich und dein Erleben lenkst, geht Hand in Hand mit der Neurowissenschaft. Beobachten wir unsere mentalen Muster, dann lehren wir das Gehirn neue Aktionsweisen: Wir verdrahten es neu. Die Neuroplastizität besagt, dass das Gehirn anpassungsfähig ist; die Hirnstruktur kann sich ändern, wenn wir neue Erfahrungen einbringen, wenn wir lernen und uns der sich verändernden Welt um uns herum anpassen.

Alle unsere immer wiederkehrenden Gedanken und Gefühle beeinflussen Nervenbahnen und stärken sie. Was für eine Power, Leute! Stellt euch das mal vor. Alle unsere Gedanken und Gefühle sagen dem Gehirn im Wesentlichen: Tu mehr davon, fühl mehr davon, denk mehr davon. Sie geben dem Gehirn so was wie ein Daseinsmuster.

Wie du dir vorstellen kannst, ist Veränderung schwierig, aber machbar. Tagtäglich hast du mit jedem deiner Gedanken die Gelegenheit, deinem Gehirn eine neue Daseinsform anzutrainieren. Entscheidest du dich dafür, ihm mehr Festgefahrensein beizubringen, oder willst du, dass es Freiheit lernt?

Die Entwicklung der Neuroplastizität kannst du dir wie einen Sport vorstellen. Du gehst ins Fitnessstudio, damit du fit und straff bist und deine Muskeln nicht atrophieren. Genauso ist es mit dem Verstand. Meditation, geistige Pausen, Mantras, Affirmationen, Gedankenbeobachtung – mit diesen Übungen kannst du den Verstand trainieren und umschulen, damit er dein wahres Ich fördert. Andernfalls läuft er automatisch, versucht zwar nicht unbedingt absichtlich, dich zu verletzen, dreht aber manchmal völlig durch, weil er ungeschult ist. Der Verstand möchte und braucht es, dass du ihn trainierst, genau wie dein Körper möchte, dass du ihn bewegst und gesund hältst. Dein Verstand ist verdrahtet, um dich zu schützen, aber auch in der Lage, sich zu verändern. Er möchte dir helfen, du musst ihm nur zeigen, wie! Wir müssen unbedingt verstehen, dass der Verstand weit über die physischen Funktionsweisen des Gehirns hinausgeht. Gehirn und Verstand sind nicht dasselbe, aber sie hängen voneinander ab und arbeiten zusammen. Und wenn du deinen Verstand umschulst, veränderst du auch die Architektur deines Gehirns.

Wie ändern wir uns jetzt also? Mithilfe kleiner konsequenter Handlungen. Jeder Augenblick bietet Gelegenheit zur Nutzung der Neuroplastizität. Es ist absolut *möglich*, anders zu fühlen, zu denken und sich zu verhalten, und dein Verstand wird dich dabei unterstützen. Jaja, ich weiß: Gehirn,

Herz, Verstand, Gelaber, mein wahres Ich ... bla, bla, bla. Was *mach* ich denn nun?

Die große (und ganz einfache) Weisheit dahinter ist, dass der Atem uns aus dem Kopf raus- und in den Körper reinholt. Kommen wir (in jedem Augenblick, wieder und wieder, unermüdlich) zu unserem Körper zurück, dann finden wir auch wieder zum Herzen. Und genau damit bringen wir dem Gehirn eine neue Gewohnheit bei. Trainieren wir den Verstand darauf, dass er sich beobachtet, anstatt sich zu verstricken, dann trainieren wir uns selbst darin, uns in eine echtere Wirklichkeit hinein zurückzulehnen, die jenseits von Chaos und Angst existiert. Stell dir »Zurück« als den Ort vor, an dem sich dein Herz, dein Atem befinden, und »verstrickte Wirklichkeit« als täglichen Stress, schleichende Angst, Chaos und Gelaber des Verstandes. Die echtere Wirklichkeit befindet sich immer in dir, aber um darauf zurückgreifen zu können, musst du dich zurücklehnen. Das tun wir mit Atemarbeit und Meditation, mit Mantras und Affirmationen. Damit bringen wir uns bei, uns immer häufiger an diesen echteren Ort in uns zurückzulehnen, so lange, bis er sich wie zu Hause anfühlt. Und schließlich wird die Rückkehr an diesen Ort zur neuen Standardeinstellung. Wir lenken unsere Aufmerksamkeit weg vom konditionierten Verstand und zurück zum Herzraum.

Der innere Kritiker/ Wie der Verstand dich zurückhält

Auf meiner ersten Lesereise hielt ich einen Vortrag. In der Zuhörerschaft saßen ein paar sehr ernsthafte Meditierende. Als ich von meinem Leben erzählte, sagte ich: »Ich möchte euch von Bianka mit K berichten«, und fuhr fort: »Bianka ist großartig. Sie ist laut, lustig ... und bösartig.« Alle fingen an zu lachen, weil sie kapiert hatten, um wen es ging. Bianka ist meine innere Kritikerin. Sie erzählt Geschichten, verurteilt und kritisiert alles, was ich erlebe; sie labelt und schreibt Leute ab, ohne ihnen die Gelegenheit zu geben, mich zu überraschen, und bevor ich eine Chance hatte, mich mit ihrem Gutsein zu verbinden. Sie zieht voreilige negative und paranoide Schlüsse bei fast allem ... wenn ich sie lasse. Warum ich sie Bianka nenne, warum ich meiner inneren Kritikerin überhaupt einen Namen gebe? Weil mir das hilft, den Unterschied zu sehen. Hier bin ich, und da ist Bianka. Das Wissen um diesen Unterschied schenkt meinem Ich Kraft.

Biankas Geschichte ist Millionen Jahre alt. Der innere Kritiker ist ein Aspekt der Angstreaktion, der in unserer modernen Welt keinen Platz hat. Denn heute müssen wir uns (oder die meisten von uns sich) nicht mehr vor ernsthafter physischer Bedrohung schützen wie vor einem Löwen in der Wildnis, wir müssen unsere Nahrung nicht mehr erjagen oder für die Sicherheit unserer Familie sorgen. Bei den wenigen Bedrohungen, vor denen wir uns noch schützen müssen, ist dieser Aspekt des menschlichen Gehirns leicht deplatziert. Daher spielt es in unserem heutigen Leben gern verrückt und denkt sich Bedrohungen, Ängste und Sorgen aus, die den normalen Alltag betreffen. Für den armen Verstand ist deine Nervosität angesichts einer Präsentation so gefährlich wie ein Löwe, der hinter dir her ist. Auch die Panikattacke wegen der Frage, ob du dich nicht mal wieder auf Partnersuche machen solltest, ist für ihn ein Löwe. Deine Angst davor, eine Gehaltserhöhung zu fordern: ein Löwe. Dass du aus Angst etwas Neues nicht ausprobierst: ein Löwe. Wie viele Sachen in deinem Leben bauscht dein Verstand zu einem Löwen auf? Unsere innere Kritikerin ist die verrückt gewordene Angstreaktion. Aber weißt du was? Wir können uns entspannen, es gibt keine Löwen! Ha, als wäre das so einfach! Wir müssen unseren Verstand austricksen, zum Beispiel, indem wir lernen, die Gedanken beim Namen zu nennen.

Im vorigen Kapitel hast du geübt, Gedanken urteilsfrei zu beobachten; jetzt möchte ich, dass du dasselbe eine Woche lang mit dem Fokus darauf versuchst, wie du mit dir selbst sprichst. Die wichtigste Beziehung in deinem Leben führst du mit dir selbst. Das hast du sicher schon gehört, aber denk mal drüber nach. Dein echtestes Zuhause befindet sich in deinem Körper; die intimsten und ungeschütztesten Gespräche sind die, die du mit dir selber führst. Es passiert nicht häufig, dass wir innehalten und darauf achten, wie wir mit uns selber sprechen, wenn keiner zuhört.

Tagebuch für Selbstgespräche[8]

Nutze den Platz auf der nächsten Seite, dein Handy oder ein Tagebuch und zeichne eine Woche lang die Qualität deiner Gedanken auf. Führe Buch über so viele Gedanken wie möglich. Werde dir bewusst, wie du mit dir selber redest. Um das Muster ändern zu können, musst du erst mal wissen, wonach du suchst.

Schau dir am Ende der Woche an, was du notiert hast. Wenn du auf die Beschaffenheit deiner Gedanken achtest, kannst du leichter aufhören, dich mit ihnen zu identifizieren und sie zu glauben. Es hilft dir, deinen Gewahrseinsmuskel zu trainieren.

	Montag	Dienstag	Mittwoch	Donnerstag	Freitag	Samstag	Sonntag
Neutral							
Freundlich/ unterstützend							
Unfreundlich							
Positiv/bestätigend							
Einfach nur gemein							
Nicht mal mein schlimmster Feind würde das zu mir sagen							

Etikettierende Gedanken

Alle Leute haben Standarddenkweisen, die zu Denkmustern werden. Gewöhnlich lassen sich unsere Gedanken irgendeinem der folgenden Muster zuordnen. Lies sie dir durch und denk dabei an dein Gedankenprotokoll. Beachte, wie du mit dir selber redest, und allgemeiner, wie du denkst. Kreuz an, was dir bekannt vorkommt.

Filtern

Hast du eine besondere Fähigkeit, alles Positive zu übersehen und deinen Laser auf die einzige negative Sache zu richten, die gerade passiert?

Schwarz-Weiß-Denken

Das ist ein Alles-oder-Nichts-Denken, in dem kein Platz für Komplexität oder Nuancen bleibt. Ganz nach dem Motto: »Wenn ich's nicht perfekt mache, bin ich ein Versager.«

Übergeneralisierung

»Ich habe einmal _____ gemacht, und das war schrecklich, deshalb ist _____ immer schrecklich, und ich werde _____ nie wieder tun.«

Voreilige Schlüsse ziehen

»Hab ich zwar noch nie gemacht, aber wenn es so ist wie _____, ist es bestimmt auch schrecklich.« »Ich kenne sie zwar nicht, aber wahrscheinlich sind sie ätzend.«

Schwarzmalen

Es regnet nur, aber für dich ist es ein Hurrikan der Kategorie 5, und du steckst mittendrin. Wenn irgendwas nicht so läuft wie geplant, bricht für dich die ganze Welt zusammen.

Alles persönlich nehmen

Alles dreht sich um mich! Ich kann mir keine Fehler erlauben, weil das Wohl aller davon abhängt, dass ich perfekt bin. Wenn ich Mist baue, sind alle und alles davon betroffen.

»Allmachtsfantasien«

Es ist alles mein Fehler. Egal, was schiefgeht, es ist wahrscheinlich meine Schuld.

Schuldzuweisungen

Ich fühle mich zu verletzlich, um für mein Verhalten gerade-
zustehen. Also beschuldige ich lieber andere für das, was
schiefgeht oder passiert ist. Es ist immer die Schuld der anderen.

Die Solls

Ich denke, die Leute sollten sich auf eine bestimmte Weise
verhalten. Wenn sie es nicht tun, triggert mich das emotional. Halte ich mich nicht an meine eigenen Regeln, geißele
ich mich vor lauter Schuld- und Reuegefühlen schon selber.

Emotionale Logik

Ich bin traurig; also bin ich ein depressiver Mensch. Ich fühle
mich hässlich; also bin ich hässlich. Ich lasse mich von meinen Gefühlen lenken und glaube alles, was sie mir sagen.

In unserem Innern ist immer was los. Zu begreifen, wie der
Verstand tickt, kann uns unglaublich stärken, sodass wir
nicht mehr das Gefühl haben, gleich von jedem Gedanken
und jedem Gefühl fortgeschwemmt zu werden. Stattdessen
können wir unsere eigenen Muster erkennen und uns in unserer Spur bremsen: Hab dich erwischt! Der Verstand läuft
immer, er macht nur seine Arbeit. Deshalb ist Gewahrsein
ein Fulltimejob. Lehn dich, wenn du dich bei so einem Ge-
dankenmuster erwischst, in deine Weisheit zurück.

Die Weisheit deines Herzens ist dein allerbestes Gegengift. Und weißt du, was das Schöne daran ist? Sie ist immer
für dich da.

Das Überschreiben einschränkender Überzeugungen

Natürlich treibt der ungeschulte, neurotische, konditionierte Verstand sein Spiel mit uns. Was er sagt und erzählt, ist keine korrekte Darstellung der Wirklichkeit. Das Verzwickte an den Gedanken ist aber, dass sie uns schon ein Leben lang begleiten. Deshalb haben wir wahrscheinlich ein paar tief sitzende, unwahre Überzeugungen über uns selbst, die nicht im Einklang mit unserem Herzen stehen. Die müssen wir nicht nur aufrufen und herausfordern, sondern auch ersetzen.

Schreib dir zehn einschränkende Überzeugungen auf, die dich ausbremsen. Und daneben schreibst du eine Feststellung, die im Gegensatz dazu steht, eine echtere Version von dir bestätigt und als guter Ersatz dienen kann.

Und hier meine Liste von Überzeugungen, die Bianka Futter geben. Es fällt mir zwar nicht ganz leicht, offen damit umzugehen, aber Verletzlichkeit ist Macht, also los:

Einschränkende Überzeugung	Ersetzt durch
1. Ich muss immer kämpfen.	Ich kann mühelos leben.
2. Ich kann nie 100 Prozent sein.	Ich bin immer ganz.
3. Ich gehöre nicht dazu.	Egal, wo ich bin, ich gehöre dazu.
4. Keiner kann mich lieben.	Ich bin liebenswert.
5. Ich bin krank.	Ich bin gesund.
6. Ich werde nie Fülle erleben.	Ich bin in der Fülle und habe, was ich brauche.
7. Mein Körper ist scheußlich.	Mein Körper ist schön, stark und sexy.

Einschränkende Überzeugung	Ersetzt durch
8. Ich bin ein schlechter Mensch.	Ich bin von Natur aus gut.
9. Ich bin ein Betrüger.	Ich bin qualifiziert und vertraue mir.
10. Ich habe nichts zu bieten.	Ich habe Erfahrung und Weisheit zu bieten; ich bin gut genug.

Schreib hier deine Liste auf:

Einschränkende Überzeugung	Ersetzt durch
1. _____	_____
2. _____	_____
3. _____	_____
4. _____	_____
5. _____	_____
6. _____	_____
7. _____	_____
8. _____	_____
9. _____	_____
10. _____	_____

Sieh dir an, was du in der rechten Spalte geschrieben hast. Das ist dein neues Programm, der erste Schritt auf dem Weg zu deinem Herzen. Hast du erst mal die Stärke und die Bewusstheit, Teile von deinem mentalen Scheiß zu beseitigen, dann erkennst du dich auch immer mehr als die Person, die du wirklich bist. Kleb dir die Liste an den Spiegel, an den Computer oder mach sie zu deinem Bildschirmschoner.

Tu, was du tun kannst, um dir die neuen Feststellungen ein-
zuprägen, und lass dich ab jetzt von ihnen leiten.

Ich möchte noch mal auf die Metapher vom Haus zurückkommen. Stell dir vor, die zehn einschränkenden Überzeugungen wären Möbelstücke. Jetzt bitte ich dich, meinen
Leser, meine Leserin, den ganzen Mist im Hinterhof zu ver-
brennen. Und dann geh nicht zu Ikea, sondern bau dir selbst
zehn neue Glaubenssätze, die damit zu tun haben, wie du
dich fühlen, wie du denken und handeln möchtest in der
Welt. Das ist der magische Dreier, der deine höhere Vision in
der Welt fördern wird. Jedes Mal, wenn wir eine der einschränkenden Überzeugungen glauben, befeuern wir die
Amygdala, bestärken diesen Glaubenssatz und senden dem
ganzen Körper die Botschaft: Glaub das und handle entsprechend! Wir müssen uns einfach eine andere, neue Geschichte
erzählen.

Nutze dein Nervensystem zur Förderung eines neuen Seins

Das Gehirn arbeitet natürlich nicht allein; es steht in ständiger Verbindung mit unserem Nervensystem. Letzteres
besteht aus zwei Hauptteilen: dem Sympathikus und dem
Parasympathikus. Ersteren können wir uns als die Art und
Weise vorstellen, wie wir auf Stress reagieren und damit umgehen; er mobilisiert in Stresszeiten die Energie und Ressourcen des Körpers, während der Parasympathikus in ent-
spanntem Zustand, wie zum Beispiel in der Meditation, beim
rhythmischen Atmen und Schlafen, unsere Energie und Ressourcen speichert. Stress – wie bei der Kampf-oder-Flucht-
Reaktion – soll dem Parasympathikus entgegensteuern, der
mit Ruhe, Verdauung und Entspannung assoziierte Gefühle
des Versorgtseins fördert.[9]

Wenn man rein von der Bezeichnung ausgeht, könnte

man meinen, der Sympathikus wäre der Teil des Nervensystems, der ruht und sich entspannt, dabei versetzt uns ausgerechnet er in den Kampf- oder Fluchtmodus. Genau wie die Amygdala, die uns bei Bedrohung hilft, versetzt uns der Sympathikus in die Lage, mit Stress umzugehen. Es ist ein ursprünglicher Mechanismus, der es uns ermöglicht zu reagieren, sobald der Alarm losgeht, und zwar häufig mit dem Kampf-oder-Flucht-Modus.

Dank dem Parasympathikus haben wir Zugang zum weisen Herzen, zu Gefühlen von Ruhe, Fürsorge und Wohlbefinden. In diesem Modus können wir im Leben agieren, statt nur zu reagieren. Den besten Zugang zu dieser parasympathischen Funktion des Nervensystems finden wir durch die tiefe Bauchatmung, die wir als regelmäßige tägliche Übung einführen sollten. Jeder gewöhnliche Mensch auf der Welt, der Sorgen hat, atmet bis zu sechzehnmal pro Minute, also sehr kurz und flach. Hier reden wir von einem anderen Atemmuster (vier- bis sechsmal pro Minute), das eine gesunde Zwiesprache zwischen Gehirn, Nervensystem, Darm und Herz fördert. Durch die bewusste Verlangsamung der Atmung bringen wir dem Sympathikus das Faulenzen bei und dem Parasympathikus, sich öfter mal einzuschalten. Außerdem stärkt diese Atmung den Vagusnerv, den Wissenschaftler beim Menschen auf Englisch als »Liebesnerv« bezeichnen.[10] Du siehst also, dass wir dem gesamten Körper allein schon durchs Atmen eine neue Botschaft vermitteln können: entspannen, entspannen, entspannen. Alles ist miteinander verbunden. Weiter unten bringe ich dir die passende Atemübung bei.

Kultiviere deinen Hang zur Liebe

Da ist noch etwas, wovor wir uns hüten müssen: der soge-
nannte Negativitätseffekt. Als Denkmuster, das immer nur
das Negative sieht, ist er ein absoluter Spielverderber! Er
hat unglaubliche Macht und kann fast alle deine Erfahrungen düster einfärben. Der Negativitätseffekt ist der Grund,
warum es so wehtut, wenn wir abgewiesen werden, scheitern oder uns gesagt wird, dass wir schlecht oder nicht gut
genug sind – er katapultiert uns direkt ins Worst-Case-Sze-
nario. Dazu ist viel geforscht worden. In einer Studie von
John Cacioppo, einem Neurowissenschaftler an der Univer-
sity of Chicago, hat man den Proband*innen drei Arten von
Bildern gezeigt: Die einen lösten positive Gefühle aus, die
nächsten negative, und die dritten wirkten neutral. Cacioppo fand heraus, dass die negativen Stimuli mehr elektrische
Aktivität hervorriefen, was beweist, dass unser Gehirn –
also wir – vor allem von negativen Nachrichten beeinflusst
werden.[11]

Genauso, wie das Gehirn nach Bedrohungen Ausschau
hält, um dich vor Gefahr zu schützen, ist es auf die Suche
nach Negativität gepolt. Auch hier versucht es nur, dich zu
schützen, indem es jedes Mal einen Alarm auslöst, wenn du
emotional verletzt wirst. Und das ergibt ja auch Sinn. Stell
dir vor, was passieren würde, wenn wir physisch in Gefahr
wären, und kein Alarm würde losgehen. Da würden wir im
Leben nicht weit kommen. Die Körperreaktion auf ein
Trauma und emotionalen Schmerz ist so interessant, weil
sich unser Körper emotionalen Schmerz ebenso merkt wie
körperlichen.[12] Was Schmerz und Leid angeht, sind wir so
konditioniert, dass beides lange hängen bleibt. Ohne es zu
wollen, spielen wir die alten Muster immer wieder ab, wir
erleben sie ständig neu, sabotieren uns selbst, nutzen Ver-

meidungsstrategien, und das alles nur, um künftigen Schmerz möglichst zu vermeiden. Wir leben alle in diesem ständigen Wechselspiel, in diesem Versuch, uns nicht verletzen zu lassen. Dein Herz kennt den Unterschied zwischen einer realen Bedrohung deines Glücks und Wohlbefindens und etwas, das wir nur als Bedrohung wahrnehmen – zwischen einem tatsächlichen Löwen und jemandem aus deiner Dating-App, der dir eine Abfuhr erteilt hat –, aber dein Gehirn läuft weiter mit der alten, archaischen Hardware.

Was wäre, wenn wir stattdessen unsere Reserven an Liebe und Mitgefühl aufbauen und spielen lassen könnten? Und außerdem: Hallo, Herz? Wo bist du? Wo warst du, als dieser ganze Mist über mein Gehirn und Nervensystem niedergegangen ist? Nonstop werden wir mit Bedrohungen, Löwen und Alarmen bombardiert. Es ist das reinste Chaos. Wo bist du, Herz? Das Herz ist die ganze Zeit da, Schätzchen, es wartet nur darauf, dass du den Vorhang aufziehst und dich auf es einlässt. Entspann dich, es ist ja da.

Was wäre, wenn wir uns eine innere Landschaft erschaffen könnten, die weniger chaotisch wäre und in der mehr Gedanken vorkämen wie »Ich liebe dich«, »Du tust dein Bestes« und »Ich glaube an dich«? Wie anders würde sich so ein neuer Standard anfühlen? Weißt du was? Es ist machbar. Du kannst die Skala deiner Chaoswahrnehmung herunterfahren und die Lautstärke der Liebe hochdrehen.

Gedanken, egal, ob positiv oder negativ, haben unglaubliche Macht. Und bestimmt hast du jeden Tag auch eine Reihe positiver Gedanken, die sich gegen die negativen stellen, etwa so: »He, halt die Klappe« oder »Ich seh doch nett aus heute«, »Heute war ich gut, heute war ein guter Tag« oder »Gut gemacht«. Tatsächlich haben wir die Macht, uns auf positive Gedanken zu konzentrieren und eine positivere

Wirklichkeit zu leben. Dafür gibt es eine ganze Reihe von Möglichkeiten.

Sich auf die Frequenz der Liebe einzustimmen, erfordert Übung. In unserem neuen Standard geht es darum, zu MERKEN, wann wir den gegenwärtigen Augenblick verlassen und in eine alte Geschichte eintauchen, uns durch ein Vorurteil einschränken, weit abgleiten in Zukunftssorgen oder die Vergangenheit aufwühlen.

In jedem Moment kriegen wir eine neue Chance: Herz oder Geschichte, Herz oder Scheißvorurteil, Herz oder Sorgen über Dinge, die überhaupt noch nicht passiert sind. Übung bedeutet, sich häufiger fürs Herz zu entscheiden. Lass das zu deiner Standardeinstellung werden. Registriere, wenn du dem jetzigen Augenblick den Rücken gekehrt hast. Gewöhnlich fangen wir dann an, allem, was wir erleben, eine Geschichte anzuhängen. Weitab von der Realität verlieren wir uns in der Fiktion. Der Atem wird flach, wir gehen in den Kampf-oder-Flucht-Modus; wir sehen das Leben nur noch reaktiv, statt es geschickt zu managen. Eine der wirksamsten Gegenmaßnahmen ist das Atmen. Statt den Atem kurz und flach werden zu lassen, wird er lang und tief. Schon allein die Atmung kann helfen, dein Reaktionsmuster umzuformen. Atmung ist eines der größten Heilwerkzeuge.

Wie Liebe klingt

Das weise Herz spricht in »Treffern« oder »Downloads«, wie wir sie nennen. Aber anscheinend können wir diese Botschaften nur in den Lücken hören oder empfangen, in den Zwischenmomenten, in denen wir auf anderes eingestimmt sind als auf das ganze innere Gelaber und Chaos. Siehst du, wie alles miteinander zusammenhängt? Ein größerer mentaler Raum und mehr Wahlmöglichkeit in jedem Augenblick führen zu mehr Ruhe, damit das Herz ins Spiel kommen und auch gehört werden kann.

Wenn du eine Art spontanes Wissen empfängst, ist es vermutlich das Herz, das spricht. Ich nenne es *Wissen*, weil es nonverbal ist; es *ist* einfach. Es gibt kein Vokabular dafür, auch wenn wir noch so sehr versuchen, den Vorgang mit Worten zu beschreiben. Wenn es geschieht, ist es eine sehr individuelle, wunderschöne Erfahrung, die Entstehung einer tiefen Verbindung mit dem Herzen. Das Verständnis ist schon da, auch wenn wir vielleicht keine Sprache dafür haben. Denk nur an das letzte Mal, als du eine Eingebung hattest, als du einfach »wusstest«, als du gesagt hast: »Keine Ahnung, ich weiß es eben einfach.« Genau das ist ein Zeichen dafür, dass das Herz spricht.

Wir stehen in ständigem Kontakt mit ihm, auch dann, wenn wir es nur einen Moment hören, wenn wir meditieren oder irgendwie anders einen Raum schaffen in unserem ständigen chaotischen Gedankenstrom. Bei den meisten Menschen ereignet sich der Herzdownload unbemerkt, weshalb das innere Gelaber im nächsten Moment gleich wieder mit voller Macht weiterläuft. Mit dem sensationell-spirituellen Programm kannst du dich davon befreien und dich länger auf dein Herz einschwingen.

Die Rolle des Körpers

Wir reden hier die ganze Zeit über Verstand und Herz, dabei ist auch der Körper wesentlich für unsere Arbeit. Wie schon gesagt, Schätzchen: Alles ist miteinander verbunden. Der Körper ist das Tor und der Weg, über ihn loggst du dich ein. Er ist dein Hauptgefäß, über ihn bekommst du Zugang zum Herzen. Den Verstand versuchen wir zu begreifen, damit wir nicht mehr so lange in ihm gefangen sind. Wir brauchen unsere Gesamterfahrung nicht mehr von unserer mentalen

Erfahrung beherrschen zu lassen. Du hast einen Körper, also bewohne ihn! Sei wirklich in dir drin. Bei einer der ersten Lektionen, die ich empfing, sagte einer meiner Lehrer im Nordhimalaja zu mir: »Sah, komm in deinen Körper zurück.« Damals war ich totaler Anfänger, ich hatte keine Ahnung von der Geist-Körper-Herz-Verbindung. Ich verstand alles wortwörtlich. Was zum Teufel sollte »Komm zurück in deinen Körper« heißen? Ich *bin* doch in meinem Körper. Erst später begriff ich, was er meinte. Wenn wir unseren Körper voll und ganz bewohnen, sind wir im gegenwärtigen Augenblick, und wenn wir in der Gegenwart sind, können wir das Herz hören. Die ganze Geistesarbeit dient dazu, unsere Aufmerksamkeit raus aus dem Kopf nach unten zu lenken, raus aus den Geschichten über Vergangenheit und Zukunft, rein in den Körper und irgendwann auch ins Herz. Und hoffentlich wohnen wir dann dort. Das ist die Aufgabe. Ich glaube, wir sind nur hier, um das zu lernen.

Wenn wir uns wieder mit unserem Herzen verbinden, haben wir auch wieder Zugang zur Entscheidungsfreiheit. Wir müssen uns nach innen wenden, um herauszufinden, warum wir so und so handeln, warum wir in dieser Endlosspirale aus Schuldzuweisungen und Fingerzeigen feststecken, statt nach innen zu schauen, wenn wir uns getriggert fühlen. Das macht uns frei: nach innen zu schauen, wenn wir uns abgetrennt fühlen. Nur in uns selbst finden wir die Blaupause für unsere persönliche Freiheit.

Hier eine Meditation, die dir helfen soll, abschweifende Gedanken zu stoppen und die Lücken zu nutzen, in denen du Zugang zu deinem Herzen und der Sprache jenseits aller Gedanken hast. Nutze sie immer, wenn du Hilfe brauchst, und denk dran: Du bist nicht deine Gedanken.

Kauderwelsch-Meditation nach Osho

Die Meditation bietet dir ausgesprochene Erleichterung. Du lässt sie einfach für drei bis fünf Minuten (oder länger) laufen und ... nach Kauderwelsch klingen. Mach dich locker und gib Töne von dir wie sonst nie. Nutze deine Stimme für Töne, die überhaupt keinen Sinn ergeben. Das schafft eine Pause im Gedanken- und Gefühlsstrom. Wenn du fertig bist, hast du eine innere Stille geschaffen, die dem Herzen Raum schenkt.

- Stell dir deinen Timer auf fünf Minuten und fang an.
- Beachte, wie du dich fühlst, wenn du fertig bist.
- Achte auf die Beschaffenheit deiner Gedanken.

Hoffentlich spürst du jetzt so eine Art Reset. Die Übung kannst du jederzeit als Gedankenstaubsauger für zwischendurch nutzen.

Die Macht des Innehaltens

Anders zu agieren ist ein wesentliches Instrument auf dem Weg in die Freiheit. Körper und Atmung verankern dich im gegenwärtigen Augenblick, sie sind die mächtigsten Werkzeuge, die du hast. Wenn du lernst, dich in deinem Körper zu erden, dann hörst du, was dir das Jetzt zu bieten hat, und kannst wählen. Jeder Moment schenkt dir die Wahl zwischen Angst oder Liebe. Die eine Reaktion ist automatisch, die andere überlegt. Liebe erfordert Innehalten. Angst passiert automatisch, unabsichtlich; sie erweckt unqualifizierte Gedanken und Reaktionen zum Leben. Angst treibt Geschichten von dir an, die nicht deinem Potenzial und der Person entsprechen, die du in Wahrheit bist und die du tief in dir kennst. Solange wir nicht gestresst oder getriggert sind, fällt es leicht, die Liebe zu wählen. In den Augenblicken aber, in denen wir herausgefordert sind, in denen uns irgendwer oder irgendwas an einer empfindlichen Stelle trifft und wir aus Angst automatisch zurückzucken, uns zurückziehen, wütend oder unsicher werden, uns wertlos fühlen oder vergessen, dass wir Liebe und Leben verdienen, brauchen wir die Macht des Innehaltens. Das wiederum braucht Übung.

Und was brauchst du unbedingt, um den automatischen, negativen inneren Kritiker neu auszurichten? Das, was dich am Leben hält, wofür du geboren bist: Lerne neu. Wie. Du. Atmest. Zuallererst brauchen wir eine Atemübung. Als Nächstes kommt das Selbstgespräch. Die Mantras, die wir einführen, werden zum neuen Standard. Versuch im Lauf des Tages – beim Zähneputzen, beim Haarestylen vor dem Spiegel, in der U-Bahn, im Auto auf dem Weg zur Arbeit, zu Fuß, egal wo –, immer wieder freundliche Gedanken in deinen Verstand einzuschleusen. Das ist das einfachste und zärtlichste Geschenk, das du dir selbst machen kannst. Sag dir, dass du dich liebst, dass du okay bist, dass du gut genug bist. Erinnere dich an einen der neuen Glaubenssätze, die du dir notiert hast. Wiederhole innerlich den, den du heute am meisten brauchst, und mach ihn zu deinem Mantra. Und atme. Wenn du dir das gönnst, kann der Alltag richtig Spaß machen.

Die Summ-Atmung beruhigt und schafft einen Raum zwischen dir und dem, was gerade los ist.

Summm-Atmung

Diese Übung ist sehr wirkungsvoll, wenn es darum geht, das Nervensystem zu beruhigen, Abstand zum inneren Gequassel zu gewinnen und Raum zu schaffen. Wenn äußerlich keine Pause zur Verfügung steht, müssen wir uns selbst beibringen innezuhalten.

- Schließ die Augen.
- Achte auf deine Körperempfindungen und deine innere Landschaft.
- Leg dir die Zeigefinger auf die Ohrenknorpel an der Wange.
- Nimm einen tiefen Atemzug und drück beim Ausatmen sanft auf die Knorpel, als wolltest du dir die Ohren zustöpseln. Halte den Druck aufrecht.
- Summe beim Ausatmen laut wie eine Biene (mmmmm).
- Atme so tief ein, wie du kannst, und atme so lange wie möglich aus.
- Wiederhole die Übung zehn Atemzüge lang.

Egal, für wie fortgeschritten wir uns auf unserem spirituellen Weg halten oder wie sehr wir glauben, in unserer Kraft zu leben: Bianka, die innere Kritikerin, mischt sich trotzdem noch ein. Je kreativer sie wird, desto kreativer müssen auch wir werden. Wir heben das Niveau einfach immer weiter an, Schätzchen. Falls du denkst, dein Leiden würde mit nur einer Atemübung, mit nur einem Aha-Moment vorüber sein – falsch gedacht. Die Arbeit läuft kontinuierlich weiter. Wir müssen ständig auf die Übereinstimmung mit dem Herzen hinarbeiten. Wärst du bereits komplett auf es ausgerichtet, dann wärst du nicht hier auf der Erde mit uns anderen, die wir unseren ganzen Scheiß durcharbeiten. Aber immerhin können wir versuchen, ihn nicht aneinander auszulassen.

Ziel ist es, unseren mentalen Garten mit so vielen unterstützenden Samen neu zu besäen, so viel Gutes zu tun, in unserer Intention, unseren Worten und Taten so tief ausgerichtet zu sein, dass es den Verstand ausreichend entspannt und er sich vollständig mit dem Herzen verbinden kann. Das ist der Weg. Aber verurteile dich nicht, häng dich nicht fest und reg dich nicht auf, wenn du dich an alles gehalten und deinen karmischen Garten gepflegt hast und sich plötzlich diese gruselige innere Stimme bemerkbar macht: »Hallo, Bitch, da bin ich wieder«, und du kommst nicht los von ihr, geißelst dich und hängst wieder voll am Haken. Sobald du dich nicht mehr von jedem inneren oder äußeren Impuls vereinnahmen lässt, weißt du, dass du deine Hausaufgaben gemacht hast. Stück für Stück. Du merkst es, tanzt vielleicht einen kleinen Tanz damit, und dann kommst du wieder zurück: ins Herz, in den gegenwärtigen Augenblick.

Mach dich bereit

Bist du bereit für eine neue Beziehung zu dir, zu deiner Zukunft?

Stell dir vor, da gibt es einen Raum zwischen der Illusion der negativen/stressigen/ängstlichen Gedanken und deiner klareren, harmonischeren Wirklichkeit. Stell dir vor, dein Herz ist die Sonne, die bei jedem Wetter da ist. Stell dir vor, im tiefsten Innern weißt du immer, dass die Sonne unermüdlich scheint. Du entwickelst dieses Wissen in dem Gewahrsein, dass es da noch ein ICH über dir gibt. Dieser Prozess erfordert Übung: Du musst es dir zur Gewohnheit machen, dich zu erinnern, dass du die Sonne bist. Sag es jetzt: Ich bin die Sonne. ICH BIN DIE GOTTVERDAMMTE SONNE! Und bald glaubst du es selbst.

In späteren Kapiteln lernst du Übungen, mit deren Hilfe das deine Wirklichkeit werden kann, vorher aber hast du noch was zu erledigen: Du musst vergeben. Dir selbst und anderen. Das ist die ultimative spirituelle Aufräumaktion. Damit schaffst du Platz für die Freiheit, die in dir aufsteigt.

Du hast dir deine Geschichten und Glaubenssätze, deinen Verstand, Körper und dein Herz angeschaut. Jetzt ist es an der Zeit, einen Schritt weiter zu gehen. Um voll und ganz für unser Leben, für unser Handeln einzustehen und wirklich Verantwortung zu übernehmen, musst du lernen zu vergeben und dich selbst zu erlösen. Je vertrauter es dir wird zu vergeben, desto besser kannst du deinen inneren Garten jäten: Du wirst lockerer und packst deine alten Geschichten und Glaubenssätze bei den Wurzeln.

Bootcamp –
hier geht's ums Vergeben

Schritt 2: Lerne, dir selbst und den Idioten
zu vergeben, die dich verletzt haben.

Du willst herausfinden, wie es jetzt gerade um dein inneres Wachstum und deine spirituelle Reife bestellt ist?
Dann schau, ob du anderen und dir selbst verzeihen
kannst. Das ist der ultimative Test. In diesem Kapitel befassen wir uns mit der Bedeutung von Vergebung, und du
bekommst Werkzeuge an die Hand, mit denen du im Alltag
üben kannst zu vergeben. Lass uns keine Zeit verlieren. In
der allerersten Übung sollst du dich auf die andere Seite des
Spiegels begeben und die Leute um Verzeihung bitten, die du
verletzt hast.

Die Macht der Vergebung

Es gibt sanfte und zugleich sehr kraftvolle Dinge, die du selber tun kannst, um die Wurzeln von Groll zu beseitigen. Dazu
brauchst du weder die Beteiligung anderer noch in irgendwelche traumatischen Erinnerungen einzutauchen. Vergebung kann das, du musst sie bloß üben. Fangen wir an.

**Bitte die Menschen,
die du verletzt hast, um Vergebung**

Vor dem nächsten Schritt möchte ich dich bitten, dir ein bisschen Zeit zu nehmen und die Leute um Verzeihung zu bitten, die du verletzt hast. Du kannst es aufschreiben oder einfach laut aussprechen. Bitte zieh es durch, auch wenn es dir unangenehm ist und du das Gefühl hast, dir damit eine Blöße zu geben. Nimm dir Zeit. Nutz den Atem als Anker. Denk an die letzte Zeit oder geh tiefer in die Vergangenheit und bitte alle Leute, die du verletzt hast, dir jetzt zu verzeihen. Hier geht es nicht um Schuld oder um Richtig oder Falsch – es geht darum, das Herz frei zu machen. Nimm einen tiefen Atemzug. Achte hinterher darauf, wie sich das Herz anfühlt.

Nutz dafür den Powersatz:

»Hallo (Vorname der Person), bitte vergib mir für alles, womit ich dir absichtlich oder unabsichtlich in Gedanken, Worten oder Taten Schaden zugefügt habe.«

An der Vergangenheit festzuhalten kann unendlich wehtun. Wunden – alter Groll, Bedauern, begangene Fehler, Schuldgefühle – sorgen für einen sehr heimtückischen Schmerz. Einen, der sich gern versteckt hält und dann herauskommt, wenn wir es am wenigsten erwarten, vor allem in Momenten, in denen wir eigentlich Mut und Freundlichkeit benötigen. Das Nicht-Verzeihen-Können reckt seinen hässlichen Kopf in sehr unterschiedlicher Form hervor (als Wut, Angst, mangelndes Selbstwertgefühl, Stress, Depression) und bildet einen permanenten niederschwelligen Schmerz, bei dem sich die Ursache kaum lokalisieren lässt. Oft halten wir diesen schmerzhaften Seins-Zustand für unser wahres Selbst. Zu Unrecht, denn er deckt uns nur das Herz zu, sodass wir seinen Ruf nicht mehr hören: »Hallo, ich bin hier drinnen, vergiss mich nicht! Ich bin doch da!«

Stell dir Vergebung als deine besonders scharfe Spezialwürze vor, die du für alles nutzen kannst und vor allem solltest. Weißt du noch, wie cool es nach Beyoncés Song war, scharfe Soße in der Tasche zu haben? Du kannst in deiner spirituellen Bauchtasche Vergebung mit dir herumtragen und sie überall hinzugeben. Damit holst du Ruhe, Frieden und Mitgefühl aus der Tiefe ans Licht: Sie sind deine Essenz.

Im vorigen Kapitel hast du deine Geschichten entdeckt. Du hast gesehen, was sie erzählen, wie sie am Steuer sitzen und dich zurückhalten. Jetzt gucken wir unter die Motorhaube und untersuchen tiefer im Innern, wo du die Power von Vergebung und Mitgefühl am meisten gebrauchen kannst, um vorwärtszukommen und eine neue Geschichte von dir selbst zu schreiben.

Was ist Vergebung eigentlich?

Vergebung ist radikale Akzeptanz und eine natürliche Eigenschaft und Superpower, die wir alle besitzen. Vergebung ist die Entscheidung, lösungsorientiert, länger, weiser und freundlicher zu leben. Wir haben dieses Potenzial. Jeder und jede von uns hat Zugang dazu und zu dem Mitgefühl, das sie begleitet. In Wahrheit gehen Vergebung und Mitgefühl Hand in Hand. Mitgefühl steht als Wunsch hinter der Vergebung, als Absicht, dich und andere von Schmerz zu befreien.

Vergebung ist eines dieser Worte, die für das westliche Ohr doof und kindisch klingen. Und für das Ohr des Skeptikers klingt es nach spirituellem Bullshit. Aber hat man dir je beigebracht, worum es dabei eigentlich geht – also nicht nur, was das Wort heißt, sondern was es wirklich beinhaltet? Mir nicht. Es ist keine Qualität, die in unserer Gesellschaft einen Wert hätte. Mir wurde beigebracht, alles klaglos durchzustehen und wegzupacken, nach außen stark zu wirken (auch wenn ich es nicht war) und ... *recht* zu haben. Fehlverhalten zuzugeben wird mit Schwäche gleichgesetzt und bringt Schamgefühle mit sich, die im Verstand vor sich hin dämmern und dann – BUUH! – herauskommen, wenn es eigentlich darum geht, unsere Verletzlichkeit zu zeigen: zu lieben, zu wachsen und zu heilen. Du siehst also, Vergebung und Mitgefühl sind absolut unverzichtbar, wenn wir unser Leben neu gestalten und heilen wollen.

Was Vergebung nicht ist:
- Schwäche
- Sich selbst nicht ernst nehmen
- Sich selbst oder andere aus der Verantwortung nehmen

Was Vergebung bewirkt:
- Auflösung von Wut, Ressentiments, Schuld- und Schamgefühlen
- Verringerung von Stress, Angst und Depression
- Steigerung des Wohlbefindens und ein längeres Leben
- Wiederherstellung des Selbstwertgefühls
- Auffüllen der inneren Mitgefühls- und Liebesressourcen
- Herzöffnung

Lass dir Letzteres mal auf der Zunge zergehen und stell dir eine Welt voller offener Herzen vor. Kannst du das?

Wenn ich nach Beispielen suche, wie ein Mangel an Vergebung in der Welt da draußen aussieht, denke ich an meine Eltern und Großeltern. Vielleicht hast du ja Glück und superentwickelte Verwandte, aber wenn du so bist wie die meisten von uns, kannst du in Echtzeit miterleben, wie sie von ihren schmerzhaften Erinnerungen und Geschichten verfolgt werden. Vielleicht konnten sie ihrem Partner oder ihrer Partnerin, ihrer Regierung oder ihren Eltern nicht verzeihen. Vielleicht haben sie ihren Groll auf dich übertragen, sodass sich der Teufelskreis fortsetzt. Denk mal einen Moment an jemanden in deinem Leben, der diesen Mangel an Vergebung für dich verkörpert. Und dann denk an dein eigenes Leben. Vielleicht bist du ja gar nicht so anders. Deine Geschichten mögen jünger sein, aber mit der Zeit altern auch sie. Besser gehst du ihnen gleich an den Kragen.

Was ist jetzt gerade dein größter Schmerz, was hält dich nachts wach oder spult sich pausenlos im Kopf ab, sobald es getriggert wird? Genau um den Schmerz geht es. Jetzt stell dir vor, du bist zwanzig, dreißig Jahre älter, und dieselbe Geschichte lässt dich immer noch die Wände hochgehen. Stell dir vor, wie dich das ausbremst. Stell dir vor, wozu dich dieser Schmerz treiben kann, wenn er erst mal so viele Jahre Zeit hatte zu reifen und sich zu konsolidieren. Jedes einzelne Stück deiner Geschichte wird am Ende zu Felsgestein. Stell dir vor, dass sich dieses Felsgestein vor deinem Herzen aufgetürmt hat und dich daran hindert zu wissen, wer du bist. Es ist nicht du. Du bist Teil der Revolution deines Herzens, Schätzchen. Es ist Zeit für dich zu heilen. Du hast mutig Farbe bekannt.

Denk mal einen Augenblick an die Erfahrungen, die du mit dem Thema Vergebung hast. Ich meine das ernst, auch wenn es dir wie eine rein abstrakte Übung vorkommt. Denk nach, wer dich verletzt hat. Denk an die Momente, in denen du dich selbst verletzt hast. Wenn dir nichts einfällt, dann vergiss nicht, dass sich Nichtverzeihen auch sehr indirekt zeigen kann. Lass dich auf einen langsamen Prozess ein. Sag dir die Affirmation auf: »Ich bin bereit zu vergeben.« Dann findest du leichter Zugang.

Während du dich für die komplett verwandelte Version deines ICHS bereit machst, kannst du den folgenden heilenden Satz für die Menschen nutzen, die dir Schaden zugefügt haben: »Hallo (Vorname der Person), ich bin bereit, dir alles zu vergeben, womit du mir absichtlich oder unabsichtlich mit deinen Gedanken, Worten oder Taten Schaden zugefügt hast.« Und dir selbst sagst du: »Ich vergebe mir alles, womit ich mir absichtlich oder unabsichtlich mit Gedanken, Worten oder Taten Schaden zugefügt habe.«

Reflexion

Schreib auf ein Blatt Papier oder in dein Tagebuch, auf wie viele Weisen dein eigenes Nichtverzeihen dein Leben beeinflusst hat.

Für mich begann die verzweifelte Suche nach Vergebung, als mich in jeder Hinsicht schmerzhafte Erinnerungen blockierten. Die Öffnung, die daraus entstand, beeinflusste mein Leben grundlegend. Ich weiß, wie sehr uns bestimmte Geschichten, die wir uns über uns selbst erzählen, behindern können. Vergebung ist der Weg durch diese Geschichten hindurch und aus ihnen heraus. Sie ist der direkte Weg zum Herzen und zum gegenwärtigen Augenblick. Ohne Vergebung ist der gegenwärtige Augenblick für dich blockiert. Und zwar buchstäblich. Die wesentlichen Merkmale von Angst und Depression haben zum Beispiel ihre Wurzeln in Gedanken, die entweder in der Zukunft oder in der Vergangenheit feststecken.[1] Gegenwärtig sein klingt ja schön und gut, aber wenn du an solchen Gedanken und Energien festhängst, bist du für den gegenwärtigen Augenblick nicht verfügbar; du wirst immer irgendwo anders sein. Solange du keinen Frieden mit der Vergangenheit schließt und weiter den Pfad des Grolls, der Sorgen und der Angst vorziehst, werden dir Frieden und der gegenwärtige Augenblick, in dem Heilung geschieht und du Freude erleben kannst, versperrt bleiben. Ein hoher Preis.

Vergebung und Trauma

Die Auswirkungen von Traumata kennen wir alle, und Vergebung ist das Gegengift. Ich weiß, das klingt einfach. Tatsächlich können wir eine tiefere Verbindung zu unserem Herzen herstellen und unsere Essenz erkennen, wenn wir denen zu vergeben lernen, die uns und die wir verletzt haben, und uns selber vergeben können, wie wir in Momenten der Verwirrtheit mit uns umgegangen sind. Wir sind biologisch darauf ausgerichtet, enge, fortdauernde Beziehungen zu suchen. Wie können wir also diesem Grundbedürfnis nachgehen, wenn wir komplett in unseren traumatischen Erinnerungen festhängen, die als Endlosschleife in unserem Verstand ablaufen?

Nutze das Trauma kreativ

Kreativität ist unglaublich hilfreich beim Lösen von Traumata. Das heißt nicht, dass du jetzt Künstler sein musst. Du unternimmst einfach nur bewusst eine Anstrengung, das Trauma in Bewegung zu setzen und ihm zu erlauben, sich zu tranformieren. Schreiben, Malen, Töpfern, Gartenarbeit, Tanzen – das alles sind Aktivitäten, die dir helfen zu verarbeiten, was geschehen ist. Kreativität kann ein sehr kraftvoller Akt sein; sie ermöglicht es uns, aus alten Traumata etwas Neues, Heilsames entstehen zu lassen. Kunst zu schaffen ist eine Möglichkeit, um uns vergangene Ereignisse und damit einhergehenden Schmerz auf ungefährliche Weise zu vergegenwärtigen. Wir öffnen einen kreativen Raum dafür. Wir müssen ein kreatives Trauma-Ventil finden, ein Ritual schaffen, eine Aktion mit Intention dahinter – für mich ist das zum Beispiel hemmungsloses Tanzen –, mit der wir den Knebelgriff der traumatischen Erinnerung lösen können.

Vielleicht hast du ein Trauma im Körper gespeichert und bist dir dessen gar nicht bewusst, weil wir so gut darin geworden sind, uns Sachen vorzumachen: »Alles in Ordnung, mir geht's gut.« Besser und ehrlicher klingt das Mantra so: »Alles ganz schön beschissen, aber ich bin trotzdem halbwegs okay«, statt uns selbst und unsere Umgebung zu belügen. Die Verwirrung bleibt bestehen, wenn wir weiter schwindeln und die eigentliche Erfahrung verbergen. Damit schenken wir dem traumatischen Ereignis und der Verwirrung mehr Macht und berauben uns unserer eigenen Kraft.

Ich sage ja nicht, dass es einfach wäre. Ein Trauma ist so was Nebulöses: Wir verstauen es tief versteckt in uns, und zugleich ist es immer präsent. Weil es in unserem Leben so vieles bestimmt, ist es für unser Überleben sehr wichtig, dass wir es an die Oberfläche und in Bewegung bringen und Neues daraus erschaffen. Jedes Mal, wenn wir getriggert werden oder spontan eine Erinnerung hochkommt, malen wir sie mit unseren Scham- und Schuldgefühlen noch dunkler, als ob das Ereignis und die Erinnerung selbst noch nicht ausreichten. Das ist kein Leben. Egal, wie viel Mist du gebaut hast oder wie viel Mist andere gebaut haben, wir müssen Frieden finden mit dem, was in der Vergangenheit passiert ist. Und genau da kommt die Vergebung ins Spiel. Du musst aufzuhören, Opfer deiner Geschichte zu sein, und jetzt zum Sieger und zur Siegerin werden.

Bring das Unbewusste ans Licht

Traumatische Erfahrungen werden nicht auf dieselbe Weise im Gehirn gespeichert wie gewöhnliche Erfahrungen. Sie sind nicht durchdacht und reflektiert oder in einen Kontext gestellt worden, wie das bei normalen Erinnerungen und Erfahrungen passiert. Stattdessen unterdrücken wir das

Trauma im Moment des Geschehens und versuchen mit aller Macht, es zu vergessen. Das Ergebnis ist, dass es unser Leben allgegenwärtig und auf mysteriöse Weise beeinflusst. Was dich stört, ist womöglich schwer in Worte zu fassen, weil es völlig unbewusst stattfindet. Und trotzdem wird es, ganz egal, was es ist, seinen Weg in dein Leben finden.

Wenn die Geschichte ans Licht und ins bewusste Gewahrsein kommt, hast du die Macht, sie neu auszurichten. Du kannst dich entscheiden, das Geschehene aus einer neuen Perspektive und mit einem neuen, mitfühlenden Verständnis zu betrachten. Erst dann wird es aufhören, dein Leben zu bestimmen.

Unser limbisches System sammelt die Informationen, die über unsere Sinne aufgenommen werden. Der präfrontale Kortex verwandelt und übersetzt diese Daten in Sprache und Bilder und hängt ihnen eine Bedeutung an. Bei einer traumatischen Erfahrung schaltet dieser Teil des Gehirns ab, sodass nur deine Sinne übrig bleiben, um zu entschlüsseln, was da gerade vor sich geht.[2] Diese unverarbeiteten Sinnesempfindungen aus Sehen, Riechen, Hören, Schmecken und Berühren werden ohne Sprache und Kontext irgendwo im Körper gespeichert. Wenn es um Traumata geht, kann Vergebungsarbeit sehr heftig sein. Denn damit sich die unverarbeiteten Empfindungen bewegen, neue Bedeutung erhalten und verwandelt werden können (zum Beispiel, indem du etwas aus ihnen machst und erschaffst), musst du die Schleusen öffnen und sie aus den Hinterstübchen von Kopf und Körper an die Oberfläche gelangen lassen. Nur so ermöglichen wir unserem Körper, sich kreativ auszudrücken. Wir MÜSSEN ihn sprechen lassen. Der Vergebungsprozess ist Teil eines Heilungsprozesses auf tiefster Ebene. Bewegung und Kreativität sind Möglichkeiten, deinen Körper erzählen zu lassen, was unverarbeitet geblieben ist.

Lass ein unverarbeitetes Trauma frei

Wenn wir bei der kleinsten Sache ausrasten, dann wissen wir, dass ein unverarbeitetes Trauma in unserem Körper gespeichert ist. Vertrau mir, Schätzchen, ich weiß nur allzu gut, was Wut ist. Das war mein Standardzustand. Mir war nicht klar, wie wenig Raum mir meine Eltern ließen, meine Homosexualität zu erforschen, und wie traumatisch es für mich war, gemobbt zu werden, in der Umkleide »Du Schwuchtel« gesagt zu kriegen und dann zu Hause meinen Eltern nichts davon sagen zu können. Ich musste das alles ohne Hilfswerkzeuge selbst verarbeiten. Also bewältigte ich meine traumatische Erfahrung als Jugendlicher, indem ich zur reinsten Wutmaschine wurde.

Der kleinste Scheiß löste meine Wut aus, es war ein verdammter Teufelskreis. Warum? Weil ich jedes Mal, wenn ich in Rage geriet, diese Wutsaat in mir nährte, sodass sie sich noch weiter ausbreiten konnte. Bei mir war es die Wutmaschine; bei anderen könnte der Mechanismus darin bestehen, dass sie dichtmachen und stumm werden. Manche essen, andere nehmen Drogen, wieder andere erhalten eine ungesunde Beziehung aufrecht – es gibt viele Möglichkeiten, auf das zu reagieren, was wir unverarbeitet in uns tragen. Mit Vergebung holen wir es langsam ans Licht, wo es verarbeitet werden kann. Verschreiben wir uns dieser Arbeit nicht zu hundert Prozent, dann werden wir immer weiter in unseren traumatischen Reaktionsteufelskreisen hängen bleiben und unbewusst für Lebensbedingungen sorgen, die uns in diesen Mustern gefangen halten. In ihnen fühlen wir uns sicher; schließlich ist das der Bewältigungsmechanismus, den sich unser Verstand zu unserem Schutz ausgedacht hat.

Kein Wunder, dass Leute in Beziehungen leben, die sie an den missbräuchlichen Vater, die verbal übergriffige Lehrerin erinnern – unbewusst gehen wir Beziehungen ein, die den Schmerzteufelskreis aufrechterhalten, weil wir uns da im

Dunkeln sicher fühlen. Ich verstehe das: Es macht Angst zu sprechen, zu schreiben und die verborgensten Teile in uns in Bewegung zu bringen. Wir haben diesen Teufelskreis so lange gefüttert und genährt, bis wir überzeugt waren, dass uns diese Gefühle schützen. Stimmt aber nicht.

Solange wir uns nicht voll und ganz dieser Übung und unserer Heilung widmen, solange wir nicht aus unseren individuellen Leidenskreisen ausbrechen, werden wir unsere Vergangenheit immer in die Gegenwart zerren und die Zukunft durch den Filter von unverarbeitetem Trauma sehen. Am Ende wird es zu einer selbsterfüllenden Prophezeiung: Wir stellen die Angst und den Schmerz, die wir als Kinder erlebten, auch in unseren Erwachsenenbeziehungen her. So war es definitiv in meinem Leben. In der Beziehung zu einer Geschäftspartnerin entwickelte sich dieselbe dysfunktionale Dynamik, die ich in der Jugend mit meiner Mutter hatte. Fühl dich nur mal einen Moment lang in diese Last hinein. Stell dir vor, du schleppst in jede neue Situation einen ganzen Sack alter Erfahrungen mit. Wäre es nicht viel unbeschwerter, sie hinter dir zu lassen? Lass sie los. Die Vergangenheit können wir nicht ändern, aber unsere Beziehung dazu schon und auch unsere Erfahrung damit im gegenwärtigen Augenblick.

Im Trauma-Reaktionskreis gerät das limbische System, das für den Ausgleich unserer Stimmungen zuständig ist, aus dem Rhythmus, und wir verlieren unsere Fähigkeit zur Selbstregulation.[3] Das ist der Moment, in dem Probleme wie Angst, Depression und Schlafstörungen auftreten. Diese Reaktion wiederum schlägt Wellen los. Wir haben Mühe, im Gleichgewicht zu bleiben, und verlieren die Kontrolle über unsere innere Landschaft. Wir gehen von jetzt auf gleich von null auf hundert, von intensivster Emotion in totale Taubheit über. Entscheiden wir uns nicht voll und ganz für Heilung, werden wir weiter auf Sex, Drogen, Alkohol, Essen, Leute zurückgreifen – alles Dinge, die, wenn sie nicht aus Liebe, sondern aus Angst passieren, Körper und Geist nur weiter im Ungleichgewicht halten. Verlieren wir so unsere Balance, dann spielen sich diese Verhaltensweisen – wie ich es häufig bei Schülern erlebe – im Doppelpack aus: Wir haben Sex *und* sind auf Drogen, wir trinken *und* essen. Und die Doppelchaoskombi sorgt nur für eine geringfügige Erleichterung und kurzsichtige Selbstmedikation, als Kompensation für das völlig aus dem Gleichgewicht geratene limbische System.

Ich persönlich habe mich für die Abstinenz entschieden und damit einen meiner schädlichsten Selbstbehandlungsmechanismen abgeschafft. Es ist so interessant, wie man zu Beginn eines solchen Schrittes mit diesen ganzen Triggern konfrontiert wird und überhaupt nicht damit umgehen kann. Wir vergessen, dass unser Körper seinen Wohlfühlcocktail selbst produziert: mit Dopamin, Serotonin, Oxytocin und Endorphinen. Aber es dauert, bis wir wieder auf diese natürlichen Fähigkeiten zurückgreifen können, die uns helfen, Glück und innere Ruhe zu erzeugen und zu erhalten. Endorphine sind die natürlichen Schmerzmittel des Körpers. Wir produzieren sie, wenn wir Sport machen, Musik hören, lachen und natürlich beim Meditieren.[4] Bitte stell dir diese vier Wohlfühl-Neurotransmitter als Partner und Verbündete vor, die dich unterstützen, selbstverantwortlich zu handeln und zu heilen.

Endorphine könnten zum Beispiel jemand sein, der dich zum Lachen bringt, dich zum Sport abholt oder dir gesundes Essen vorbeibringt. Serotonin schütten wir durch Dankbarkeit, positives Denken, Sonnenlicht, grünen Tee, Kurkuma und fermentierte Nahrungsmittel aus. Vielleicht ist das ja die Freundin, die dir als Gesundheitsnerd immer Artikel über Darmhygiene (90–95 Prozent des Serotonins werden im Darm produziert) und die neuesten Ernährungstrends schickt.[5] Dopamin ist das Genusshormon. Es hilft uns, zu handeln und Ziele zu erreichen. Du kannst es aktivieren, indem du dir messbare, greifbare Tages- und Monatsziele setzt und indem du regelmäßig meditierst. Das ist der Meditationsfreund, der dich kontrolliert und dir hilft, deine Ziele zu erreichen. Und dann haben wir noch das Oxytocin, das Liebeshormon, das durch Körperkontakt, Massage, Kuscheln, Umarmungen freigesetzt wird. Dieser Verbündete in unserem Heilungsprozess ist wirklich wichtig, weil er für Gefühle von Liebe und Vertrauen sorgt – genau das, was wir brauchen, um von Traumata zu heilen, zu vergeben und uns selbst zu erlösen, damit wir im gegenwärtigen Augenblick die beste Version von uns sein können.

Trauma und Vergebung sind eng miteinander verknüpft, auch wenn es erst mal nicht so scheint. Ein Großteil unseres Widerwillens gegen das Verzeihen stammt aus einem tief verletzten und sehr dunklen Ort. Du weißt, welche Lasten du trägst. Jeder und jede von uns hat seine oder ihre eigene Geschichte. Egal, ob du siehst, wie sehr Traumata ganze Lebensbereiche von dir bestimmen und dich festhalten, es ist in Ordnung. Ich will auf keinen Fall, dass du dich in den Prozess begibst, bevor du bereit dazu bist. Deshalb ist es ja so kraftvoll, wenn wir uns selbst erlösen.

Was den gegenwärtigen Augenblick und das Herz blockiert

Als ich die Sache mit der Vergebung lernte, steckte ich in einer wirklich schwierigen Lebensphase. Ständig hieß es: »Sei präsent, sei präsent«, aber immer, wenn ich mich hinsetzte und versuchte, präsent zu sein, hängte sich mein Verstand an die Vergangenheit und an Gefühle darüber, wie ich andere verletzt hatte oder selbst verletzt worden war. Das Einzige, was ich spürte, wenn ich mich hinsetzte, um »präsent zu sein«, waren Schuldgefühle, Reue und Groll. Kommt dir das irgendwie bekannt vor? Ich war das Gegenteil von präsent. Mein Standardzustand? Mich quälen und mental im Kreis drehen. Und dabei blieb es eine lange Zeit. Meine Erleuchtung in Sachen Vergebung ereignete sich erst viel später, als ich kapierte, dass es eine Verbindung zwischen dem ständigen Abspulen meiner Geschichten im Kopf und der Tatsache gab, dass ich mit keiner davon Frieden geschlossen hatte. Ich wusste, dass ich mit meiner Vergangenheit Frieden schließen musste. Ich brauchte dringend Absolution für meine Fehler. Ich funktionierte nicht, weil mich meine Vergangenheit komplett definierte. Konnte mich Vergebung von der Verantwortung für den ganzen Scheiß, den ich mir und anderen angetan hatte, befreien? Auf keinen Fall! Aber sie bot die Möglichkeit, die Vergangenheit zu würdigen und mich ihr zu stellen, damit ich eine Beziehung mit dem gegenwärtigen Augenblick eingehen konnte. Für viele liegt die Blockade genau hier. Wenn du nicht übst zu vergeben, wirst du den gegenwärtigen Augenblick nicht erfahren können.

Für eine Wiedergutmachung braucht es unendlichen Mut. Wie bereits erwähnt, wird Vergebung in unserer Kultur nicht wertgeschätzt. Es ist mutig, gegen den Strom zu schwimmen, du hast also meinen Beifall. Wiedergutmachung heißt nicht, Dinge unter den Teppich zu kehren. Und ebenso wenig, dass der innere Raum, den sie schafft, immer dableiben wird. Es ist eine ständige Übung, die das Herz öffnet, eine Lebensweise. Vergebung schenkt dem *Und* Raum. Ich weiß, ich habe Mist gebaut *und* entscheide mich dafür, mich in Richtung Gesundheit und Glück zu bewegen. Du hast Mist gebaut und mich verletzt, *und* ich wünsche dir trotzdem Gutes. Das als tägliche Übung wirkt wie eine energetische Reinigung deines Herzens, sodass Raum für gutes Zeug entsteht. Wie wäre es mit folgendem Mantra: »Ich hab Mist gebaut und entscheide mich für die Freiheit. Ich vergebe mir. Ich entscheide mich für die Freiheit«? Sag bloß, es fühlt sich nicht gut an, das zu sagen! Mir hat es jedenfalls Gänsehaut bereitet. Das ist echte Medizin! Wirklich sinnvolles Arbeiten an dir selbst geht nicht ohne Vergebung.

Sag jetzt diese Affirmation auf: *Ich liebe die Teile von mir, auf die ich nicht stolz bin.* Wiederhole sie, sooft du es brauchst. Spüre, wie dich Selbstliebe und Selbstvergebung erfüllen – und wieder mit dem Herzen verbinden.

»Aber ich hab nichts und niemandem was zu vergeben.«

Du täuschst dich, Schätzchen. Das zeigt nur, wie stark dein Herz von deinem Standarddenken blockiert ist. Ich dachte immer, ich hätte nichts zu vergeben, weder mir noch sonst wem. Ich erinnere mich noch daran, wie bei einem 30-Tage-Meditationsretreat in Nepal einer nach dem anderen in Tränen ausbrach. Tag für Tag sah ich mir diese Leute an und dachte nur: *Verdammt, ihr müsst ja ganz schöne Fieslinge gewesen sein, bevor ihr hierhergekommen seid.* Girl, hättest du das ganze Geschluchze und Geheule hören können, hättest du glatt denken können, du wärst in einem Horrorfilm. Ich dagegen saß auf meinem Kissen, und nichts passierte. Ich war nur damit beschäftigt, die anderen für ihr Geheule und mich selbst für meine fehlenden Tränen zu verurteilen. Was zum Teufel war mit mir los? Aber was zum Teufel war mit *denen* los? Tag für Tag saß ich da mit diesem Urteils-Ping-Pong – bis ich endlich einen Durchbruch erlebte. Zum ersten Mal öffnete sich mir in der Meditation ein Raum. Plötzlich kamen unverarbeitete Dinge aus meinem Leben hoch. Der ganze Scheiß, den ich mir als Reaktion auf die Art, wie ich aufgewachsen war, selbst angetan hatte, und der ganze Schmerz, den ich anderen zugefügt hatte – alles kam hoch. Es war harte Arbeit, diese ganzen Gefühle, die ich so lange unterdrückt hatte, anzuerkennen. Es dauerte nicht lange, und ich fiel in das

Heulfestival mit ein. Jetzt konnte mir egal sein, was die anderen machten, denn ich war mit meinem eigenen Herzen beschäftigt. Ich möchte, dass auch du Zugang zu diesem Raum bekommst und dich um dein Herz kümmerst. Ich möchte, dass du lernst zu hören, worum dein Herz dich bittet. Nimm dir einen Augenblick Zeit und nutze die folgende Journaling-Aufgabe zum Reflektieren.

Schreib den Idioten, die dich verletzt haben, einen Brief

Schreib auf einem Extrablatt Papier einen Brief an die Leute, die dich verletzt haben. Berichte von dir. Wie fühlst du dich? Wie hat sich das, was passiert ist, auf dein Leben ausgewirkt? Was trägst du heute noch an Verletzungen aus der Vergangenheit mit dir herum? Wie beeinflusst das, was sie mit dir gemacht haben, deine heutigen Beziehungen und die Art und Weise, wie du mit der Welt interagierst?

Schreib oder wiederhole, wenn du mit deinem Brief fertig bist: *Ich vergebe euch und wünsche euch, dass ihr glücklich, gesund und in Sicherheit seid. Möge euer Leben kein Kampf sein.* Schick den Brief nicht ab. Verbrenn ihn lieber.

Jede und jeder von uns muss lernen zu verzeihen. Vielleicht geht es dabei nicht einmal um Menschen, sondern um Ereignisse, Situationen, ganze Kulturen oder Religionen. Vielleicht hast du auch verbal und in direktem Kontakt schon einiges an Arbeit geleistet. Vielleicht hast du bei den Idioten, die dich verletzt haben, bereits Abbitte getan. Vielleicht hast du gesagt, dass es dir leidtut. Aber was bleibt von der Schmerzenergie? Wohin geht sie? Ich sag dir was: Sie bleibt hängen. Wut hat es an sich, kleben zu bleiben. Was gibt es, wenn wir noch weiter schürfen, an weniger offensichtlichen Sachen, die unsere Vergebung benötigen – Wut, Groll, Schmerz und Schuld, die uns mit ihrer Energie klammheimlich zurückhalten? Die Antworten auf diese tiefergehenden Fragen sind im Herzen zu finden. Genau dort wartet Arbeit auf uns, die unsere Aufmerksamkeit braucht.

Ja, Vergebung ist eine verdammt große Sache – sie braucht auf alle Fälle Mut, ist zugleich aber auch ganz simpel. Vergebung ist ein energetischer, mentaler und spiritueller Vorgang. Es wäre nett, wenn du allen, die dich verletzt haben, direkt gegenübertreten könntest, aber diese Art Vergebung ist unnötig. Ich rede hier von einem Loslassen, das zu hundert Prozent innerlich von dir herbeigeführt wird. Vergebung ist unabhängig von anderen Menschen. Vergebungsarbeit ist eine Sache zwischen dir und deinem Herzen.

Wiedergutmachung mit deinem Herzen beginnt mit Selbstmitgefühl. Die Zwillingsschwester von Selbstmitgefühl ist Selbstvergebung. Sie bahnt den Weg in die Freiheit. Mit der nächsten Journaling-Aufgabe kannst du die äußere Vergebung mal beiseitelassen und dich an dich wenden. Vielleicht ist jetzt der Moment für eine Unterhaltung mit deinem Herzen gekommen?!

Schreib dir einen Brief über alles, womit du dich selbst verletzt hast

Schreib dir selber einen Brief. Sei wirklich ehrlich zu dir. Womit hast du dich selbst verletzt? Wofür schuldest du dir eine Entschuldigung? Lass keinen Bereich deines Lebens aus und geh so weit wie möglich zurück: durch alle Altersstufen und Lebensphasen, an die du dich erinnern kannst.

Da du dir inzwischen auch die nicht so offensichtlichen Formen von Vergebung ansiehst, die dein Leben von dir braucht, tauchen wir jetzt tiefer ins Alltägliche ein. Welche Art von Energie bringst du in deinen Alltag und in deine Beziehungen mit ein? Wie sind deine Gedanken beschaffen? Fang an, dich selbst zu beobachten. Verurteilst du dich und andere für Fehler? Trägst du in irgendeiner Weise negative Gedanken mit dir herum? Meinst du, dass diese Energie deine Alltagsrealität beeinflusst? (Tut sie mit Sicherheit!!)

Sich und andere zu verurteilen ist gefährlich, schädlich und gar nicht sensationell-spirituell. Urteile blockieren spirituellen Fortschritt. Ich habe das gelernt, nachdem ich mit meinen Urteilen über Leute oft genug falschgelegen und mich nebenbei selbst belogen hatte, so nach dem Motto: »Ich bin nüchtern, also bin ich erleuchteter als so und so ...«, »Ich gehöre dazu und du nicht ...«, »Du trinkst, also verdienst du keine Erleuchtung.« Als ich voll auf dem spirituellen Trip und permanent auf Klostertour war, tauchten immer wieder solche Gedanken auf. Ein Teil meines Lernprozesses bestand darin, sie zu erkennen und zu jäten.

Langsam begreifst du, warum die Vergebungspraxis keine einmalige Sache ist, sondern tägliche Arbeit. Du entwickelst Dankbarkeit für jede Gelegenheit, bei der du Vergebung und Mitgefühl praktizieren kannst. Die nächste Übung wird dir helfen, die Urteile und Ressentiments zu erkennen, die du über den Tag verteilt ansammelst. Mit ihrer Hilfe kannst du sie an Ort und Stelle gleich wieder loslassen.

Du hast gelernt, dass Groll, Angst, Sorgen und Depressionen
dich beherrschen, wenn du nicht verzeihst. Aber was kommt
dann? Wie holst du dir deine Power zurück? Mit Üben, Üben
und nochmals Üben. Der Schlüssel dazu ist die Transformation unserer Standarddenkweisen: Wir stärken neue Nervenbahnen, die auf Vergebung und Freundlichkeit beruhen.
Freundlichkeit und Mitgefühl werden zum neuen Standard.
Sprich mir jetzt nach: »Ich verpflichte mich dazu, die Macht
der Vergebung zuzulassen.«

Die Macht der Selbsterlösung

Bei Vergebung geht es um Selbsterlösung, um unsere Fähigkeit, mit uns selbst ins Reine zu kommen, bevor wir es
mit anderen versuchen. Normalerweise wollen wir doch,
wenn wir uns von jemandem verletzt fühlen, sofort mit ihm

reden, weil wir uns davon Erlösung versprechen. In Wahrheit haben wir uns bloß nicht im Griff und projizieren etwas nach außen, auf ein Gespräch oder die andere Person, was nur uns selber betrifft. Wir vergessen, dass wir erst mal unseren eigenen Anteil daran verarbeiten müssen. Bei den Vergebungsbriefen geht es genau um diese Verarbeitung. Es braucht Zeit, die eigene Unsicherheit abzulegen. Wenn wir unsicher sind, halten wir an unseren alten Geschichten fest, und können dann nicht verzeihen. Sind wir dagegen zentriert, können wir uns geerdet und herzgeleitet jeder Situation stellen, egal, wie groß oder klein die Verletzung war, die wir anderen zugefügt oder die andere uns zugefügt haben.

Sich selbst zu erlösen ist der erste Schritt in Richtung Freiheit. Für meine Schüler hat es funktioniert. Ich habe eine Menge Beispiele solcher Vergebungsbriefe. Einen mag ich besonders. In einem Gespräch sagte mir die betreffende Schülerin: »Verzeihen fühlt sich für mich so an, als würde ich mir meine Power nehmen. Lieber halte ich an meinem Groll fest.« Ich ermutigte sie, es trotz ihrer Zweifel zu versuchen. Genauer gesagt ging es bei ihr darum, dass sie sich ein Jahr davor von ihrem Partner getrennt hatte und immer noch Groll gegen ihn hegte. In dem Augenblick, in dem sie sich entschloss, sich zu öffnen, ihrem Ex zu verzeihen und Vergebung in die Sache hineinzuatmen, trat eine Veränderung ein. Sie schrieb einen Brief, in dem sie ihm verzieh, wie er sie behandelt hatte, sich ihr eigenes Verhalten vergab, weil sie sich ein Jahr im Schmerz gesuhlt hatte, und ihn um Vergebung für den Schmerz bat, den sie ihm zugefügt hatte. Als der Brief fertig war, verbrannte sie ihn. Groll hegen ist wie Gift trinken und erwarten, dass der andere stirbt. Selbsterlösung und Vergebung gehen Hand in Hand: Wenn wir lernen zu vergeben, kümmern wir uns um die Haken, mit denen wir in der Vergangenheit festhängen; wir lösen sie und verbinden uns direkt mit dem Herzen. Einen Tag, nachdem sie den Brief geschrieben hatte, erhielt sie eine E-Mail von ihrem Ex, der *sie* um Verzeihung bat!

Lerne, mit deinen Triggern zu tanzen

Selbsterlösung ist mir schon auf die unterschiedlichsten Arten begegnet. Hier ein jüngstes Beispiel. Ich war nach Bodhgaya gefahren, wo seine Heiligkeit der Dalai Lama in einem Dharma Center Belehrungen gab. Dort vergriff sich eine Frau mir gegenüber völlig im Ton. Ich war wirklich verletzt und fühlte mich klein und verunsichert, völlig aus meiner Mitte geworfen und kraftlos. Hinterher fing ich an, mir im Kopf lauter Geschichten über die Frau auszumalen, die mich so unangemessen behandelt hatte. Um mich zu entspannen, setzte ich mich unter den Bodhi-Baum. Während ich dort saß und versuchte, dieser Person ihre Beleidigung zu verzeihen, konnte ich plötzlich auf eine ganz tiefgehend neue Weise mit meinen Triggern tanzen.

Ja, die Art, wie sie mit mir gesprochen hatte, war der Katalysator für meinen Zustand der Verunsicherung gewesen, aber meine Erfahrung und Reaktion spiegelten ja nur, was *ich selber* noch an Arbeit vor mir hatte. Ich meditierte unter dem Bodhi-Baum über Vergebung. Dabei kamen mein ganzer Ärger und Frust und meine Unsicherheit hoch. Aus mir selbst heraus und ohne die Hilfe der Frau konnte ich ihr ihre unfreundlichen Worte verzeihen.

Als ich am nächsten Tag wieder ins Zentrum kam, traf ich auf dieselbe Person. Ich hatte meine Tasche ausgerechnet auf der Bank liegen lassen, auf der sie saß, konnte ihr also nicht aus dem Weg gehen. Na großartig. Also nutzte ich die Gelegenheit, um sie anzusprechen: »Hallo, was da passiert ist, hat mir einen ganz schlechten Geschmack hinterlassen.« Sie antwortete: »Oh mein Gott, mir auch, ich hab die ganze Zeit daran gekaut.« Ich entschuldigte mich. Sie sagte: »Nein, bitte verzeih du *mir*, es ist eigentlich gar nicht meine Art, ich war so gestresst ...« Dann fragte sie, ob sie sich auch bei meinen Freunden entschuldigen dürfte, die sie ebenfalls angebrüllt hatte. Sie entschuldigte sich bei allen.

Diese Auflösung wäre nicht zustande gekommen, wenn ich nicht schon ein bisschen Klarheit gehabt und ihr für ihr Verhalten und mir für den Nachmittag verziehen hätte, den ich nach dem Vorfall wütend, verwirrt und festgefahren verbracht hatte. Die Lektion lautet: Selbsterlösung hat nicht nur die Macht, mit unseren Projektionen aufzuräumen, weil wir sicherstellen, dass wir unsere eigenen Wunden nicht wie wild an anderen auslassen. Sie hilft uns auch, auf völlig neue Weise mit unseren Triggern umzugehen. Selbsterlösung, Vergebung und Trigger gehen praktisch Hand in Hand. Wenn wir einen Trigger spüren, sind wir in der Lage, uns nach innen zu wenden, statt sofort anderen die Schuld zu geben oder mit dem Finger auf sie zu zeigen. Wir sind in der Lage, in uns hineinzuschauen, festzustellen, wo wir unsicher sind, was unserer Fürsorge bedarf, was wir benötigen, um wieder in unsere Mitte zu finden, und *erst dann* zu reagieren. Ohne deine Erlaubnis kann dich kein Mensch verletzen.

Trigger gehören zum Leben. Schon allein die Anwesenheit mancher Leute kann wie ein Trigger auf uns wirken. Das kommt manchmal ganz spontan, wie aus dem Nichts. Hier hat Karma seine Hand im Spiel. Manchmal braucht jemand noch nicht mal was zu sagen, und schon bist du getriggert. Vielleicht ist dein Nervensystem aus dem Gleichgewicht, deine Gedanken spielen verrückt oder du bist mit dieser speziellen Person durch Karma verbunden. Egal, was es ist, du kannst es nur dann als Lektion nutzen und daraus lernen, wenn du auf deine Gefühle eingehst, ohne die Vergangenheit mit dem gegenwärtigen Augenblick zu vermischen. Wenn du spürst, wie die alte Frucht reif wird, dann kümmere dich um einen anderen Samen, hol dir eine andere Frucht.

In dem Moment, wo du die Gegenwart mit der Vergangenheit vermischst, bist du im Reaktionsmodus. Entscheidest du dich, deine Vergangenheit loszulassen und dem, was gerade auftaucht, mit Klarheit, Mitgefühl und Weisheit zu begegnen, dann gestaltest du diese karmische Lektion neu. Und wenn du Glück hast, brauchst du dir dieselbe Geschichte nicht noch mal anzusehen. Wir haben ständig karmische Lektionen zu lernen, weil wir dazu auf der Welt sind: um bis zu dem Tag, an dem wir sterben, über die Brücke zu gehen, die sich Leben nennt. Dabei werden wir immer wieder auf Lektionen und Geschenke treffen. Und irgendwann können wir alles als Segen betrachten. Natürlich ist das nicht leicht, wenn man sich gerade quält, weil man mittendrin steckt. Aber ich muss dir sagen, dass ich ein paar von den traumatischsten Sachen, die mir je passiert sind, selbst auflösen konnte. Ich konnte verzeihen und der karmischen Lektion einen neuen Dreh geben, und jetzt sehe ich diese Erfahrungen als Segen. Aber das ist eine Arbeit, die Zeit braucht.

Wichtig ist, Selbsterlösung zu finden, bevor wir das Gespräch mit dem Gegenüber suchen. In den meisten Fällen reicht es nämlich, sich selbst zu erlösen, und wir brauchen die direkte Begegnung mit dem anderen gar nicht mehr. Entscheiden wir uns für die Selbsterlösung, werden das Universum und das Leben selbst oft genug unerwartete Hilfe leisten. Dann bekommst du vielleicht einen Telefonanruf oder eine E-Mail, irgendetwas, das genau das bestärkt, was du dir selbst erarbeitet hast. Es ist unglaublich schön, wenn sich diese Übereinstimmung zeigt.

Ohne die Arbeit an uns selbst verlieren wir Energie und schaden unwissentlich und unbewusst anderen durch unsere fehlende Selbsterlösung. Das beeinflusst, wenn auch sehr subtil, alles, womit wir in Kontakt kommen; es wirkt sich auf alle Fälle auf die Beschaffenheit unserer Gedanken, auf unser Nervensystem und auch auf das von allen in unserem Umfeld aus. Ressentiments, Wut, unverarbeitete Traumata und Emotionen haben eine unglaubliche Macht. Der Filter, durch den wir die Wirklichkeit sehen, setzt sich aus allem zusammen, was wir im Kopf haben. Die Gefühle, mit denen wir uns identifizieren, beeinflussen die äußere Wirklichkeit genauso wie unsere innere. Selbsterlösung und Vergebung sind wesentliche Werkzeuge in der sensationell-spirituellen Werkzeugkiste. Und diese Arbeit ist nicht mit einem Mal getan. Du verzeihst nicht nur einmal, du erlöst dich nicht nur einmal, und damit ist die Sache erledigt. Du musst ständig daran arbeiten, und ob das funktioniert, kannst du an folgenden Markern ausmachen: 1) physiologisch – wir haben die Nervenbahnen im Gehirn neu verdrahtet und unser Nervensystem so eingestellt, dass wir die innere Stärke und den Mut haben, allem im Leben widerstandsfähig und mit gesunden Bewältigungsstrategien zu begegnen; 2) psychologisch – wir haben unsere Beziehung zu schmerzhaften Erinnerungen und unseren Triggern verändert, sodass sie uns nicht mehr ständig in die Grübelspirale ziehen; und 3) spirituell – wir haben uns von Ressentiments, Schuldgefühlen und schambehafteten Unkräutern aus unserem karmischen Kopfgarten befreit und einen neuen Zugang zum Herzen hergestellt, sodass wir uns und anderen vollstes Vertrauen schenken können.

Sag dem Schmerz »Tschüss, Girl« und meine es auch so

Verzeihen ist eine aktive Übung: Du musst sie so oft wiederholen, bis sich die Beziehung zu dem jeweiligen Ereignis, der Geschichte oder der Sache verändert. Bis *du dich* veränderst. Schritt zwei dieser Arbeit ist gerade mal der Anfang deiner Veränderung. Du kannst nicht ein einziges Mal verzeihen oder dieses Kapitel lesen und dann einfach zu allem Schmerz der Vergangenheit sagen: »Tschüss, Girl«, und damit sind alle Verletzungen vom Tisch, die du dir selbst und anderen zugefügt hast. Das ist keine einmalige Sache, es erfordert fortwährende Bemühungen. Statt dich von deinen Geschichten komplett gefangen nehmen und beherrschen zu lassen, streust du das Zauberglitzerpulver der Vergebung darüber. Du lenkst den Verstand ständig und immer wieder auf dein Herz: mit Glitzerstreu.

Irgendwann kommt die Zeit, wo du das Buch – das dein ganzes Nichtverzeihen gegenüber dir selbst und anderen samt den beschissenen Gefühlen, die damit einhergehen, enthält – in die Hand nimmst, zuschlägst und wieder ins Regal stellst. Du kannst es dir jederzeit wieder herausnehmen, aber es ist dann nicht mehr dein Standardmodus und definiert dich nicht mehr. Stattdessen fängst du an, die Dinge aus einer neuen Perspektive, von deiner neuen Ich-Geschichte aus zu sehen. Du bleibst weiterhin der Verfasser oder die Verfasserin, aber es bestimmt das Ich, das im jetzigen Augenblick lebt, nicht mehr. In deiner neuen Geschichte geht es darum, wie du den Schmerz transformiert hast, wie du traumatische Ereignisse und Herzschmerz in Freiheit verwandelt hast. Der neue Standardmodus läuft. Du bist der Held, die Heldin.

Vergebung hat so viel Macht, weil sie dir an Stellen, wo es

vorher keine gab, die Möglichkeit gibt zu wählen. Die meisten von uns leben ohne die Option, frei zu entscheiden. Schmerzhafte Erinnerungen kommen hoch und nehmen uns in den Würgegriff. Sie werden unser Tag, unsere Woche oder, wenn du so bist wie ich, deine Jahre.

Wenn wir in unseren spirituellen Werkzeugkasten schauen – ich nenne ihn auch gern die spirituelle Bauchtasche –, wächst das Mitgefühl und wird zu einer Ressource. Die Übung der Vergebung stärkt unsere Fähigkeit, mitfühlend zu sein und etwas zu schaffen, was der Buddha Verdienst nannte. Indem du tugendhafte Verdienste ansammelst, befreist du deinen karmischen Garten von Unkraut. Stell dir einfach vor, Verdienst ist eine Art spirituelles Geld, das dazu dient, karmische Schulden abzutragen – als würdest du »Punkte« sammeln, aber mit der Idee dahinter, dass dir das Guthaben, das du mit guten Taten ansammelst, mehr Glück in diesem Leben und danach verschafft. Die Praxis von Vergebung und Mitgefühl stärkt sozusagen das karmische Guthaben.

* * *

Hier eine kombinierte Atem- und Mantraübung, die dir bei dem Prozess des Loslassens und beim Aufrufen verschiedenster Arten von Gutsein behilflich sein kann. Der Atem schenkt uns Raum, um schmerzhafte Erinnerungen mit heilsamen Worten zu durchdringen und ein unterstützendes inneres Vokabular zu entwickeln.

Meditation: Ich bin es wert

Sag dir beim Einatmen: *Ich bin die Mühe wert.*
Sag dir beim Ausatmen: *Ich erlaube mir zu heilen.*
Beim Einatmen: *Ich bin die Mühe wert.*
Beim Ausatmen: *Ich erlaube mir zu vergeben.*
Beim Einatmen: *Ich bin die Mühe wert.*
Beim Ausatmen: *Ich erlaube mir loszulassen.*
Beim Einatmen: *Ich bin die Mühe wert.*
Beim Ausatmen: *Ich erlaube mir zu lieben.*
Beim Einatmen: *Ich bin die Mühe wert.*
Beim Ausatmen: *Ich erlaube mir, geliebt zu werden.*
Beim Einatmen: *Ich bin die Mühe wert.*
Beim Ausatmen: *Ich erlaube mir zu leuchten.*

Atemarbeit ist eine Möglichkeit, die Spannung loszulassen, wenn eine Erinnerung auftaucht, die du noch nicht verzeihen oder mit der du noch nicht ins Reine kommen konntest. Wenn wir uns an einer Geschichte festklammern, wird der Atem flach, das Herz schlägt schneller, und wir wechseln in den Kampf-oder-Flucht-Modus. In diesem Zustand können wir weder uns noch sonst irgendwem verzeihen; wir können uns nicht mal mehr mit der Wirklichkeit verbinden. Mit der Atemarbeit als Grundübung gewinnen wir die Fähigkeit zu bemerken, wann wir uns an einer Geschichte festklammern. Außerdem können wir den Atem nutzen, um die emotionale Ladung der Geschichte zu zerstreuen – nicht, um sie wieder unter den Teppich zu kehren, sondern damit wir genug Raum haben und in dem Gefühl bleiben können, um sie zu verzeihen und dann weiterzugehen. Taucht eine traumatische Erinnerung auf und du stehst in tiefer Verbindung mit deinem Atem, dann öffnet sich dir eine neue Sichtweise, und kannst du eine alte Fessel lösen.

> **Atemübung**
>
> Mit dieser kraftvollen Atemtechnik kann jeder und jede richtig atmen lernen. Bei der sogenannten Bauchatmung nutzen wir das Zwerchfell. Die meisten Menschen verwenden nur die Brustmuskeln zum Atmen – ein Zeichen dafür, dass sie emotional auf der Hut sind.
>
> Diese Übung, die auch beim Militär gelehrt wird, hilft dabei, Ängste zu reduzieren: Sie bietet Körper und Geist Entspannung und gleicht die Herzfrequenz aus. Sie kann im Liegen, Stehen oder Sitzen ausgeführt werden.
>
> - Atme vom Unterbauch und Zwerchfell aus und durch die Kehle vier Sekunden lang tief ein.
> - Halte den Atem vier Sekunden an.
> - Atme durch die Kehle langsam sechs Sekunden aus.
> - Warte zwei Sekunden, bevor du wieder einatmest.
>
> Bleib fünf Minuten dabei.

Mehr zum Üben

Weißt du noch, wie wir gesagt haben, dass Traumata und Ressentiments (die Auswirkungen des Nichtverzeihens) im Körper hängen bleiben? Eine Möglichkeit, sie in Bewegung zu setzen, ist ... Bewegung. Hier ein paar Ideen, wie du mit der konkreten Absicht, deine Vergebungspraxis zu stärken, in Bewegung kommen kannst.

Auf los geht's los

Tanz der Vergebung

Unterbrich, was du gerade tust, leg dir Musik auf und tanze alles raus. Tanze und stimm dich dabei auf den Satz ein: »Ich bin bereit zu verzeihen.« Dein fröhliches Tanzen dient deiner Heilung: Du heißt damit Vergebung in deinem Leben ausdrücklich willkommen, und zwar da, wo sie gebraucht wird. Tanze dir alle Ressentiments, Reue- und Schuldgefühle, allen Ärger vom Leib – einfach alles, was du loslassen musst. Tanze so, als würde keiner zugucken. Versuch, sämtliche Körperteile in die Bewegung miteinzubeziehen.

Hüftöffner: die Taube und der Frosch

Diese Asanas oder Yoga-Positionen sind Superhüftöffner. Sie sind hilfreich, wenn du dich ratlos fühlst (in solchen Momenten wie bei mir auf dem Retreat, wo alle außer mir ihren Durchbruch hatten). Nutze sie, wenn du das Gefühl hast, tiefer eintauchen zu müssen, damit du heilen kannst. Gefühle halten wir im Becken fest, und durch das Öffnen der Hüftgelenke können sich uns Dinge zeigen, die vorher verborgen waren. Mach diese Übungen regelmäßig, damit die Dinge in Bewegung kommen und im Flow bleiben.

Bewegung ist nicht die einzige äußerliche Möglichkeit zur Förderung von Heilung. Wir dürfen nicht vernachlässigen, was wir unserem Körper in Form von Nahrung zuführen. Nährt dich das, was du isst, oder blockiert es dich? Hier ein paar Tipps, wie du deinen Körper bei dieser tiefen Arbeit emotional unterstützen kannst. Körperliche Gesundheit fördert spirituellen Fortschritt.

Nähre dein Herz

Koche heute und die ganze Woche mit der Intention von Vergebung im Hinterkopf. Tatsächlich kann jede noch so banale Handlung eine Meditation sein. Wenn du dich zum Essen hinsetzt, segne deine Mahlzeit und bitte darum, dass sie dir hilft, frei zu werden. Bitte darum, dass sie deinen Heilungsprozess fördert. Lass diese Übung Teil deiner Herzrevolution werden. Wiederhole deine Intention: »Diese Mahlzeit befreit mich von meiner Vergangenheit.«

Du kannst außerdem:
- deine Mahlzeit einer bestimmten Person widmen;
- so oft wie möglich Kurkuma beigeben, das natürliche Antidepressivum aus der Natur.

Verpflichte dich innerlich, Vergebung zu deiner neuen Lebensart zu machen, und sieh zu, wie das Wunder passiert. Da du jetzt weißt, was Vergebung ist, und ihre Power kennst, kannst du sie jederzeit nutzen. Sie sollte zur Grundausstattung deiner neuen Werkzeugkiste gehören.

Also los, schreib deine neue Ich-Geschichte. Du bist so weit, Schätzchen.

5
Deine neue Ich-Geschichte

Schritt 3: Befreie die Glaubenssysteme, die
dich festgehalten haben, von allem Ballast.

Also, wer bist du? Nicht im Sinne deines Labels, sondern von deinem Ich. Ganz tief im Innern. Du als Schwester oder Bruder, als Tochter oder Sohn, als Arbeiter oder Homosexueller, als Transfrau oder Schwarze Frau, als Student oder Immigrantin oder ... Ich meine, wer bist du, wenn es nach deinem Herzen geht? Was sind deine tiefsten Eigenschaften? Wie ist die Struktur deines Seins in tieferem Sinne? Und was willst du? Nicht materiell gesehen. Finanzielle, soziale oder romantische Ziele interessieren mich nicht. Was möchte dein Herz? Nicht in romantischem Sinne. Was braucht dein Herz? Wie möchte dein Herz zum Ausdruck kommen? Weißt du es? Oder nervt dich die Frage? Geht sie dir tierisch auf den Geist? Nach dem Motto: Was soll der Scheiß? Wovon redet der Kerl überhaupt? (Ich lächle dich an, also entspann dich.) In diesem Kapitel erkunden wir deine tiefen Schichten. Hier ein Tipp: Dein Herz spielt eine zentrale Rolle, wenn es darum geht, falsche Glaubenssätze zu demontieren und an deine eigentliche Essenz heranzukommen.

Ich hatte die erste Begegnung mit meiner Essenz auf meiner ersten Indienreise. Ich machte gerade etwas, das sich Todesmeditation nennt, und reagierte psychisch sehr stark darauf. Es war an sich nichts Heiliges daran, dass ich in

Indien war. Indien ist kein notwendiges Ziel, aber mir bot es zum ersten Mal Raum für eine Begegnung mit mir selbst, und die Botschaft, die ich bekam, erschlug mich wie eine Tonne Ziegelsteine: »Sah, du hast noch krass viel Arbeit vor dir.« Ich war so in meinen Geschichten gefangen gewesen, dass ich jetzt zum ersten Mal einen Schimmer Wahrheit erkennen konnte. Vielleicht war alles, was man mir gesagt hatte, eine Lüge. Vielleicht war einfach alles eine Lüge, wovon ich bisher gedacht hatte, ich wüsste es. In diesen Augenblicken spürte ich, wie wenig meine Gedanken mit mir übereinstimmten. Sie passten einfach nicht zu der Art und Weise, wie ich mich fühlen wollte. Sie passten nicht zu dem, den ich im Herzen immer mehr als mein Ich erkennen konnte.

Dein Leben, deine Geschichte, deine Wahl

Diese Geschichte von dir – von dem, was du machst, wer du bist, was dein Potenzial ist, dein Wert, deine Leidenschaft, deine Arbeit, was dir wichtig ist, dein Schmerz, deine Traumata, deine Hobbys, worin du gut bist, worin du nicht gut bist, woher du kommst –, das meiste von dem, was du für dein Ich hältst, ist durch deine Umgebung und die Gesellschaft konditioniert oder von beidem absorbiert. Nur ein winziger Teil davon ist das echte Ich, und deine Aufgabe besteht darin, die Tür immer weiter zu öffnen, damit dieser Teil sich ausbreiten kann und du mit deinem ganzen Licht leuchten kannst. Jedes Mal, wenn du dich entscheidest, den Autopiloten auszuschalten – in dem die ganzen Geschichten, die dich gefangen gehalten haben, immer wieder von vorn abgespielt werden –, erlaubst du dir, mehr zu sein, wer du wirklich bist, und deine echte, unbefangene Persönlichkeit kann leuchten.

Wer du wirklich bist. Das ist gar nicht so esoterisch oder mystisch, wie es vielleicht klingt – als wäre die Person hinter dem ganzen Mist ein magisches Einhorn oder so was. Nein, es ist viel einfacher. Und genau darin liegt der Schlüssel. Wir suchen so oft nach diesem großen Aha-Moment oder Durchbruch, dabei war das, wonach wir suchten – das Ich – schon die ganze Zeit da. Die natürlichen Eigenschaften des unvoreingenommenen, liebevollen Beobachters, die Weisheit, die aufsteigt, wenn da plötzlich ein Wissen ist oder du eine Eingebung hast: Das alles ist direkt hier, zwischen deinen Atemzügen. Mehr ist es nicht, Leute. Und ich möchte, dass du genau dieses Ich kennenlernst. Du bist der Kern deines Herzens, ein kreatives Genie und so bedingungslos liebend und mutig wie sonst was. Der Verstand ist das Mittel, mit dem du diesen Teil von dir aufdecken kannst.

Du, volle Power

Vielleicht klingt das jetzt provokant, aber ich weiß, du kannst das jetzt hören! Hast du schon mal jemanden erlebt, der nicht seine volle Power lebt, der sich absolut nicht zeigt, der komplett auf Autopilot läuft? Das kann einem ganz schön die Luft abdrücken. Aber eins nach dem anderen. Wir urteilen nicht, weil wir dann ja nur die Urteilssamen in unserem karmischen Garten gießen. Wir schreiben diese Person auch nicht ab, weil wir dann ja wieder nur diese gemeinen Samen in unserem Garten säen und kultivieren. Was wir aber zum Nutzen aller tun *müssen*: uns klarmachen, wie wir der Welt die Sprache unseres Herzens vermitteln wollen. Wie wirst du Mitgefühl, Freude, Weisheit und Liebe ausdrücken, sodass, wenn du einen Raum betrittst, jedem und jeder sofort klar ist, dass sie ihre Maske fallen und die Freakflagge flattern lassen können? Unsere Aufgabe besteht darin, Neurosen zu zähmen, den Verstand zu schulen und den karmischen Garten zu jäten, damit wir das Kraftwerk der Verstandesenergie nutzen und unsere ganz eigene, einmalige Art finden können, wie wir die natürlichen Eigenschaften des Herzens ausdrücken und der Welt schenken können. Das ist der Moment, in dem deine einzigartige, wunderbare Persönlichkeit ans Licht kommt und auch dableibt. Hallo ihr, sagt eurem inneren Megaboss »Hallo«.

Du bist hier auf der Erde, um in der Welt eine Rolle zu spielen: Nutze deinen Körper und entwickle deine einmalige Persönlichkeit als Verlängerung und Ausdruck deines Herzens. Am Anfang habe ich erzählt, dass ich den asketischen Weg mal für den einzig richtigen hielt. Dabei ist in Wirklichkeit volle Power das Ich da, das ich sein soll. Zu meiner Aufgabe gehört es, alle Teile von mir komplett anzunehmen: den stillen Beobachter, der mich die ganze Zeit begleitet, wenn ich meditiere und atme, genauso wie den lachenden, tanzenden, lebenssprühenden Mann, der ich bin. Das ist meine Magie. Der Körper, der mir gegeben wurde, die Persönlichkeit, der Verstand, das Herz – sie sind meine Magie. Sie geschieht genau da, wo die einmalige, wunderschöne Person, die du sein solltest (und unter allen Schichten bereits bist), gedeihen kann und dein Herz mithilfe des wunderbaren Gefäßes, das du bist, mit der Welt teilt. Wow, Girl. Ram Dass hat gesagt: »Ich möchte, dass mein Leben ein Statement aus Liebe und Mitgefühl ist – und wo das nicht so ist, habe ich noch was zu tun.«[1] Auf dem sensationellen, frech-freien Weg machen wir uns mutig und mit voller Kraft an die Arbeit und stellen uns den Lektionen, die sich uns bieten.

Was uns daran hindert, uns voll und ganz auszudrücken, sind unsere Geschichten. Wir müssen aufhören, unsere Magie hinter unseren Geschichten zu verstecken. Wir haben solche Angst, als Freak, Spinner, als »anders« gesehen zu werden.

Aber ich muss dir sagen, Schätzchen: Je mehr ich zu einem freakigen Spinner wurde, desto mehr stand ich in meiner Kraft, desto mehr war ich in meiner Fülle, und die Leute wollten in meiner Nähe sein und hören, was ich zu sagen hatte.

Wir sind hergekommen, um unsere Ich-Geschichte neu zu schreiben, damit sie zu unserer Essenz passt. Wir sind hier, um aus unserem Schmerz zu schöpfen; wir sind hier, um unser merkwürdiges Gefangensein zu überwinden; wir sind hier, um unsere Sorgen, Schuld- und Schamgefühle in etwas zu verwandeln, das anderen – übrigens auch denen, die nach uns kommen – helfen wird, sich zu befreien.

Räum innen und außen auf

Wenn ich von »die Ich-Geschichte neu schreiben« rede, beziehe ich mich auf ein wesentliches buddhistisches Konzept. Es besagt, dass wir beide voneinander abhängig und vergänglich sind. Wer wir in diesem Augenblick sind, hängt von unserer Beziehung zu dem ab, was direkt vor uns ist, uns umgibt und unsere Sinne aktiviert. Wie verarbeitet dein Verstand deine Umgebung, und wie beeinflusst sie deine Wirklichkeit? Wer wir jetzt sind, unterscheidet sich komplett von dem, wer wir morgen sein werden. Deine Umgebung beeinflusst deine Wirklichkeit unmittelbar; was dich umgibt und deine Beziehung dazu *sind* die Voraussetzungen, die deinen gegenwärtigen Augenblick fördern. Auch wenn diese Voraussetzungen nicht dein Herz bestimmen, beeinflussen sie trotzdem die Beschaffenheit deines Denkens. Folglich bringt deine Umgebung dich entweder dem Herzen näher, oder sie entfernt dich von ihm. Dein besonderes Karma bestimmt auf einmalige Art und Weise, wie sich deine Essenz ausdrückt. Das Wichtigste und zugleich Einfachste, was du tun kannst, ist, dich dem Säen und Gießen der Saat zu widmen, die die von dir gewollte Wirklichkeit fördert.

Du wirst zum Beispiel so wie die Leute, mit denen du abhängst. Wenn wir unsere innere Landschaft aufräumen, müssen wir auch den Mut haben, unser Leben im Außen auszumisten.

Vielleicht bist du noch nie von Zuhause weggegangen. Vielleicht lebst du bis heute an dem Ort, an dem du aufgewachsen bist, weil alle das so gemacht haben. Vielleicht ist es, während du das hier liest, verdammt höchste Zeit, deinen Heimatort zu verlassen. Vielleicht solltest du jetzt in die große Stadt gehen oder den Teil von dir erkunden, der neugierig ist, der schon immer was Neues ausprobieren wollte. Denk dran, Schätzchen: Wenn du dich entscheidest, 75 Jahre am Stück ein und dasselbe Leben zu führen, wirst du deine letzten Atemzüge in dem Bedauern tun, dass du da nie rausgekommen bist. Ich kriege das die ganze Zeit zu hören, vor allem, wenn ich von einer Reise zurückkomme. Dann sagen mir Leute: »Das mach ich auch, wenn ich erst im Ruhestand bin.« Meine Antwort: »Wer weiß, *ob* du je in den Ruhestand gehst, Bitch. Vielleicht bist du dann ja gar nicht mehr da.« Hör auf, dir was vorzumachen! Diese konstruierte Sicherheitsidee macht dich nicht sicher; sie macht dich nur unsicher, ängstlich und unschlüssig, sie hält dich fern von deinem Herzen und verschließt dir das Potenzial, aus dem spirituellen Versteck herauszufinden und mitten im Jetzt anzukommen. Du hättest den Wunsch nicht im Herzen, wenn dir das nicht bestimmt wäre. Hör auf, solche Angst vor dem Anspruch auf diesen Wunsch zu haben. Lebe aus dem Herzen. Sei kreativ und mutig: Erschaff dir was, aber vor allem: Erschaff dir dein Leben. Wie möchtest du leben?

Definiere Erfolg neu

Wenn wir darüber reden, die Geschichte vom Ich neu zu schreiben, muss uns klar sein, dass wir alle eine ganz individuelle Mission hier auf der Erde haben. Die Chancen stehen bei 99 Prozent, dass du versuchst, Ziele zu erreichen, die nicht du, sondern deine Eltern, Großeltern und die Gesellschaft gesetzt haben. Ich bin zu 99,9 Prozent sicher, dass du Erfolg noch nie für dich selbst definiert hast.

Das Wunderbare ist, dass du selber entscheiden kannst, sobald du erst mal den ganzen Lärm und Scheiß bis auf dein Kern-Ich abgebaut hast. Du hast die Wahl. Du hast die Möglichkeit, die Dinge neu zu definieren. Das ist der erste Schritt in der neuen Geschichte. *Erfolg* ist so ein vorbelastetes Wort. Was es für die einzelne Person bedeutet, hängt immer von ihrer Geschichte ab. Deine Definition von Erfolg ist vielleicht davon abhängig, ob du jemandem das Gegenteil beweisen kannst, in der Scham stecken geblieben bist oder die Vision lebst, die ein anderer von dir hat. Was bedeutet Erfolg für dich? Schreib deine Definition auf. Sei konkret. Visualisiere dich wirklich als erfolgreichen Menschen. Was machst du? Wer ist noch beteiligt? Wie siehst du aus? Was hast du?

Und jetzt konzentriere dich darauf, wie du dich fühlst. Wie *fühlt* sich Erfolg an? Dieses Gefühl ist die eigentliche Definition von Erfolg. Voraussichtlich entspricht es einem Gefühl von Freude. Und was ist das für dich? Ruhe? Im Frieden sein? In Übereinstimmung? Oder was sonst? Das, Leute, ist Erfolg. Wenn du es so spüren kannst, bist du auf dem richtigen Weg.

Falls du einen Realitätscheck brauchst, kannst du dir ein paar Fragen stellen, die dir wieder auf die Spur helfen. Lass es uns anhand eines Ziels versuchen, das du erreichen willst. Es sollte irgendwas Äußerliches sein.

Was willst du?

_____

Wer hat dir beigebracht, das zu wollen?

_____

Willst du es jetzt immer noch?

_____

Und jetzt versuch es mit einer Überzeugung. Blättere zurück und such dir aus den negativen Überzeugungen, die du dir notiert hast, ein paar heraus.

Was glaubst du?

_____

Wer hat dir beigebracht, das zu glauben?

_____

Glaubst du es jetzt immer noch?

_____

Falls du Zweifel hast, konzentrier dich auf das Gefühl, das dabei entsteht. Wenn du Erfolg und Freude so spüren kannst, wie du sie definierst, dann bist du frei. Sie können deine Wirklichkeit werden.

Alles über das Ich

Wie du siehst, ist das *Ich* ein komplexes Wesen, eine komplexe Geschichte. Willst du eine neue Ich-Geschichte schreiben, musst du erst mal Expert*in für alle Ich-Belange werden. Wie du inzwischen weißt, ist Gewahrsein Power. Was du identifizieren kannst, das kannst du auch ändern. Wir verlieren unsere Power im Leben, wenn wir uns in den Automatikmodus schalten.

Beantworte auf einem Extrablatt Papier oder in deinem Tagebuch folgende Fragen. Grüble nicht, lass es fließen und halte dich höchstens fünf Minuten bei jeder Frage auf.

1. Wie lautet deine Ich-Geschichte? (Anders ausgedrückt: Wie würde sie lauten, wenn du dein Leben mit einem Anfang, einem Kampf/Konflikt, einem Höhepunkt und einem Ende den ganzen Weg bis heute erzählen müsstest?)
2. Wie hat dich deine Geschichte/Vergangenheit geformt?
3. Hat ein/haben mehrere traumatische/s Ereignis/se oder eine/mehrere solche Erinnerung/en deine Meinung über dich geprägt?
4. Was war der schwerste Kampf in deinem Leben?
5. Was war das größte Geschenk in deinem Leben?
6. Was heißt Erfolg für dich?
7. Wem bist du dankbar?
8. Wofür bist du dir selbst am dankbarsten?
9. Worauf bist du besonders stolz?
10. Worüber schämst du dich am meisten?
11. Wer bist du in diesem Augenblick?
12. Wie hast du dich verändert?
13. Was magst du an dir?

14. Was würdest du gern an dir ändern können?
15. Was würdest du gern an deinem Leben ändern können?
16. Was ist dein allertiefster Wunsch für dich und dein Leben? (Vergiss jede vermeintliche Einschränkung und geh in die Vollen!)

Der Kopf ist mächtig (wie wir wissen) und raffiniert (weil er uns einredet, dass wir unsere Gedanken und Gefühle *sind*). Da du jetzt weißt, was deinen inneren Kritiker ausmacht und dass er so ziemlich ständig aktiv – und gewöhnlich auf Negatives gepolt – ist, schau dir an, was du notiert hast, und frag dich bei jeder Antwort:

Welche Worte/Antworten waren die der inneren Kritikerin/des Gewohnheitsverstandes?
Welche Worte/Antworten kommen aus dem Herzen?

Und jetzt schau dir an, was du geschrieben hast. Stell dir die Frage: Was trifft zu? Markiere die wirklich zutreffenden Worte und Sätze.

Nimm dein Herz als Rückhalt

Bisher hast du dich die ganze Zeit auf deinen Kopf verlassen. Du warst loyal gegenüber deinem ungeschulten Verstand, der unbeabsichtigt *nicht* dein Bestes im Auge hat. Wenn er dir von deinen Gefühlen und Tagesereignissen erzählt, wenn er beliebige Meinungen von sich gibt, dich überzeugt, dass du ein Nichts bist, oder dir Dinge ausredet, die zwar Angst machen, aber wichtig für dein inneres Wachstum sind –

dann bist du ja so loyal! Und dabei ruft das Herz die ganze Zeit: »Hallo? Hört mich denn keiner?« Schenk ihm jetzt endlich die Aufmerksamkeit, die es verdient. Dein Herz glaubt an dich und hat alle Weisheit, die du brauchst, um mutig Schritte nach vorn zu tun. Vergiss nicht: Das Herz ist dort, wo das Gutsein liegt. Wie soll also dieser Muskel stärker werden, wenn du dein Leben lang so daran gewöhnt warst, jeder Laune des inneren Kritikers nachzugehen?

Du kannst dich großartig und tief mit deinem spirituellen Herzen verbinden, indem du visualisierst, wie du vom Zentrum der Brust ausgehend ein- und ausatmest. Denk dran, der Zugang zum spirituellen Herzen findet sich beim Herzen selbst. Hier eine Übung, mit deren Hilfe du dich wieder mit dem Herzfeld verbinden kannst.

Herz-Visualisierung

Visualisiere, wie du vom Zentrum der Brust aus ein- und ausatmest.

Atme vier Sekunden tief ein, visualisiere den Atem vom spirituellen Herzen ausgehend und halte ihn dort zwei Sekunden.

Atme sechs Sekunden lang aus.

Mach die Übung einige Minuten und visualisiere dabei immer den Atem vom Zentrum der Brust ausgehend.

Herzensziele versus Verstandesziele

Wir haben jetzt viel darüber geredet, wer du bist. Aber was möchtest du eigentlich? Diese Frage geht unter den Wünschen des Verstandes häufig verloren. »Ich möchte ein Haus kaufen. Heiraten. Erfolg.« Herzensziele sind etwas anderes. Sie sind die Kraft hinter dem Anfangswunsch – die Intention, die hinter dem Ziel steht. Eine Intention ist eine Botschaft des Herzens. Klarheit über unseren eigenen Willen hilft uns, die Sprache des Herzens zu sprechen. Der Verstand ist wegen seiner ganzen Konditionierung polarisiert und ungeschult, sodass die Wünsche, die von diesem ungeschulten Ort ausgehen, egoistisch sind und nur zu mehr Leid führen. Wenn du den Verstand darauf trainierst, die Musik in deinem Herzen zu hören, wirst du genau wissen, was zu tun ist.

Schreib dir hier fünf Ziele von dir auf.

Verstandesziel	**Herzensziel**
z. B. Liebe finden	Eine tiefere und intimere Verbindung erfahren
Bei der Arbeit erfolgreich sein	Eine Arbeit ausüben, die meiner Gemeinschaft hilft zu erwachen
1. _____	1. _____
2. _____	2. _____
3. _____	3. _____
4. _____	4. _____
5. _____	5. _____

Diese Herzensziele sind deine neuen Ziele. Sobald du merkst, dass du dir etwas wünschst oder nach etwas greifst, frag dich: Was steht hinter diesem Wunsch? Vergiss nicht: Karma fängt mit der Intention an. In unseren Wünschen steckt Information, aber häufig müssen wir erstere erst mal auseinandernehmen, um letztere in ihrem Reinzustand zu erkennen.

Widerworte

Schreib links die Dinge auf, die dir dein innerer Kritiker am häufigsten sagt. Rechts daneben notierst du, was dein Herz sagen würde.

Worte des inneren Kritikers	Worte des Herzens
z. B. Wahrscheinlich schei- terst du sowieso	Nichts steht meinem Erfolg im Weg
1.	1.
2.	2.
3.	3.
4.	4.
5.	5.

Mach das zu deinem neuen Selbstgespräch. Schenk dir mit solchen Statements Kraft, und sie werden dein neues Standardprogramm. Den Taten gehen Gedanken voraus. Kannst du anders denken, veränderst du bereits dein Leben.

Die Wahrheit darüber, wer du bist

Das ist das große Geheimnis, das dir die Übung oben hoffentlich gezeigt hat: Du bist gut, liebenswert, wertvoll, schön, liebevoll und mitfühlend. Und zwar durch und durch. Du bist genau so, wie dein Herz dich kennt. Darauf kannst du vertrauen. Alles andere ist nur eine Geschichte. Je mehr wir uns auf das Bewusstsein und Wissen über dieses natürliche Gutsein einschwingen und je wohler wir uns Tag für Tag mit dieser Wahrheit fühlen, desto stärker wird der Muskel des Gutseins. Und rate mal, was stiller wird, wenn dieser Muskel wächst: der verdammte innere Kritiker, denn er verliert seine Macht. Er redet zwar immer noch eine Menge Schwachsinn, aber jetzt bist du mit deinem natürlichen Gutsein verbunden und kannst ihm antworten: »Nee, nee, lass mal gut sein.«

Dreizehn Möglichkeiten für ein Update deiner Hardware

1. Tausch einen negativen Gedanken durch einen positiven aus.
2. Übe dich in Dankbarkeit.
3. Meditiere und mach Atemübungen.
4. Verbinde dich häufig mit deiner inneren Welt.
5. Sag dir selbst freundliche Sachen.
6. Triff dich mit Leuten, die dich inspirieren.
7. Sei so gut du kannst du selbst.
8. Tratsch nicht.
9. Übe dich im Sprechen und in deinem Tun in Gewaltlosigkeit (selbst Mücken töten ist verboten!).
10. Gesteh dir ein, wenn du dich getäuscht hast, und gib deine Fehler zu.
11. Sag immer die Wahrheit.
12. Handle integer, vom Herzen aus.
13. Bewege regelmäßig deinen Körper.

Wünsch dir was von Herzen

Vor ein paar Seiten habe ich dich gebeten, deinen tiefsten Wunsch für dich und dein Leben zu notieren. Wie hat sich dieser Wunsch verändert? Gibt es Fragen, die du an diesen Wunsch stellen musst? Musst du die Intention kennen, die dahintersteht? Behalte das alles im Hinterkopf, wenn du deinen Wunsch für dich und dein Leben aufschreibst, und redigiere ihn nach Bedarf. In den nächsten Kapiteln stellst du die optimalen Voraussetzungen her, um dich auf diesen Wunsch einstimmen zu können, damit er Realität werden darf.

Mein Wunsch für mein Leben und mich:

Bevor wir weitergehen

Wenn wir nur wüssten, dass Gedanken einfach so an uns vorüberziehen und nicht aus uns selbst kommen. Unser Verstand ist wie eine Radioantenne, die alles, was vorbeischwirrt, aufnimmt und verarbeitet. Das Problem ist, dass wir die Gedanken, die unser Verstand verarbeitet, glauben, als wären sie Wahrheitsindikatoren. Dabei steht der eigentliche Wahrheitsindikator jenseits aller Gedanken. Erst dort haben wir Zugang zum gegenwärtigen Augenblick, wo wir das Herz hören können. Statt uns von Gedanken gefangen nehmen zu lassen, lernen wir, aus dem Herzimpuls von Liebe, Weisheit, Mitgefühl und Freude heraus neu zu leben. Wenn dieser Herzimpuls genährt und geübt ist, führt er dich zu Kreativität, Mut und uneingeschränktem Selbstausdruck. Um aber unsere Impulse dauerhaft umzugestalten, ist Arbeit vonnöten, denn die meisten sind mit destruktiven Gefühlen, unfreundlichen Gedanken und ungelösten Traumata vermischt und müssen erst entwirrt werden.

Gedanken und Gefühle tauchen ganz von allein auf. Deine Aufgabe ist es nur zu entscheiden, ob du diese Gedanken und Gefühle für Wahrheitsindikatoren halten oder dich lieber befreien möchtest. Wir werden noch mehr kleine Schritte lernen, mit denen sich dein (wahres) Ich unterstützen lässt. Die Idee ist, dass du am Ende deinem innersten Sein vertraust und dir Lebensbedingungen schaffst, die es dir ermöglichen, dich zu nähren und deine Ressourcen aufzufüllen, bis du in diesem Leben komplett erwacht bist. Sag bloß, das klingt nicht gut?!

6

Sei dein eigener Guru

Schritt 4: Wecke deine innere Weisheit.

Hier geht es darum, in unsere innersten Träume und Wünsche und in unser tiefstes Wissen zu erwachen: in die Träume, die in unserem Herzen Platz gefunden haben, die wir uns aber weder laut auszusprechen noch uns selbst zuzugeben trauen. Genau die meine ich. Es geht darum zu lernen, auf dieses innere Wissen zu hören, denn es wird dich tagtäglich bei jeder Entscheidung auf deiner Reise zum Leben deiner Träume, zu deiner Bestimmung im Leben leiten. Es ist Zeit aufzuwachen, aktiv zu werden und anzufangen, Entscheidungen zu treffen, damit du die Führung bekommst, die dein bestes Leben fördert. Die Tage, an denen du die Rufe überhört hast, sind vorbei. Du bist auf dem Weg, Meister*in im Manifestieren zu werden. Du musst dich auf deinen inneren Kompass ausrichten und aufhören, dir selbst im Weg zu stehen. Im letzten Kapitel hast du deinen tiefsten Wunsch entdeckt. Jetzt geh los und schnapp ihn dir.

Obwohl: Du hast da noch ein paar Sachen zu erledigen. Welche Intention steht hinter deinem Wunsch? Wie verbindet er dich mit deiner einmaligen Bestimmung? Wie verbindet er dich noch tiefer mit deinem Herzen? Wie hilft er anderen? Und außerdem: Welche Schritte musst du tun, damit er zu deiner Wirklichkeit wird? Ich glaube ja, tief drinnen weißt du, was gut für dich ist. Du wirst lernen, auf dieses Wissen zu hören, damit du dem Leben näher kommst, für das du das Potenzial hast. Denn da kommt die Magie ins Spiel.

Die Rolle der Bestimmung

Bestimmung ist die Voraussetzung für das Leben deiner Träume. Karma lässt sich am schnellsten reinigen, wenn du deiner Bestimmung gemäß lebst. Du weißt jetzt bereits, wie wichtig es ist, deinen Verstand von mentalen Trübungen und Irrglauben zu reinigen. Du hast Übungen in deinen Alltag eingeführt, die das Erwachen deines Herzens fördern. Du lernst, wie du die Sprache des Herzens und seine Hinweise wahrnehmen kannst. Dieses Urteilsvermögen ist kraftvoll und großartig! Das sind deine wichtigsten Werkzeuge; hier liegt deine innere Weisheit.

Jetzt geht's darum, dass du deine Bestimmung findest und sie der Welt als Geschenk zurückgibst: Das ist der Cocktail für ein zielgerichtetes, sinnvolles und leidenschaftliches Leben. Ohne Bestimmung sind wir zwar auf der Reise, wissen aber nicht, wozu. Uns stehen diese ganzen wunderbaren, magischen inneren Werkzeuge zur Verfügung, aber wir wissen gar nicht, wozu wir sie nutzen sollten. Wir gehen über die Brücke, haben aber keine Ahnung, warum oder wohin sie führt. Echtes Erwachen gibt es nicht ohne ein ganzkörperliches Wissen darüber, wohin wir gehen und *warum*.

Entwickle Neugier, wenn du zweifelst

Der Weg zur Bestimmung ist die Neugier. Du musst sie unbedingt zulassen, ihr Platz schaffen und nachgehen. Auch durch sie spricht das Herz zu dir. Wohin drängt es dich? Was zieht dich wie von selbst an, ohne jedes Muss und ohne äußere Einflussnahme? Was findest du so interessant, dass du es in deiner Freizeit tust? Den eigenen Neugierden nachgehen ist der erste Schritt.

Meine Neugier brachte mich zur Heilarbeit. Das fing schon während meiner Zeit in der Modebranche an. Ich war noch überhaupt nicht auf meine Bestimmung ausgerichtet, aber die Samen waren bereits gesetzt. Ich interessierte mich ernsthaft für Heilung und wollte alles lernen, was mit spirituellen Dingen und Wellness zu tun hatte. Noch bevor ich am absoluten Tiefpunkt ankam und mein Unternehmen verlor – alles schien gut zu laufen, ich war äußerlich erfolgreich – zerrte innerlich ständig Schmerz an mir. Irgendwas flüsterte mir zu, dass ich Heilung brauchte und meine Arbeit in der Modebranche nicht mein Weg in die Freiheit war. Ich nahm Drogen und trank, und erst jetzt, wo ich abstinent lebe, kann ich deutlich sehen, dass ich die Drogen und den Alkohol brauchte, um mein tiefes Leid zu unterdrücken, zu zähmen und zu behandeln. Ich versuchte, mich von meinem eigenen unverarbeiteten Trauma zu erholen, wie wir alle das auf die eine oder andere Weise tun; Menschsein heißt, sich von unverarbeitetem Trauma zu erholen. Weil ich es nicht besser wusste, griff ich auf Drogen und Alkohol zurück, um klarzukommen, bis ich am Ende zusammenbrach. Erst als ich nicht mehr weiterwusste, erlaubte ich mir, meiner tiefsten Neugier zu folgen. Erst ab da widmete ich mich voll und ganz der Suche nach dauerhaft wirksamen Werkzeugen, die mir Heilung ermöglichten.

Während ich den Dingen nachging, die mich interessierten, veränderte sich die Beziehung zu meinen traumatischen Erinnerungen, und ich lernte, was es heißt, Kontakt mit dem Herzen aufzunehmen. Ich erinnere mich noch, wie ich mich beim Modemagazin in meiner wenigen Freizeit ständig mit Spiritualität und Weltreligionen beschäftigte und zu Talks,

Veranstaltungen und Workshops gehen wollte. Eine Zeit lang befasste ich mich mit der Kabbala. Vielleicht war es nur oberflächliches Interesse, weil auch Madonna damals auf diesem Trip war und sogar manchmal in dem Kabbala-Zentrum auftauchte, in dem ich vorübergehend praktizierte. Vielleicht war mein Interesse aber auch ganz echt. Neugier ist nicht beliebig. Ich glaube, wir vergessen gern, dass die Dinge, die uns neugierig machen, auch die sind, die uns befreien.

Hast du schon mal bemerkt, wie du die Zeit vergisst, wenn du Sachen machst, die dich wirklich interessieren? Anders als bei einer Arbeit, die du nicht magst, die dich schnell erschöpft und ausbrennt, scheint dir hier grenzenlose Energie zur Verfügung zu stehen. Das genau ist das Magische daran und der Hinweis, dass dein Herz dich lenkt. So war es jedenfalls bei mir.

Nach dem Breakdown kam der Durchbruch, und ich ließ mich fulltime von meiner Neugier leiten. Noch nie hatte ich mich einer Sache so verschrieben. Ich hatte endlos Energie dafür – besuchte Workshops, Talks und ein Retreat nach dem anderen und wurde nicht müde. Ich war so hungrig nach Wissen und stellte fest, dass es mich komplett erfüllte. Dadurch stand mir grenzenlose Energie zur Verfügung. Und als ich dann auch noch mit Alkohol und Drogen komplett aufgehört hatte, stand mir sogar noch mehr Energie zur Verfügung, um zu forschen, Talks anzusehen, Bücher zu lesen und mit Leuten zu reden. Das war meine Leidenschaft, und es machte mich frei. Ich begriff, dass meine Arbeit jetzt darin bestand, meiner Neugier nachzugehen, und dass ich das ständig tun konnte. Nicht nur *konnte*, sondern auch *wollte*.

Hinter dieser ganzen Magie steckt auch eine Logik. Ich habe verstanden, was Bestimmung bedeutet: Ich war innerlich erfüllt, wenn ich meinen natürlichen Interessen nachging. Als gäbe es in mir eine Energie- und Powerquelle, die es mir ermöglichte, noch mehr herauszufinden und alles in der

Tiefe miteinander zu verbinden. Dieselbe Erfahrung kannst du als Schüler oder in deiner Arbeit machen. Wenn wir im Kopf Verbindungen herstellen, erkennt das Gehirn, dass sich ein Muster bildet, und schüttet Dopamin aus. Wird Dopamin ausgeschüttet, braut sich in uns ein chemischer Wohlfühl-cocktail zusammen, der uns einen Energieschub gibt, damit wir unser Ziel erreichen. Ist das geschehen, kommt wieder Dopamin ins Spiel. Das ist die wissenschaftliche Erklärung für diesen selbsterfüllenden Prozess. Spirituell ist er so zu verstehen, dass die Neugier dein Herz ist, das dich bittet, es zu entdecken. Wie schön ist das denn? Neugier ist auf wunderbare Weise dein Herz, das zu dir spricht.

Finde deine Neugier
(adaptiert nach Steven Kotler)[1]

Liste auf einem Extrablatt Papier oder in deinem Tagebuch fünfundzwanzig Dinge auf, die dich neugierig machen.

Sei konkret. Es reicht zum Beispiel nicht, sich für Pflanzen zu interessieren. Sei genauer. Was interessiert dich so an Pflanzen? Findest du Pilze faszinierend, werde noch genau-er. Wenn du ein bisschen recherchierst, wirst du zum Bei-spiel herausfinden, dass vor der Erfindung synthetischer Farbstoffe Pilze zum Färben von Textilien verwendet wurden. Falls du dich für Geisteskrankheiten interessierst, werde noch genauer. Geht es vor allem um Depression? Das bringt dich vielleicht dazu, mehr über den menschlichen Verstand verstehen zu wollen. Bei tieferem Eintauchen in deine Inte-ressen wirst du anfangen, solche Sachen zu lernen.

Du wirst dir ein bisschen Zeit nehmen müssen, um deine Interessen aufzuschreiben. Wenn du fertig bist, such bitte nach Mustern und markiere sie. Schau, wo drei oder viel-leicht sogar vier Sachen unter einem Dach zusammenkom-men. Was verbindet die Dinge, für die du dich interessierst?

Den meisten Leuten fällt es schwer, 25 Sachen ausfindig zu machen. Es wird mit Sicherheit eine Weile dauern, also nimm dir ausreichend Zeit. Hab keine Angst. Nimm deine Neugier zu Hilfe. Und erzähl keinem davon, bevor du diese Interessen nicht verinnerlicht hast.

Persönliche Erfüllung + Hilfe für andere = Bestimmung gefunden

Als ich merkte, dass das, was mich selbst erfüllte, auch anderen half, wusste ich, dass ich meine Bestimmung lebte. Wenn uns klar wird, wie wir anderen helfen und zugleich unserer Leidenschaft und Neugier nachgehen können, wird die Leidenschaft zur Bestimmung. Sie hat natürlich mit den Dingen zu tun, die uns interessieren. Unseren Interessen mangelt es aber an Tiefe, wenn es im Gesamtbild keinen Zusammenhang mit einem übergeordneten Wohl jenseits von uns selbst gibt. Interessen verwandeln sich in Leidenschaft, die wiederum zur Bestimmung wird. Und zwar dadurch, dass wir anderen helfen.

Ich will kurz schildern, wie meine Neugier zu einer Leidenschaft wurde und wie ich erkannte, dass ich die Dinge, an denen ich interessiert war, auch an andere weitergeben wollte. Ich benannte es zwar damals nicht so, aber wenn ich zurückdenke, führte ich sogar schon in meiner Zeit in der Modebranche spirituelle Gespräche mit den Models, die wir fotografierten. Ich erinnere mich noch gut an den Tag, an dem ich einen sehr bekannten Star für unser Magazin stylte und mit ihr über das Menschsein redete. Später veröffentlichte sie einen Tweet über unser Gespräch, und ich war überrascht, wie tief unsere Unterhaltung und meine Einsichten sie beeindruckt hatten.

Schon damals wies mich mein Herz darauf hin, dass ich mich psychologisch und spirituell gut mit Menschen verbinden kann, und es ist meine Gabe geworden. Magie passiert in dem Moment, in dem du anfängst, deine Gaben mit anderen zu teilen. Halte sie also bitte nicht zurück! Sonst versäumt nicht nur die Welt etwas, sondern auch du. Als ich anfing, andere an meinen Interessen teilhaben zu lassen und zu lehren, erhielt ich göttliches Feedback mit der Versicherung: »Okay, ich bin auf dem richtigen Weg.« Wir müssen auf die inneren und äußeren Zeichen achten. Dazu gehört, dass sich dein inneres Reservoir auffüllt. Fühlst du dich ekstatisch? Achte auf deine Körperreaktionen. Meist wird dir dein Körper Zeichen geben, ob er sich wohlfühlt oder aus dem Gleichgewicht ist. Hör genau hin.

Als ich meinen Interessen dann konsequenter nachging, fand ich eine Sprache, die in den Kreisen, in denen ich mich bewegte, nicht gesprochen wurde. Immer, wenn ich etwas ansprach, reagierten die Leute mit starkem Interesse. Auch hier lautete am Ende die klare und deutliche Botschaft: Die Leute wollen Werkzeuge, um zu heilen, also rede, wenn du welche anzubieten hast. Ist dir erst mal klar, wofür du dich interessierst, dann stehen die Chancen gut, dass es auch anderen helfen wird. Das, Schätzchen, ist der Sweetspot, den ich dir wünsche.

Ich fing an zu reisen und lernte bei vielen verschiedenen Lehrern. Wie ein Schwamm saugte ich Wissen und Weisheit auf, so viel ich konnte. Ich war haltlos und nach zwei gescheiterten Unternehmen auf der Suche, wusste aber nicht, was ich tun sollte. Depression und Trauma, die ich mein Leben lang unterdrückt hatte, brachen auf. Um die Krise zu überwinden, versuchte ich, so viel wie möglich über das Menschsein zu lernen und mein ausgebranntes Selbst mit Wissen zu nähren. Durch meine Studien und Reisen schuf ich mir ein ganzes Arsenal an Werkzeugen. Ich war auf dem Weg der Heilung. Mein Leben verwandelte sich und gestaltete sich neu. Der nächste natürliche Schritt bestand darin, mein

Wissen zu teilen. Das bekommen wir häufig zu hören: Fülle dein Maß, dann kannst du anderen helfen, ihres zu füllen.

Als ich in einem Retreat-Zentrum lebte, erzählte ich zum ersten Mal von einigen der Werkzeuge, die mir geholfen hatten. Dabei hatte ich ein echtes Aha-Erlebnis. Dieses »Wow, *das* ist also wirklich meine Aufgabe« traf mich tief im Innern: Bis dahin war ich in der einschränkenden Überzeugung gefangen gewesen, dass ich erst mal Geld verdienen musste, bevor ich meine Bestimmung leben konnte. Mir war nicht klar, dass ich ja auch mit dem, was ich liebe, Geld verdienen konnte, mit dem, was mich interessiert. Ich versuche, ständig mehr zu lernen und mich weiterzuentwickeln, zu wachsen und zu heilen. Je weiter ich meine innere Welt transformiere, desto mehr kann ich anderen helfen, und je mehr ich anderen helfe, desto mehr wird meine innere Welt transformiert. Ist das nicht ein wunderschöner zukunftsfähiger Kreislauf? Das ist meine Mission.

Verbinde dich mit Bestimmung und Mission

Menschen, die ihrer Bestimmung folgen, haben oft auch ein Gefühl von Dringlichkeit in ihrem Leben, die nicht mit Hektik verwechselt werden darf. Es ist ein erhöhtes Gewahrsein darüber, was in der Welt zu tun ist, damit alle Menschen glücklich und in tiefer Verbindung mit ihrem Herzen und ihrer Bestimmung leben können (ohne Druck!). Diese Leute sind nicht selbstgefällig – sie sind entschlossen genug, um Wandel herbeizuführen, und haben die Nase voll von Schmerz und dem Gefühl, sich wie der letzte Dreck zu fühlen. Gemäß der eigenen Bestimmung leben bedeutet mit einer höheren Vision leben. Entweder leben wir eine höhere Vision oder gar keine.

Die eigene Bestimmung zu leben hängt direkt mit dem Gewahrsein darüber zusammen, wie viel Leid es in der Welt gibt. Das Bewusstsein über dieses Leid inspiriert dich dazu, dich nützlich zu machen. Dabei ist eine Sache besonders wichtig: Wie du es machst, ist völlig egal. Du brauchst also keine NGO zu gründen. Vielleicht bildhauerst du. Wenn du das mit der Absicht tust, deine Unerschrockenheit zum Ausdruck zu bringen, und jemand sich deine Arbeit anguckt, wird es für ihn zu einer Einladung, sich ebenfalls zu engagieren. Du kannst Buchhalter sein, und wenn du Excel-Tabellen erstellst und die Zahlen mit Freude an der Sache eingibst, dann kann dich das ebenso frei machen wie Meditation. Und wenn andere sich die Tabelle anschauen, werden sie genau diese Botschaft empfangen. Es ist völlig egal, was du tust: Hauptsache, du tust es mit Freude und Intention. Du könntest Barfrau, Lektor oder Architektin sein. Tust du es mit Liebe, Freude und Intention? Egal, wer du bist, welche Ressourcen du hast oder wo du in deinem Leben stehst – du kannst die großen und die kleinen Dinge mit der Intention tun, anderen zu helfen. Das ist Tantra. Du nutzt das echte Leben, um frei zu werden und andere zu befreien.

Finde deine Mission

Schreib auf ein Extrablatt Papier eine Liste mit fünfzehn Sachen, die du in der Welt gelöst sehen möchtest.

Versuch auch hier, so detailliert wie möglich zu sein. Schreib also nicht einfach »Weltfrieden« oder »Welthunger«, sondern sei konkret. Zum Beispiel so: »Ich möchte helfen, die Nahrungswüste in der Bronx zu beseitigen«, »Ich möchte den Obdachlosen im East Village helfen können« oder »Ich möchte Suchtkranke im Problemkiez helfen«.

Wenn du mit deiner Liste fertig bist, geht es darum herauszufinden, wie sich die Dinge, die du auf deiner Neugier-Liste zusammengetragen hast, mit dem verbinden lassen, was du gelöst sehen möchtest.

Bitte studiere und recherchiere die Querverbindungen. Allein durch diese Übung nimmst du eine klare Position ein und definierst deinen eigenen kraftvollen, kreativen und wunderschönen Bezug zu deinen Interessen genauer. Du kannst diese Interessen so fördern, dass sie zu deiner Leidenschaft werden. Sie wird deine Bestimmung befeuern.

Deine Hausaufgabe in den nächsten zwei Wochen besteht darin, jeweils eine Viertelstunde täglich diese Querverbindungen zu finden. Erzähl bloß noch keinem von den Listen, dem Prozess oder deinen Einsichten. Tu das erst nach den zwei Wochen. Reden wir zu voreilig über so frische Erkenntnisse, dann könnten uns Leute, die ihre eigene Bestimmung nicht leben, entmutigen oder uns womöglich einreden, dass wir uns irren. Manchmal passiert das schon allein durch ihre Körpersprache. Selbst wenn es dein bester Freund, ein Elternteil oder deine Geliebte ist: Es passiert unabsichtlich. Menschen, die ihre Bestimmung nicht leben, könnten sich getriggert fühlen, wenn du von deiner eigenen erzählst, und dann bringt dich ihre Reaktion womöglich von dem ab, wozu du hergekommen bist. Lass dir nicht in die Karten schauen und schütze vor allem in einem so frühen Stadium, was dir wichtig ist.

Nach diesen zwei Wochen kannst du dann ruhig mit Leuten reden, wenn es dich dazu drängt. Bis dahin hast du genug Erfahrung mit deinen Erkenntnissen gesammelt, und sie sind nicht mehr nur reines Verstandeswissen.

Das Schöne daran ist: Irgendwann merkst du, dass die Dinge, die dich interessieren, dich erfüllen *und* zugleich anderen helfen können. Du begreifst, dass du nicht nur dir selber hilfst, frei zu sein, sondern ebenso allen anderen. Versuch die Angst loszulassen, dass du davon nicht leben können wirst. Das kannst du gar nicht wissen, aber die Angst allein reicht schon aus, um den Samen eines Traums zu zerstören, bevor er überhaupt keimen konnte. Vertrau darauf, dass du deinen Lebensunterhalt solide bestreiten kannst, indem du etwas tust, das dich erfüllt und dir Freude macht. Dieses Vertrauen ist Teil des natürlichen Gesetzes der Fülle, auf das du dich einschwingen musst.

Verbinde Lebenserfahrung mit Bestimmung

Schreib drei Dinge auf, die du überwunden hast. Für mich waren das Sucht, Angst und Depression.

Dann beantworte folgende Fragen:

- Wie hast du sie überwunden?
- Was hat geholfen/was war das Gegenmittel?
- Wo stehst du jetzt?

Die Hindernisse, die du überwunden hast, werden dir Informationen darüber geben, was deine Mission sein könnte und welchen Einfluss du nehmen kannst. Schau dir noch mal deine Neugier-Liste samt Querverbindungen an. Abhängig von deinen Herausforderungen könnte dich deine Geschichte zum Beispiel dazu bringen, mit geistig behinderten Menschen zu arbeiten. Das kann individuell ganz verschieden sein.

Bestimmung und Flow

Du tust jetzt also, was dich interessiert, und ergänzt es mit dem, was du gern in der Welt gelöst sehen würdest. Du schulst den Verstand, findest heraus, was du zurückgeben möchtest, bekommst Zugang zur Sprache des Herzens ... Alle diese Dinge sind Voraussetzungen für den Flow-Zustand. Flow ist ein Hochleistungsmodus des Verstandes, in dem vollständiges *Wissen* die Führung über das logische Denken übernimmt. Überraschst du dich je selbst, wenn du etwas aussprichst oder schreibst, so nach dem Motto: »Verdammt, Bitch, das war richtig gut!«? Das ist Flow. In diesem Zustand fällt der konditionierte Verstand weg, Weisheit entsteht, und du tauchst vollständig in das ein, was du gerade tust. Im Allgemeinen finden wir diesen Flow, wenn wir etwas richtig Bedeutsames tun.

Das Im-Flow-Sein ist einer der kraftvollsten Zustände, die wir erreichen können. Chemisch gesehen sind hier folgende Neurotransmitter im Spiel: Adrenalin (Energie), Dopamin (Belohnung), Endorphine (Lust) und Anandamid (Glück und unkonventionelle Problemlösung).[2] Letzteres ist ein weniger bekannter Neurotransmitter, der uns hilft, lateral und abseits jeder Logik zu denken.

Ob du im Flow bist, kannst du an deinem Zustand erkennen. Vielleicht erinnerst du dich an Momente, in denen du so konzentriert warst, dass es sich wie eine außerkörperliche Erfahrung anfühlte. Wenn du im Flow bist, hast du keinen Hunger, du bist nicht müde, und alles innere Gelaber verstummt. Manche Leute nennen es auch »in der Zone sein«. Im Buddhismus wird es als *samadhi* bezeichnet. Im-Flow-Sein passiert, wenn wir eins werden mit unserem Tun, unserer Absicht.

Bist du im Flow, passieren mit höherer Wahrscheinlichkeit Synchronizitäten. Es ergibt sich eine spontane Übereinstimmung zwischen innerer und äußerer Welt, und das hilft dir, dich mit dem großen Ganzen, mit dem Universum zu verbinden. Wir erfahren einen Teil von uns, der bereits vollständig erwacht ist.

Hier einige natürliche Möglichkeiten für dich, in den Flow zu kommen.

- Verwandle deine Leidenschaft in deine Bestimmung.
- Mach einen Sport, der dir echte Leistung abverlangt.
- Meditiere.
- Praktiziere Yoga.
- Geh ein Risiko ein (triff dich zum Beispiel mit Leuten, die du noch nicht kennst).
- Sei großzügig.
- Hilf anderen.

Manifestation und Fülle als Lebensweise

Mit dem Begriff »Manifestation« wird so häufig um sich geworfen, dass ich sogar, wenn ich es selber laut ausspreche, meistens denke: »Aargh, na, was auch immer.« Irgendwie erweckt das Wort immer den Eindruck, als würde es keiner Anstrengung bedürfen, das Leben zu erschaffen, das du willst. *Tut* es aber. Und dazu gehört auch, hilfreiche Gewohnheiten und Rituale zu praktizieren, die dich frei genug machen, damit du herauskriegst, wofür du wirklich hier bist: für deine Mission. »Manifestieren« ist einfach nur ein anderes Wort für die Arbeit, die hinter der Entwicklung hilfreicher Gewohnheiten, Beziehungen, Orte und Dinge in deinem Leben steckt, damit du dein volles Potenzial leben kannst.

Wir alle haben eine individuelle Mission, und alle haben wir die Kraft, das Leben unserer Träume zu verwirklichen. Östliche Philosophien besagen, dass wir zurück auf die Welt kommen, um die Missionen zu erfüllen, die wir in unserem letzten Leben nicht erledigt haben. Wie cool ist das denn?! Wenn dir das zu weit hergeholt klingt, kannst du es auch überlesen und dir einfach nur klarmachen, dass du in deiner jetzigen Lebenszeit eine einmalige Mission hast und auf ganz individuelle Art und Weise mit der Welt umgehst. Und ebendiese individuelle Art kann für jeden Menschen, dem du begegnest, eine Einladung sein, selber in seine Mission hinein zu erwachen.

Um ehrlich zu sein, wusste ich bis vor Kurzem nicht, dass ich tatsächlich auch eine Mission habe. Ich fing an, in der Modebranche zu arbeiten, weil meine Eltern in meiner Kindheit in Brasilien eine Bekleidungsfirma hatten. Als ich nach Los Angeles kam, war das Einzige, was ich wirklich beherrschte, Kleider so herzurichten, dass sie die Leute begeisterten. Mir war überhaupt nicht klar, dass ich nicht frei sein konnte, weil ich an oberflächlichen Aspekten der Modeindustrie festhing. Ich will nicht sagen, dass Mode etwas Oberflächliches wäre, aber ich ging oberflächlich mit ihr um. Ich war unsicher und suchte nach Zugehörigkeit, indem ich mich auf bestimmte Weise kleidete und benahm. Ich hatte kein Gefühl von Zugehörigkeit zu mir selbst, zu meinem Herzen. Die Grundbedürfnisse meines Herzens waren noch nicht gestillt, sodass ich sie von außen zu befriedigen versuchte. Aber vergiss nicht: Unsere Grundherzensbedürfnisse müssen wir von innen her stillen, damit wir keine Anerkennung von außen brauchen. Nur dann können wir uns immer wieder sinnvoll selbst aufladen und mehr und mehr ein Leben in Fülle leben.

Erst seit einigen Jahren kann ich von dem leben, was ich liebe. Bis vor ganz kurzer Zeit hatte ich immer noch Scham- und Angstgefühle, wenn es um Geld ging. Tief drinnen hatte ich das Gefühl, dass ich es nicht wert war, mit dem, was ich liebte, Geld zu verdienen.

Flow. Fülle. Bis vor Kurzem waren das Triggerwörter für mich. Mein erstes Sparkonto habe ich erst letztes Jahr eröffnet, und eine Kreditkarte habe ich bis heute nicht. Obwohl ich eine Menge Geld mit dem verdiene, was ich liebe, um die Welt reise, mein Wissen mit anderen teile und unterrichte, ist es ein fortwährender Dekonditionierungsprozess: Ich muss ein Mangeldenken überwinden, das schon Generationen alt ist und dem ich mich unbewusst verschrieben hatte (um Mangeldenken wird es später noch gehen).

Höchstwahrscheinlich kennen die meisten von uns die Einstellung, dass man immer kämpfen muss, um glücklich zu sein, die eigenen Träume zu leben oder Fülle zu manifestieren. Dabei ist Kämpfen überflüssig. Wir müssen uns einen neuen Standard zulegen und sinnvolle Rituale schaffen, die uns frei machen. Wir müssen uns die Tatsache bewusst machen, dass wir das Potenzial haben, ein Leben in Fülle zu erschaffen, ein Leben im Flow, in dem wir tagtäglich unsere Träume leben, in ständiger Ehrfurcht sind und uns überraschen lassen und in dem Spontaneität unsere Standardeinstellung wird. Wie häufig bist du spontan? Wie häufig schwingst du dich tatsächlich auf den Flow ein?

Was ich jetzt meine, ist eine andere Art von Flow. Hier geht es mir nicht um einen Geisteszustand, sondern um eine Lebensweise, um das Gegenteil von Kampf. Diese Art Flow stammt aus einem Ort des Vertrauens darauf, dass du es wert bist. Du hast ein Grundvertrauen in dich und deine Träume und den Glauben daran, dass du das Leben verwirklichen wirst, auf das du hinarbeitest. Das bedeutet Leben im Flow. Es ist eine Art zu sein, die das Manifestieren nicht nur unterstützt, sondern seine Verkörperung ist. Diese Art zu sein ist keine spirituelle Vermeidungsstrategie, denn du nimmst Anstrengungen auf dich; eher steht dahinter, dass du als Lenkkraft einen wilden Glauben an dich selbst hast und fest darauf *vertraust*, dass dir Gutes widerfahren kann. Du hast keine

Zweifel daran, dass das, worauf du hinarbeitest, scheitern könnte. Und falls es das tut, hast du die nötigen Mittel, um dich wieder aufzurichten und dich daran zu erinnern, dass du es wert bist.

Damit hatte ich sehr zu kämpfen. Wenn es ernst wird mit dem Geld und der Fülle und dir die Chancen nur so zufliegen, kommen erst die eigentlichen Prüfungen. Manchmal fängt die herausforderndste Arbeit dann an, wenn du kriegst, worum du gebeten hast. Dann schlägt das Hochstaplersyndrom seine Zelte im Kopf auf – eine ganz neue hinterhältige Form von negativem Selbstgespräch: »Für wen zum Teufel hältst du dich eigentlich?« »Nein, nein, nein, nein, nein, *du* verdienst dieses viele Geld nicht.« »Du bist der Sache überhaupt nicht gewachsen.« »Bist du verrückt? Das schaffst du nie!« »Du bist ein BETRÜGER!« Kaum fängst du an, die Belohnung für deine harte Arbeit zu ernten, kaum manifestieren sich deine Träume in der Wirklichkeit, wirst du dieses Hochstaplersyndrom vom Haken lassen müssen, denn Wachstum macht Angst. Trotzdem ist es notwendig. Besucht dich das Hochstablersyndrom, herzlichen Glückwunsch: Das Leben deiner Träume ist dabei, sich zu manifestieren. Beachte den Vollidioten nicht weiter und denk dran: Du bist es wert. Danke ihm für den Besuch und begleite ihn zur Tür.

Grundlagen für den Kampf gegen das Hochstaplersyndrom

Hier sechzehn spirituelle Grundlagen, mit deren Hilfe ich das Hochstaplersyndrom gleich wieder auf Reisen schicke, wenn es sich einstellt.

1. **Oute die Hochstaplerin mit deinem Tagebuch**. Das Syndrom zeigt sich häufig als Gefühl von Wertlosig-

keit, als Selbstzweifel oder allgemeines Unbehagen. Schreib dir, um Klarheit über diese Gefühle zu bekommen, dein negatives Selbstgespräch so auf, wie es gerade kommt. Dann siehst du gleich, wie lächerlich es in Wirklichkeit ist.

2. **Akzeptiere die verschiedenen Teile von dir**. Wenn wir von Angst überrollt werden, ist es schwer, sich daran zu erinnern, dass es nur ein Teil von uns ist, der dieses Gefühl erfährt. Durch Selbstbefragung kannst du den Teil von dir herauskitzeln, der sich nervös oder wie ein Schwindler fühlt, und gleichzeitig die anderen identifizieren, die begeistert sind und sich kompetent fühlen. Angst ist nie unsere einzige Erfahrung.

3. **Sei dir gewiss, dass du nicht allein bist**. Das Hochstaplersyndrom ist eine universelle Megaboss-Erfahrung. Wir kennen es alle, willkommen im Club!

4. **Beweise das Gegenteil**. Alle haben schon Großartiges vollbracht. Stell eine Liste mit deinen Leistungen zusammen und mach dir klar, dass dein Hochstaplersyndrom frei erfunden ist.

5. **Mach dir bewusst, wie man dich tatsächlich wahrnimmt**. Schreib eine Liste mit den Dingen, die du an dir schätzt. Falls es dir schwerfällt, wende dich an einen Freund oder eine Freundin: »Ich hab das Hochstaplersyndrom. Kannst du mir bitte sagen, was du an mir schätzt?«

6. **Formuliere Zweifel in positive Aussagen um**. Statt »Ich weiß gar nichts« kannst du sagen: »Ich weiß genug« und »Ich bin gut genug«.

7. **Deine Gefühle sind real, aber nicht wahr**. Das Hochstaplersyndrom mag sich zwar wie eine echte Beschreibung der Wirklichkeit anfühlen, aber das stimmt nicht. Denk dran, dass uns Gefühle manch-

mal zu mehr Fülle und Vertrauen verhelfen, manchmal aber auch zum Gegenteil führen.

8. **Praktiziere täglich Meditation und Atemarbeit.** Beim Meditieren schaffen wir Raum zwischen unseren natürlichen Eigenschaften und den Lügen, die wir uns selbst erzählen. Atemarbeit, vor allem die Bauchatmung, kann helfen, Raum zu schaffen und die rasenden Gedanken zu verlangsamen.

9. **Unterschätze deinen Mut nicht.** Selbst wenn du Angst hast, schenkt deine Vorwärtsbewegung auch allen anderen die Erlaubnis, sich vorwärts zu bewegen. Du brauchst nur einen einzigen Schritt zu machen.

10. **Geh mit liebevoller Strenge an die Sache heran.** Man kennt mich als jemanden, der sagt: »Tut mir leid, Schätzchen, aber irgendwann stirbst du sowieso, also kannst du dich auch gleich an die Arbeit machen. Was ist das Schlimmste, das passieren kann?«

11. **Du veränderst dich ständig.** Es ist eine Tatsache, dass sich alles ständig ändert; wir haben es nicht unter Kontrolle. Kontrollieren kannst du nur, in welche Richtung du gehen willst.

12. **Warte nicht auf Erlaubnis.** Lass dich nicht von fehlenden Zeugnissen zurückhalten. Erfolg ist mehr als ein Diplom.

13. **Lächle.** Das macht so viel aus.

14. **Schau über den eigenen Tellerrand.** Anderen zu helfen ist häufig der beste Ausweg aus einer negativen Denkspirale. Leiste ehrliche Hilfe, und du wirst merken, dass dein innerer Kritiker sich beruhigt.

15. **Speichere positive Begegnungen ab.** Das Gehirn neigt dazu, sich eher an die negativen Momente zu erinnern – das ist der in uns eingebaute Negativi-

tätseffekt. Um ihm entgegenzuwirken, kannst du dir eine Datei mit allem anlegen, was Leute Gutes über dich gesagt haben. Ich mache zum Beispiel Screenshots von den netten Nachrichten und Kommentaren, die mich über die Jahre berührt haben.

16. **Vergleiche sind der Tod**. Hör auf, dich zu vergleichen und in Konkurrenz zu gehen, denn das hält dich bloß im Hochstaplersyndrom gefangen.

Mögest du mühelos leben

Wenn du im Flow bist – ein müheloser Zustand –, manifestieren sich die Dinge im Leben. So einfach ist das. Fülle zu schaffen geht leichter, wenn du weniger kämpfst. Ohne mentale Anstrengung, in dem Gefühl, dass dich das Leben voranträgt. Daher kommt auch das New-Age-Klischee »Go with the flow«: die Vorstellung, dass dich, *wenn* du die passende Einstellung hast, das Leben von selbst zu den Menschen, Orten und Dingen führt, die dich in deiner Bestimmung unterstützen.

Solange du Selbstvertrauen noch nicht zu deinem neuen Standard gemacht hast, brauchst du tägliche Rituale und Gewohnheiten. Hier eine Übung für jetzt gleich. Halte einen Moment inne und wiederhole für dich: »Alles, was ich mir vorstellen kann, kann zu meiner Wirklichkeit werden.« Wiederhole den Satz sieben- bis 21-mal.

Du musst nicht nur an dich und daran glauben, dass sich dein Wunsch in der Realität manifestieren wird, dein Wunsch muss auch vom Herzen getragen sein. Erinnerst du dich an das Thema Herzensziele versus Verstandesziele? Stell sicher, dass das, was du willst, aus dem Herzen kommt und nicht von deinem konditionierten Verstand, von deiner Mutter, Großmutter, Schwester oder der Gesellschaft.

Hier eine Visualisierungsübung, die du morgens und abends nutzen kannst, um deine Grundeinstellung auf Fülle einzuschwingen. So stärkst du die Veränderung auf neurologischer Ebene und stellst neue Nervenbahnen her. Wir schulen unsere Vorstellungskraft, um diesen neuen Zustand der Fülle zu visualisieren.

Visualisierung von Fülle

Setz dich bequem auf einen Stuhl oder leg dich hin und schließ die Augen.

Stell dir die Frage: *Was bedeutet Fülle für mich?* Das kann vieles sein: ein Haufen Geld, zugewandte Freunde, Reisen, Abenteuer, ein gesunder Körper und ein klarer Verstand, ein neues Zuhause, Familie, Gemeinschaft, eine Arbeit, die du liebst ...

Lass die Antworten kommen und alle Selbsturteile los. Du verdienst Fülle in jeder Hinsicht!

Jetzt stell dir vor, wie du durch einen Wald läufst und die Sonne durch die Blätter scheint. Du schaust nach oben und siehst, wie hoch die Bäume sind, du spürst feuchtes Gras unter deinen Füßen, und die frische Waldluft streicht dir über Arme und Wangen. Du gehst bis zu einer Lichtung. Während du auf sie zuläufst und sie betrittst, möchte ich, dass du dich von Fülle umgeben siehst, ganz egal, was du darunter verstehst.

Visualisiere dich dort mit deiner Fülle.

Und jetzt geh zu jeder einzelnen Person und Sache dort, die für dich Fülle verkörpern, und sage: *Ich bin es wert, dich zu haben! Das ist mein Herzenswunsch, und ich verdiene dich!*

Lass die ganze Fülle wissen, dass du sie verdienst.

Jetzt wiederhole dreimal: *Ich kann sie mir vorstellen, also kann sie meine Wirklichkeit sein.*

Wenn du bereit bist, öffne langsam die Augen.

Die Macht der Intention

Genau wie die Gedanken, Gefühle und Emotionen haben auch unsere Worte Gewicht. Deshalb müssen wir achtsam mit ihnen umgehen. Uns muss klar sein, welche Macht sie haben, und vor allem, dass wir mit Worten etwas heraufbeschwören. Jedes Wort, das wir entweder zu uns selbst oder zu einer anderen Person sagen, ist mit der Intention geladen, mit der wir es durchdringen. Reiß dich also unbedingt zusammen, wenn du zufällig so absolute Wörter benutzt wie »nie« oder »Hass«. Entferne sie aus deinem Vokabular, denn sie blockieren das Manifestieren. Sie verkörpern nicht die Art von Intention, die du in deinem Leben haben möchtest. Positive Intention wird von Dankbarkeit befördert. Mit einer täglichen Dankbarkeitsübung und mit jemandem für den Gegencheck kannst du die positive Intention in deinem Leben vergrößern. Schreib dir morgens drei Sachen auf, für die du dankbar bist, oder noch besser, mach das zu einer Gruppenübung. Schreib einer Freundin oder einem Freund, denen du vertraust, jeden Morgen drei Sachen, für die du dankbar bist. Tauscht euch aus. Auf diese Weise schaffst du nicht nur in deinem Leben einen positiven Welleneffekt, sondern auch noch in dem deines Gegenübers. Ich tausche mich täglich mit meiner *Sangha* (meiner spirituellen Gemeinschaft) aus; wir schicken uns Sprachnachrichten, weil ich ständig unterwegs bin. Gemeinsames Üben guter Intention hat eine unglaubliche Power.

Üben, üben, üben

Manchmal machen wir zwei Schritte zurück, bevor es wieder einen vorwärts geht. Jeder Tag ist anders. Tatsächlich bietet jeder Tag oder sogar jeder Moment die Chance, auf Kurs zu bleiben, ein Werkzeug aus deiner frechen Werkzeugkiste zu nutzen und deinen Träumen einen Schritt näher zu kommen.

Auf diesem Pfad, den wir Leben nennen, wirst du tagtäglich immer wieder Momente erfahren, in denen deine Werte infrage gestellt werden und verschiedenste Arten von Hindernissen auftauchen. Hindernisse sind Formwandler. Zum Beispiel dein Chef, der dir mitteilt, dass du noch nicht bereit bist für eine Beförderung; oder die Unfähigkeit deines Vaters, dir zu sagen, dass er dich liebt; ein sogenannter Freund, der nicht ehrlich mit dir ist; die Zurückweisung einer Liebe oder deines Handwerks; ein vergeigtes Interview oder die Tatsache, dass du den Job, den du wolltest, nicht kriegst; du wachst morgens mit dem völlig grundlosen Gefühl auf, nichts zu taugen; oder du landest in einer Spirale aus Schamgefühlen, weil du nach langem Aufwind mal wieder so richtig abgestürzt bist.

Gemeinsam ist allen diesen (Lebens-)Hindernissen, dass sie eine Reaktion von dir brauchen. Ohne deine Erlaubnis kann dir *nichts* zustoßen. Die ganze Zeit passieren Sachen. Sie passieren dir aber nur, wenn du dich darauf einlässt, reagierst und dich vom Reaktionsschmerz wegschwemmen lässt. Wäre es nicht möglich, die Lebenshindernisse, wenn sie auftauchen, einfach geschehen zu lassen, ohne dass du dich emotional verstrickst? Wäre es nicht möglich, auf gesunde Weise mit ihnen umzugehen, ohne dass der Schmerz wieder die Oberhand gewinnt?

Lass uns anhand der folgenden Beispiele durchgehen, wie die verschiedenen Reaktionen aussehen könnten.

Fortschrittshindernis: Dein Manager sagt, dass du noch nicht reif bist für eine Beförderung.
Schamreaktion: Ich bin nicht gut genug.
Antwort vom Megaboss: Das spiegelt nicht mein Potenzial wider, sondern nur den jetzigen Moment. Ich gebe nicht auf. Ich bin offen für Feedback und Wachstum.

Fortschrittshindernis: Dad sagt nicht: »Ich liebe dich.«
Schamreaktion: Ich bin nicht liebenswert. (Und schon
der Gedanke wird sofort zum Selbstläufer.)
Antwort vom Megaboss: Das ist Dads Problem.
Es verletzt mich zwar, aber ich bin dankbar, weil ich
Liebe zeigen kann.

Fortschrittshindernis: Ein Freund mustert dich von oben
bis unten und sagt: »Bist du sicher, dass du das
anziehen willst?«
Schamreaktion: Ich bin hässlich/schlecht/nicht gut
genug.
Antwort vom Megaboss: Ich fühle mich stark und
selbstsicher. Das Urteil anderer hat vermutlich mehr
mit ihnen zu tun als mit mir.

Mein Ziel ist es, dir die verschiedenartigsten Instrumente an die
Hand zu geben. Sie sollen dir die Möglichkeit geben, endlich zu
begreifen, dass du es wert bist, (mit Intention) an dich zu glauben und dich vom Leben nicht mehr blockieren zu lassen. Ich
möchte, dass du widerstandsfähig bist, wenn das Leben passiert, denn es passiert jeden einzelnen Tag. Dein ungeschulter
Verstand wird immer weiter versuchen, dich von seinen Geschichten zu überzeugen, und die Leute werden sich weiterhin
wie Vollidioten benehmen und dich triggern. Es geht darum,
die Freiheit zu wählen. Immer und immer wieder.

Kurze Übung vor dem Spiegel
Schau dich so lange im Spiegel an, wie du brauchst,
um dir selbst gegenüber weich zu werden. Lass alles,
was du für einen Mangel an dir hältst, weich werden.
Lass all deinen Anteilen Liebe zukommen.

Augenblick für Augenblick

Du bewegst dich vorwärts und machst dich frei. Einer meiner Lehrer hat gesagt, dass in jedem Fingerschnipsen 65 Augenblicke stecken. Jeden wachen Moment haben wir eine Chance, unsere Mission zu erfüllen und unsere Träume wahr werden zu lassen. Es ist nur eine Frage der Entscheidung, der Hingabe und der kleinen Schritte in die richtige Richtung. Hab keine Angst, es richtig machen zu müssen. Vergiss das Timing. Jeder wache Moment ist eine Chance, vollständig zu erwachen. Fang mit fünf Minuten an. Es kommt nur drauf an, dass du dich täglich immer wieder deiner Freiheit verpflichtest.

An jedem Tag hat jeder Augenblick die Kraft, dich dem Leben, das du willst und verdienst, näher zu bringen. Warum? Weil jeder Tag voller Gelegenheiten steckt. Entscheidest du dich für das Ich deiner Träume oder für das deiner Vergangenheit? Wir müssen jeden Augenblick als Wahl begreifen, die du zwischen dem Ich und der Angst triffst. Wähle Wachsen oder Steckenbleiben. Es liegt wirklich ganz an dir. Die Schönheit des Menschseins besteht darin, dass jeder Tag eine neue Chance auf Wachstum bietet.

Also ja, in jedem Fingerschnipsen stecken 65 Gelegenheiten, aber lass dich davon bloß nicht einschüchtern. Sag lieber: »Wow!« Überlass dich der Ehrfurcht vor dem Leben. Schau, wie viel Potenzial es in der Welt und jederzeit für dich gibt, wie viele Möglichkeiten, aus der Shit-Show auszusteigen und in das Powerleben einzutauchen, für das du hier auf der Welt bist. Das Leben ist keine Generalprobe; es ist Zeit, die Bühne zu betreten.

Erwecke dein freches Ich

Schritt 5: Nenne deine Superpower beim Namen.

Genau wie deine Bestimmung und Mission werden auch deine einmaligen Gaben (deine natürliche Superpower) anders aussehen als die anderer. Wie du bereits gelernt hast, ist das, was du in der Welt heilen möchtest und was dich interessiert, einzig und allein deine Sache, und was du draus machst, wird zu deinem Weg. Aber da gibt es noch was. Wir alle haben besondere Gaben, die wir mit der Welt teilen sollen. Ich habe meine Liebe dazu entdeckt, Lehrer zu sein, Weisheit mit anderen zu teilen und so vielen Menschen wie möglich zu helfen, Heilung zu finden – das ist meine Gabe. Eine weitere Superpower-Spezialwürze von mir ist mein freches, freimütiges Ich. Deshalb heißt die Methode auf Englisch auch *Spiritually Sassy* (sassy = engl. frech, freimütig, respektlos). Meine hart erkämpfte Superpower besteht darin, total und komplett ich zu sein mit meinem ganzen Anderssein. Und das möchte ich mit dir teilen, damit auch du den Mut hast, DU zu sein im wahrsten Sinne des Wortes und dich voll und ganz auf deine Reise einzulassen. Ich mochte mein freches Ich durchaus nicht immer. Lange Zeit schämte ich mich und versuchte mich in vielen Bereichen meines Lebens so klein wie möglich zu machen. Jetzt dagegen verleiht es mir Power. Häufig ist genau das, was uns anfangs den größten Schmerz verschafft, auch das, was wir neu ausrichten und ganz besonders mit der Welt teilen müssen. In diesem Kapitel werden wir herausfinden, was das bei dir ist. Höchstwahrscheinlich hast du selber schon eine ziemlich genaue Vorstellung davon, aber die Angst, wirklich und zutiefst du zu sein, hält dich bisher noch davon ab, dich der Welt in deinen bunten Farben zu zeigen. Genau das arbeiten wir jetzt durch. Die Leute werden sich dran gewöhnen. Und wenn deine Farben zu schrill sind, ist das nicht dein Problem – sie können sich ja eine Sonnenbrille aufsetzen.

Werde zum spirituellen Superhelden

Was wäre, wenn wir bereits mit einem karmischen Vertrag auf die Welt gekommen wären, und Teil dieses Vertrags wäre es herauszufinden, wie wir die Täuschungsmanöver unseres Verstandes ausräumen, unsere Superpower entdecken und daraus Neues erschaffen können? Wenn das nun unsere Bestimmung wäre? Wenn es deine Bestimmung in dieser Runde auf der Erde wäre, deine Superpower zu *nutzen* und *sie* an vorderste Front zu stellen? Wenn du dich einfach bloß nicht mehr an diesen karmischen Vertrag erinnern würdest? Lass uns mal kurz mit dieser Vorstellung spielen: Du erinnerst dich jetzt also zum ersten Mal wieder daran, dass du so einen Vertrag tatsächlich unterzeichnet hattest.

Das Konzept für *sensationell spirituell* entstand bereits zu Beginn meines spirituellen Weges, als mir klar wurde, dass ich diese »ultraspirituellen« Leute nachahmte. Im Rückblick finde ich das ziemlich komisch. Die ganzen Leute, die ich nachzuahmen versuchte, machten es, so gut sie es verstanden, sie waren in ihren eigenen Denkmustern gefangen, arbeiteten sich an ihrem eigenen Karma und an ihren Macken ab, und ich stellte sie aufs Podest. Sie waren meine Vorbilder: So handelte ein spiritueller Mensch, so klang er, so sah er aus.

Damals hatte ich das noch nicht begriffen. Je mehr ich lernte und reiste, desto mehr lernte ich, was »spirituell« sonst noch so heißen kann. Ich entdeckte lebende Meister und Lehrerinnen und Heilige in Indien und Nepal, die völlig anders waren, nämlich ... frech, lebendig und verwegen.

Was meine ich also mit »sensationell spirituell« als Superpower? Zunächst mal glaube ich, dass unser Leben dazu da ist, dass wir uns spirituell entwickeln und anderen dabei helfen. Egal, welchen Weg wir einschlagen, bedeutet Spiritualität, zu begreifen, dass uns die Trübungen des Verstandes vom Herzen fernhalten. Für jeden und jede von uns besteht der Weg darin, die Dinge zu bereinigen, die uns im Herzen und im Wesen behindern. »Sensationell« spricht die Einladung aus, mutig, auffallend, mit einer höheren Vision und mit voller Power zu leben! Das ist aber noch nicht alles: Wir müssen unsere Werkzeuge auch weitergeben. Mit anderen teilen! Das ist der Schlüssel.

Sensationell spirituell bin ich nicht nur für mich allein, sondern auch zum Nutzen von anderen. Inzwischen hast du begriffen, dass du, indem du dich rückhaltlos auf deinen eigenen spirituellen Weg begibst, anderen hilfst, dasselbe zu tun. Du machst es auf so authentische, einmalige Art und Weise und lebst dein sensationell-spirituelles Programm so bedingungslos, dass andere allein dadurch, dass sie dich erleben, ebenfalls ihre einmaligen individuellen Gaben und ihre Superpower entdecken können. Was bringt es uns zu wissen, dass eine nie versiegende Quelle an Möglichkeiten in uns steckt, wenn wir sie nicht nutzen? Dieser großartig strahlende Regenbogen, dieses Herz voller Mut, das Potenzial, die Möglichkeiten, endlosen Ressourcen und Grundbedürfnisse müssen von dir gefunden und mit der Welt geteilt werden. Was bringt es dir zu wissen, dass das alles da ist, wenn du es dann für dich behältst? Wo bliebe da der Spaß?

Sensationell spirituell sein heißt: Wir haben begriffen, dass wir dazu gemacht sind, uns zu binden und zu verbinden und dass uns *genau das* dazu befähigt, auf die nächste Ebene zu wechseln. Der spirituell-sensationelle Weg ist kein asketischer, sondern ein tantrischer Weg in die Erleuchtung. Das bedeutet, dass wir alles nutzen, was in uns steckt und was uns das Leben für unsere Befreiung zu bieten hat.

Nenne deine Power beim Namen

Wenn ich Superpower sage, meine ich unsere Talente und Gaben. Aber das sind Begriffe aus dem alten Paradigma. Lass sie uns neu designen. Im neuen Paradigma geht es um Superpower im Plural. Wir haben jede Menge Superpower! So, jetzt ist es raus. In Wahrheit hat die Konditionierung unseren übermenschlichen Fähigkeiten die Flügel gekappt. Wenn wir daher Wörter verwenden wie *Superpower*, hilft uns das, uns daran zu erinnern, dass wir tatsächlich übermenschliche Fähigkeiten und Potenziale besitzen.

Superpower. Gabe. Talent. Es gibt viele Namen für das, was ich meine. Weißt du noch, wie ich dich gebeten habe, deine Bestimmung direkt anzusprechen: »Hallo du, was willst du von mir?« Durch deine natürlichen Talente gibt sie dir Antwort.

Bestimmung und Superpower gehen Hand in Hand, denn die Superkräfte helfen uns, unsere Bestimmung zu leben. Dein Gefühl festzustecken ist das erste Zeichen dafür, dass die Bestimmung dich zu finden versucht. Es kommt dir so vor, als würdest du durch deinen Alltag und die sich ständig wiederholenden Psychomuster immer wieder ein und denselben Film erleben. Wenn dir diese ewige Wiederholung zu viel wird und du dir sagst: »Ich will Spontaneität und Abenteuer, ich will Veränderung«, und tatsächlich einen Drang danach verspürst, dann aktivierst du Bestimmung und Superpower. Dieser Drang, diese Stimme – das sind die Bestimmung und dein innerer Superheld, die dich anspornen: »Hey, Girl, los jetzt!« Wenn unsere Tage monoton werden, verpassen wir die Würze des Lebens. Manchmal redet die Bestimmung sogar in deinen Träumen ganz leise mit dir.

Sie definiert sich dadurch, dass du deine Superpower nutzt. Ziel ist es, dass du im Kontakt mit ihr deine inneren Ressourcen auffüllst, aus dem Herzen lebst, verbunden mit einer inneren Quelle der Freude, Klarheit, Weisheit und des Mitgefühls. Deshalb bist du in deiner Grundhaltung ... glücklich. Wenn du deine Superpower übst, wirst du wollen, dass auch andere diese Erfahrung machen. Jeder und jede hat die Möglichkeit, die eigenen Superkräfte zu trainieren, ihre einmaligen Fähigkeiten, Kapazitäten und ihr Potenzial. Superpower in Kombination mit Bestimmung erlaubt dir, sie nicht nur für dich, sondern für das Kollektiv zu üben.

Wie alles, was mit dem Herzen zu tun hat, liegen die Superkräfte gewöhnlich im Verborgenen. Häufig müssen wir tief im Innern graben oder erst eine große Wachstumsphase durchstehen, bis wir uns mit ihnen verbinden können, geschweige denn den Mut haben, sie mit anderen zu teilen. Aber das Herz möchte, dass du sie findest. Jetzt ist es an dir: Mach dich an die Arbeit.

Komm raus aus deiner Komfortzone

Wenn du das Wachstum erst mal hinter dir hast, findest du es großartig. Nicht so lustig kommt es dir dagegen vor, solange du noch mittendrin steckst. Wenn du von einem alten Selbst in ein neues übergehst, bekommst du Wachstumsschmerzen, und die tun weh. Neben den Triggern und womöglich aufgerührten Ängsten, neben der Einsamkeit, weil du nirgendwo mehr hinpasst, können sich alle möglichen schmerzhaften Sachen ereignen. Während des Wachstumsprozesses fühlt sich alles doof an.

Stell dir die Komfortzone, die Wachstumszone und die Überforderungszone wie drei Kreise vor, die sich überlappen.

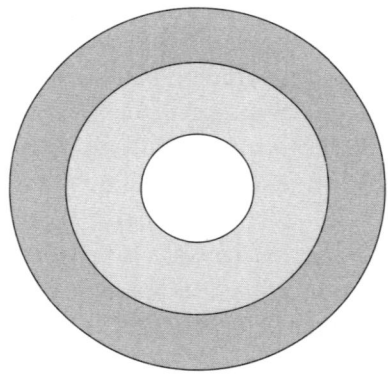

Die Komfortzone ist der Innenkreis,
um ihn herum verläuft die Wachstumszone,
den äußeren Kreis bildet die Überforderungszone.

Auch wenn Wachstum und Wandel Naturgesetze sind, müssen wir manchmal beides anstoßen, vor allem dann, wenn wir das Gefühl haben festzustecken. Mit Sicherheit ist es keine Freude, von der Komfortzone über die Wachstumszone mit einem Mal in die Überforderungszone zu wechseln. Was sich jetzt wie eine Überforderung anfühlt, ist womöglich das Ergebnis deiner speziellen Konditionierung. Wir müssen raus aus der Komfortzone, rein in die Wachstumszone und jeden Tag ein paar Schritte in die Überforderungszone wagen. Auf diese Weise erweitern wir die Komfort- und die Wachstumszone, während die Überforderungszone schrumpft. In der Psychologie nennt sich das Konfrontationstherapie. Um voranzukommen, müssen wir im Wesentlichen jeden Tag irgendwelche Sachen machen, vor denen wir Schiss haben, und wenn sie noch so klein sind. Das macht uns mutiger und bereitet uns auf das Leben vor, das wir uns wünschen.

Wenn wir über Träume und Fülle reden, muss uns klar sein, dass unsere Mission im Leben nicht einfach wird. Manchmal entwickelt sich die Superpower aus einer sehr schmerzhaften oder traumatischen Erfahrung. In diesem Fall besteht deine Superpower aus der Widerstandskraft und Schönheit, die du dir aus dieser Erfahrung geschaffen hast, und du wirst anderen helfen können, durch eine ähnliche Entwicklung zu gehen. Es könnte also passieren, dass du aufgrund deiner Mission vor allem von Menschen umgeben sein wirst, die sich in äußerst schwierigen Umständen befinden. Ich möchte einfach nicht, dass du denkst, deine Mission mit höherer Vision bedeutet, dass du die ganze Zeit auf einer rosaroten Wolke schwebst. Im Gegenteil. Viele von uns werden sich durch Traumata und schwierige Emotionen wühlen müssen; und viele werden Raum schaffen für andere, die dasselbe erfahren. Was deine besondere Mission oder deine Superpower ist, weißt nur du. Deine Mission kommt vielleicht durch ein Trauma ins Leben, und deine Bestimmung könnte es sein, die Werkzeuge, die dir bei der Bewältigung und Transformation deines Traumas geholfen haben, auch anderen zur Verfügung zu stellen. Mach dir keine Sorgen, wenn du das, was dir zugestoßen ist, selber noch nicht komplett überwunden hast; Heilung ist ein fortwährender Prozess. Der Punkt ist, dass du *genau das* teilen musst, was dir geholfen hat, einen Einblick zu gewinnen. Die Bestimmung sieht nicht für jeden und jede gleich aus. Uns muss klar sein, dass unsere Mission nicht mühelos sein wird. Manchmal ist sie sogar eine ziemliche Herausforderung, und auch das ist okay.

Sobald du ein bisschen Klarheit darüber hast, was deine Aufgabe sein wird, weißt du, dass es an der Zeit ist, deine Komfortzone allmählich zu verlassen. Denn das genau bedeutet die Wachstumszone: Wachstum. Hier werden wir herausgefordert, hier lernen wir. In der Überforderungszone wirst du dann regelrecht überbeansprucht. Hier wird es durchweg unheimlich, weil du geprüft wirst und weil von dir erwartet wird, dass du ganz anders und neu Farbe bekommst. Nach und nach lernst du, diese Zone zu meistern und dich wohler zu fühlen, wenn sie sich dir präsentiert.

Ich habe der Überforderungszone vor Kurzem einen Besuch abgestattet. Ich war in Nepal und hatte die Chance, eine alte Höhle zu besuchen, um die sich jede Menge mystische Legenden ranken. Dort hineinzugelangen war eine waghalsige Unternehmung, sie zu erkunden, noch waghalsiger. Man musste sich Spiderman-mäßig bewegen, um nicht in den Tod zu stürzen. Für mich war das der Inbegriff von Überforderungszone. Ich *entschied* mich dafür, obwohl ich schreckliche Angst hatte, und nahm das Risiko *bereitwillig* auf mich, um zu wachsen. Ich wusste, dass die Höhle mir etwas zu bieten hatte, und tatsächlich machte ich dort drinnen eine mystische Erfahrung. Die Sache war physisch, aber auch emotional gefährlich. Je tiefer ich in die Erde vordrang, desto mehr Gefühle kamen hoch. Lauter altes Zeug, das ich für längst erledigt gehalten hatte, veranstaltete einen wilden Tanz: meine Unsicherheiten, tiefe Verletztheit und Reue, das Hochstaplersyndrom, Selbstvorwürfe und Scham. Ich stellte mich allem, einer hässlichen Sache nach der anderen, und hatte die Chance, eine neue Ebene von Gewahrsein und Mitgefühl aufzudecken. Sie reichte so weit und so tief, dass ich diese Gefühle aushalten und durch mich hindurchgehen lassen konnte, ohne mich mit ihnen identifizieren zu müssen oder irgendeinen psychologischen Nachgeschmack mitzunehmen. Das alles habe ich dieser Höhle zu verdanken. Die Erfahrung werde ich so nie wieder machen können; wichtig ist nur, dass ich die Gelegenheit nutzte, als sie sich bot. Du wirst selbst merken, wann in deiner Entwicklung der Punkt kommt, an dem du den Schritt in die Überforderungszone wagen musst, um das Wachstum zu erfahren, das dort auf dich wartet. Stell es dir vor wie einen spirituellen Rasenmäher für das lästige Unkraut, das ohne dein Wissen und trotz der Arbeit, die du schon geleistet hast, gewachsen ist. Jeder Tag bietet dir deine eigene Version einer alten mystischen Höhle in Nepal und die Chance, sie zu betreten und eine Weile dort zu bleiben. Bist du bereit zu wachsen? Bist du bereit, dich in die Höhle zu wagen?

Das heißt nicht, dass du deine Bestimmung nicht auch in der Komfortzone finden kannst, aber dort wirst du sie nicht voll und ganz leben können. Damals war auch ein Freund von mir dabei, der beschloss, nicht in die Höhle zu klettern. Das war in Ordnung, es war seine Entscheidung. In dem Moment brauchte er seine Komfortzone, dort wartete schon genug Wachstum auf ihn. Aber generell bin ich der festen Überzeugung, dass wir unsere Komfortzone verlassen müssen, um unsere Bestimmung wirklich leben zu können.

Wenn ich sage, du könntest deine Bestimmung auch innerhalb deiner Komfortzone finden, dann nur, weil sie vielleicht schon direkt vor dir liegt. Du hast bloß noch nicht genau genug hingesehen. Wir müssen mit vielem experimentieren, um vom Dilettanten zur Meisterin zu werden. Und wie? Indem wir lauter verschiedene Sachen *machen*, nicht alle zur selben Zeit, aber jeweils mit einer selbstbestimmten Deadline: »Jetzt versuch ich das eine und dann das Nächste.« Tu das Schritt für Schritt, bis du gefunden hast, was dein Ding ist. In diesem Prozess, in dem wir neue Sachen ausprobieren, die uns vielleicht auch Angst machen, haut es uns ständig um, und am Ende scheitern wir sozusagen nach vorn. Es federt uns nicht mehr rückwärts, sondern nach vorn. Indem wir »unser Material testen«, also ausprobieren, was uns zur Verfügung steht, regelmäßig unsere Komfortzone verlassen, die Wachstumszone betreten und uns schließlich auch in die Überforderungszone vorwagen, lernen wir unsere Bestimmung kennen und wenden tatsächlich unsere Gaben, unsere Superpower an.

Bei diesen kleinen Schritten kommt es darauf an, dass du dich immer wieder bei dir selbst rückversicherst. Frage dich am Ende jedes Tages:

- Was habe ich heute durch den Wechsel von der Komfort- in die Wachstumszone gelernt?
- Was habe ich heute durch den Wechsel von der Wachstums- in die Überforderungszone gelernt?
- Was hilft mir dabei, nach vorn zu federn?

Wir werden viele Male hinfallen und scheitern müssen, wenn wir unseren Interessen folgen und unsere Superpower aktivieren. Wir testen gewissermaßen unser Material, in einer heiligen Höhle in Nepal oder draußen in der Welt, im realen Leben. Dabei finden wir auch das, was wir mit anderen teilen sollen. Du darfst nicht vergessen, dass sich deine Superpower womöglich hinter deinen Wunden versteckt. Eine meiner Wunden war zum Beispiel, dass ich andere und mich selbst verletzt und keine Vergebung gefunden hatte. Meine Unfähigkeit zu verzeihen brachte mich dazu, mich mit dem Thema Mitgefühl zu befassen, meinen Verstand zu schulen, zu reisen und so viel über Vergebung zu lernen. Und irgendwann war mir endlich klar: Mein Weg und ein Teil meiner Superpower als Lehrer ist es, Leuten zu zeigen, wie sie dasselbe für sich tun können.

Beim Verlassen der Höhle rutschte ich aus. Mit den Fingerspitzen streckte ich mich nach der Hand unseres Führers, und er bekam mich gerade noch zu fassen. Auch das ist eine Metapher fürs Leben. Rutschen, Fallen und Scheitern gehören zu unserer Reise. Ohne sie gibt es keine Bewegung, kein Wachstum. Als ich endlich heil und ganz aus der Höhle raus war, hatte ich ein unendlich tiefes Gefühl der Dankbarkeit fürs Leben und ein so klares Bild meiner persönlichen Bestimmung, dass – ich schwöre! – das ganze Universum darin enthalten war. Die Dämmerung brach herein, und das Erste, was ich beim Herauskommen sah, war der aufgehende Vollmond, riesig und rund. Der Führer half mir, legte mir einen goldfarbenen Schal um den Hals und flüsterte mir heilige Mantras ins Ohr. Die Umstehenden erzählten später, Vögel wären im Kreis um uns herumgeflogen. Für mich war der Vorgang eine Art Übertragung für die nächste Stufe meiner Befreiung, und ich brannte darauf, meine Erkenntnisse mit der Welt zu teilen.

Ich teile diese Geschichte mit dir nicht etwa, weil du auch nach Nepal reisen solltest, um genau dieselbe Erfahrung zu machen (sollst du nicht!), sondern weil diese Erfahrung eine so kraftvolle Metapher für das Bild von der Komfort-/Wachstums-/Überforderungszone ist und eine Lektion für das, was passieren kann, wenn wir Neues zulassen, bereit sind und uns nach innen wenden. Mystische Erfahrungen, spirituelle Übertragung und Lektionen aus der Überforderungszone erwarten dich genau da, wo du in deinem Leben gerade stehst.

Wenn du jetzt in deiner Komfortzone bist, dann empfindest du vielleicht so was wie Glück. Schließlich fühlt es sich gut an, Risiken zu vermeiden ..., bis es das nicht mehr tut, weil du feststeckst oder dich wie gelähmt fühlst, weil dein Leben stehen geblieben ist. Bequemlichkeit kann vorübergehend Freude machen, weil du keine Risiken eingegangen bist – du versteckst dich noch ein bisschen unter deiner

Schmusedecke. Vielleicht hast du zu irgendwas Nein gesagt, für das du in die Wachstumszone gemusst hättest, und bist lieber in der Komfortzone geblieben. In Wahrheit führt das aber nicht zu anhaltendem Glück.

Wir müssen aufhören, in der Analyseparalyse, im Grübeln oder Überinterpretieren stecken zu bleiben. Folge einfach dem Funken, der dich angesprungen hat. Falls es da so was gab wie einen Impuls, dann geh ihm nach. Angst ist eine natürliche Reaktion, wenn wir mutig sind – aber sie wird bald nachlassen. Das ist das Schöne am Wachsen.

Hör auf das, was dir wirklich wichtig ist. Dann weißt du auch, wofür es sich lohnt, die Komfortzone zu verlassen.

Worauf es wirklich ankommt

Wenn deine Werte nicht mit dem übereinstimmen, was du tust, verlängert das dein Leiden. Was ist dir wichtig? Kannst du die Frage beantworten? Wahrscheinlich wirst du eine Weile dafür brauchen und dich erst mal erinnern müssen, worauf es dir wirklich ankommt. Im nächsten Schritt schaust du dir dein Leben und deine täglichen Tätigkeiten an. Was ist im Einklang mit den wichtigen Sachen, und was treibt dich in einen Teufelskreis, wo du nur Kleinigkeiten, Leuten und Orten nachjagst, die dir gar nicht wirklich wichtig sind? Wenn wir unsere Werte nicht kennen, vergeuden wir bloß Zeit und Energie. Zu wissen, was du schätzt, kann dir bei deinen täglichen Entscheidungen behilflich sein. Es kann dir sogar helfen, Grenzen zu setzen. Du kannst bewusst »Nein« oder »Ja« sagen, je nachdem, ob die Person, der Ort oder die Sache zu deinem inneren Wertesystem passt. Das Treffen von Entscheidungen wird so leicht sein wie die Antwort auf die Frage: »Macht mich das frei, oder hält es mich fest? Passt es zu dem, was mir wirklich wichtig ist und wohin ich will?«

Es ist extrem wichtig, dass du deine Werte bestimmst. Ich habe 2014 ernsthaft angefangen, mir Gedanken über meine zu machen. Davor lebte ich so vor mich hin, arbeitete in der Modebranche und kümmerte mich nicht um die Sprache meines Herzens oder um das, was mir wirklich etwas bedeutete. Damals dachte ich noch, dass es mir um Ruhm und Wohlstand ginge. Ich machte mir überhaupt nicht klar, dass mir diese Werte kein anhaltendes Glück, sondern eher das Gegenteil bescheren würden. Es ging mir mies, aber ich stand so komplett neben mir, dass ich mein Elend nicht mal wahrnahm. Es war faszinierend zu sehen: Kaum beschäftigte ich mich mit Werten, stellte ich fest, dass vieles in meinem Leben gar nicht zusammenpasste. Das machte es tatsächlich leichter, den Fokus auf das zu lenken, worauf es mir wirklich ankam.

Dein Leben auf der Erde kann so viel leichter sein, wenn du deine Werte anerkennst und dann entsprechend Pläne machst und Entscheidungen triffst. Genau darum geht es hier. Werte sind ein Werkzeug, mit dessen Hilfe du dem Leben deiner Träume eine solide Grundlage geben kannst. Vielleicht lebst du so, als wäre es dir wichtig, eine Menge Geld zu verdienen, ein Haus zu besitzen und im Unternehmensumfeld zu arbeiten. Dabei bist du eigentlich gern in der Natur, möchtest eine Familie gründen und deine künstlerischen Fähigkeiten ausbauen. Viele von uns sind im Konflikt mit sich. Wir leben ein sozial akzeptables Leben, das wir gar nicht wirklich wollen oder wertschätzen. Wenn dein Alltagsleben mit deinen Werten kollidiert, kommt irgendwann der Zeitpunkt, an dem du es einfach nicht mehr aushältst und zusammenbrichst. Vielleicht hast du den Punkt ja schon längst erreicht und deshalb dieses Buch zur Hand genommen.

Was wir versuchen herzustellen, ist eine präventive, ganzheitliche Medizin, die deine inneren Werte stärkt, damit du dauerhaft glücklich sein kannst. Wenn du Klarheit über deine Werte gewinnst, wird dir auch klar, wie du sie für Entscheidungen einsetzen kannst, die ein anhaltend glückliches Leben fördern. Der Wunsch nach Geld ist da ein richtig großer Klopper. Wir jagen wie wahnsinnig dem Geld hinterher, aber wenn wir ganz ehrlich zu uns sind, will das Leben gar nicht das große Geld von uns. Und trotzdem vergeuden wir unsere kostbare Energie darauf, immer mehr davon zu kriegen, und vernachlässigen völlig die Wünsche unseres Herzens. Hey, Girl, lange Zeit war das mein Programm. Ich steckte bis oben in dieser Geldgeschichte, die sich aus dem Mangeldenken speist. Dabei zapfen unsere eigentlichen Werte eine innere Fülle an, die überhaupt nichts mit materiellem Reichtum zu tun hat.

Eine Frage, die ich meinen Schülern oft stelle, lautet: »Wie definierst du Glück?« Wir sind so konditioniert, dass wir Glück durch die Brille von ungelösten Traumata anderer und ungeprüften Glaubenssystemen sehen, von Werbung und dem ganzen Zeug, das uns die Gesellschaft als Werte einredet. Wir haben uns nie Zeit für diese Frage genommen oder sie uns noch nicht einmal gestellt.

Was Werte angeht, sind wir genauso falsch informiert worden wie in Sachen Verstandesziele versus Herzensziele. Viele von uns sind mit der Vorstellung aufgewachsen, dass materieller Besitz wichtig ist. Nachdem wir dann viele Jahre diesen Dingen hinterhergejagt sind, finden wir heraus, dass sie in Wirklichkeit gar nicht viel bedeuten. »Mein Geld und mein tolles Aussehen machen mich so glücklich«, hat noch nie einer gesagt! Also, worum geht es dir in Wahrheit?

Nimm dir Zeit und denk ernsthaft darüber nach. Lass die Antwort auf die nächsten beiden Fragen in freiem Gedankenstrom eine Viertelstunde lang aufs Papier fließen.

- Was macht dich glücklich?
- Wie definierst du Glück?

Lies es dir, wenn du fertig bist, noch mal durch. Stimmen deine Antworten überein? Passt das, was dich glücklich macht, zu deiner Definition von Glück?

Falls du glaubst, bei deiner Bestimmung ginge es um Reichtum und Macht, ist das ein Zeichen, dass dein konditionierter Verstand das Sagen hat. Glück entsteht aus dem, was du tagtäglich in Übereinstimmung mit deinen inneren Werten tust, aus den kleinen Entscheidungen, die du in jedem Moment triffst, nicht nur in Zusammenhang mit Geld und Status. So einfach ist das. Wenn du dich also von diesen Idealen geleitet fühlst, kannst du sicher sein: Das ist ein Zeichen von Schieflage.

Ein Leben mit einer höheren Vision stimmt mit unseren Werten überein. Wenn du auf Letztere eingestimmt bist, zieht es dich zu Sachen hin, die dir nicht die Gesellschaft einredet, sondern die wirklich *du* willst. Dann finden dich deine Mission und deine Bestimmung, und genauso die Menschen, die du brauchst, und die nötigen Gelegenheiten. Wenn deine Mission zu deinen Werten passt und mit dem Herzen übereinstimmt, dann lebst du ein Leben mit einer höheren Vision. Wenn meine Werte Verspieltheit, Dienst an anderen, Altruismus, Verbindung, Gemeinschaft und Freundlichkeit sind und ich mir jeden Tag den Ruck gebe, rauszugehen und Sachen zu machen, die mich auf diese Werte einstimmen, dann lebe ich ein zielgerichtetes Leben. Also, nimm jeden Tag die Gießkanne in die Hand und gieß die Samen, die das Leben fördern, das du dir wünschst. Hör jeden Tag auf den erwachten Teil in dir. Bemüh dich jeden Tag, deine Essenz aufzudecken.

Das Schöne und Magische daran ist, dass du dann alle, mit denen du in Kontakt kommst, damit ansteckst. Dann können auch sie glauben, dass sie etwas ganz Besonderes sind. Wenn du in Übereinstimmung mit dir lebst, sendest du deinem Umfeld eine Botschaft. Das hat unglaubliche Power.

Manchmal ist es so einfach, eine Wirkung zu erzielen: Dein Leben braucht nur als Beispiel und als Inspiration für andere zu dienen. Hast du dich je durch die Begegnung mit jemandem inspiriert gefühlt, dein Leben mit dem ganzen Alltag zu ändern und einen neuen Vibe zu leben? Glaub mir, genau das wirst du für jemanden sein. Oder du bist es schon längst.

Kläre deine Werte

Markiere die Werte, die du gern pflegen möchtest. Wenn dir auf der Liste noch was fehlt, kannst du es gern dazuschreiben.

Umgangsformen	Geduld	Aufrichtigkeit
Freundlichkeit	Rücksichtnahme	Gesundheit
Konzentration	Kreativität	Freundschaft
Kooperation	Hilfsbereitschaft	positive Einstellung
Ehrlichkeit	Vergebung	globale Verantwortung
Verantwortung	Selbstakzeptanz	Entschlossenheit
Großzügigkeit	Loyalität	Unabhängigkeit
Selbstdisziplin	Fairness	Mitgefühl
Öffentliches Engagement	Ausdauer	Dankbarkeit
Vertrauen	Toleranz	Gerechtigkeit
Mut	Zufriedenheit	Reflexion
Dienst an anderen	Respekt	_____
_____	_____	_____

Die Funktion von Freude

Freude ist von entscheidender Bedeutung. Vielleicht kommt es dir so vor, als würde es bei dieser Arbeit nur um Disziplin und nicht um Spaß gehen, aber das ist eine Lüge. Freude ist einer der Schlüssel zu einem Leben mit einer höheren Vision, das ohne extreme Höhen und Tiefen auskommt, dafür aber einen fröhlichen kreativen Grundton hat. Dein Leben, in dem wir akzeptieren, dass wir manchmal scheitern, zugleich aber wissen, dass wir vorwärtsfallen. Ein Leben mit einer höheren Vision ist ein zielgerichtetes Leben. Wenn wir der Welt etwas zurückgeben und zielgerichtet leben können, dann ist immer Freude mit im Spiel. Schließlich dauert die Reise ein Leben lang. Deine Mission ist womöglich schmerzhaft, aber auch darin kann Freude liegen. Viele der Reinigungsschritte, durch die ich dich in diesem Buch führe, machen zwar nicht unbedingt Spaß, aber Freude ist etwas anderes als Spaß. Freude ist der Grundton. Wenn du deine Werte, deine Bestimmung und Mission lebst, ist Freude unvermeidbar.

Hast du eine spielerische Grundeinstellung? Wenn du über dich selbst lachen kannst, ist Freude auch in harten Zeiten möglich. Verspieltheit, Lachen, Tanzen, Singen – das alles ist ein mit Freude verbundener Ausdruck des Erwachens. Wenn du dir erlaubst, lustig und doof zu sein, ist das ein Mittel zum Erwachen. Damit meine ich nicht das Überspielen von Gefühlen oder Emotionen mit Humor oder Sarkasmus, sondern: Du tust deine Arbeit und lässt dabei Freude und Ausgelassenheit aufsteigen.

Wenn wir tanzen, sind wir in Ekstase. Im Tanz drückt sich mein strahlendes Herz aus. Das ist die neue, ungeglättete Spiritualität: Fröhlichkeit, Spiel, Kreativität, Lachen und Tanzen. Wir bringen Freude in die Welt und verschönern sie mit einem Lächeln, einem Tanz, einem Lachen.

Glück, zum Ausfüllen

Beende folgende Sätze – sie werden dich zu deiner Gabe, deinem Lebenszweck und deiner Mission führen.

Am lebendigsten fühle ich mich, wenn ich _kreiere_

Glück fühlt sich an wie _Konfektiregen_

Am verbundensten fühle ich mich, wenn ich _Ruhe Gabe & deep talk führe_

Am meisten fühle ich mich in Übereinstimmung mit meinem Traum, wenn ich _meinen Tag selbst gestalten kann_

Am sichersten fühle ich mich, wenn ich _Bang Zeit Freunde um mich habe_

Am lebendigsten fühle ich mich, wenn ich zusammen bin mit _____

Übereinstimmung fühlt sich an wie _Wahrheit_

Ich tue, was mir am wichtigsten ist, wenn ich _mich um mich kümmere (Sport, Lebenspflege)_

Mit meiner Bestimmung bin ich verbunden, wenn ich _vorankomme, Erfolg in Kreativem habe_

Am besten fühle ich mich, wenn ich _alleine ruhe_

Meine Bestimmung fühlt sich an wie _göttliche Fahrng_

Mit meinem Herzen fühle ich mich verbunden, wenn ich _mich damit verbinde_

Am meisten im Flow fühle ich mich, wenn ich _mich am Wasser_

Im-Flow-Sein sieht aus wie _____

Wenn ich in meiner Power bin, tue ich Folgendes: _Dinge voran treiben_

So richtig leidenschaftlich bin ich, wenn ich _einfach mache_

Leidenschaft fühlt sich an wie _____

Wenn ich meine Gaben weitergebe, tue ich Folgendes:

_____

Nutze deine Superkräfte

Das Wichtigste überhaupt im Leben ist die Anwendung der eigenen Gaben. Das ist der Grund, aus dem du hier bist, und hat oberste Priorität! Wie du weißt, ist deine Bestimmung verbunden mit und abhängig von vielen Faktoren: Zum einen musst du so weit erwacht sein, dass du eine Herzverbindung herstellen kannst, du musst nach deinen Werten leben, etwas zurückgeben und mit anderen teilen. Aber was sollst du teilen und wie? Und kostet es dich etwas, wenn du deine Gaben nicht teilst? Allerdings! Was wäre, wenn du dann noch mal herkommen und von vorne anfangen müsstest?

Lass es uns durch die Brille der Liebe betrachten. Liebe geht am besten, wenn man sie zeigt und ausdrückt. Du kannst Liebe nicht studieren. Liebe ist nichts Theoretisches. Liebe ist nur dann sinnvoll, wenn sie zum Wohl anderer gezeigt und genutzt wird. Dasselbe gilt für deine Superkräfte: Sie müssen geteilt werden, um voll und ganz verwirklicht werden zu können. Nicht teilen heißt nicht vorwärtskommen. Nicht teilen heißt stecken bleiben, in der Komfortzone verharren. Wir teilen auch dann nicht, wenn wir intellektualisieren, was wir zu bieten haben, wenn wir spirituelles Wachstum und unser Leben intellektualisieren. Wir müssen aktiv werden – uns ins Unbekannte vorwagen, lernen, ins Tun kommen und unser Wissen mit anderen teilen.

Jeder und jede hat ein spezifisches Set an Stärken. Manchmal haben sie mit unserer Wunde zu tun. Wir überwinden sie und heilen, und gewöhnlich ist es gerade der Heilungsprozess, der unsere Superpower befeuert. Meine Stärke war die Kommunikation. Wenn ich sie mit meiner früheren Wunde (dem Nichtverzeihen) verbinde, führt mich das zur Gabe mitfühlender Kommunikation, und ich kann anderen helfen zu heilen, indem ich die Werkzeuge nutze, die mir selbst geholfen haben. Vielleicht ist einer, der eine dysfunktionale Beziehung zum Essen hatte, Ernährungsberater geworden. Oder eine andere hat ein Elternteil an Krebs verloren und wird jetzt Krebsforscherin. Wieder ein anderer hat sich sein Leben lang nach Gemeinschaft gesehnt und wird Cafébesitzer, sodass er sich eine aufbauen kann. Es wird dich deiner Bestimmung näherbringen, wenn du deine Stärke ausfindig machst und sie mit deiner Wunde verbindest. An diesem Schnittpunkt lebt deine Superpower.

Wir können unsere Stärken auch aus einem anderen Blickwinkel betrachten. Was du als deine Schwäche wahrnimmst, könnte in Wahrheit deine Stärke sein. Wenn dir dein Leben lang eingeredet wurde, du wärst »nicht gut genug«, hast du vielleicht nicht die Gelegenheit nutzen können, diesen Teil von dir zu fördern. Jetzt könntest du entdecken, dass genau er deine größte Stärke darstellt.

Weiter oben hast du die Leerstellen in einigen Fragen über das Glück ausgefüllt. Jetzt möchte ich einen Schritt weitergehen und dich bitten, dich auf deine Superpower zu fokussieren.

Superpower, zum Ausfüllen

Ich fühle mich weise, wenn _____

Ich fühle mich in Übereinstimmung, wenn_____

_____

Ich habe eine natürliche Begabung für _____

Leute, die mir nahestehen, geben mir dieses übereinstimmende Feedback: _____

Ich bin gut in _____

Die Leute sagen mir, dass ich gut bin in_____

Ich fühle mich in meinem Element, wenn ich _____

_____

Ich habe das Gefühl, etwas Wertvolles anzubieten, wenn ich _____

Am natürlichsten fühle ich mich, wenn ich _____

Am meisten ich selbst fühle ich mich, wenn ich _____

Ich habe das Gefühl, wirklich jemandem zu helfen, wenn ich _____

Außerdem möchte ich, dass du dir überlegst, wovor du vor allem Angst hast. Um unsere besondere Gabe zu erkennen, müssen wir uns genau dieser Angst stellen und mutig unsere Komfortzone verlassen. Hier eine weitere Liste. Vielleicht findest du angebliche Schwächen, die dich anfunkeln und darum bitten, Mut aufzubringen und sie zu erforschen.

Meine Hauptarbeit, zum Ausfüllen

Als Kind hatte ich immer zu kämpfen mit _____

Bei der Arbeit habe ich zu kämpfen mit _____

In persönlichen Beziehungen kämpfe ich mit _____

Ich war noch nie gut in _____

Als Kind hieß es immer: »du wirst nie« oder »du kannst nicht«, wenn es darum ging, _____

Was ich noch nie gemacht habe, aber immer schon mal ausprobieren wollte, ist _____

Ich wünschte, ich könnte _____

Ich bewundere Leute, die _____

Ich möchte, dass man sich an mich erinnert wegen ____

Wenn Geld kein Thema wäre, dann würde ich _____

Wenn ich den Mut hätte, dann würde ich _____

Visualisiere deinen Traum,
angereichert mit einer höheren Vision
Schließe für 10 bis 15 Minuten die Augen und visualisiere
dich in dem Leben, das du dir wünschst und in dem du die
ganzen positiven Veränderungen verwirklicht hast, die du
dir vorgenommen hattest. Spüre, wie es ist, in dieser Wirklichkeit zu leben. Wer ist bei dir? Wo bist du? Was tust du gerade? Wie fühlst du dich? Geh so weit wie möglich ins Detail.
Führe dich durch deinen eigenen Traum. Nimm die Gerüche,
Farben und Strukturen auf.

Viel Spaß.

Finde jederzeit Zugang zu dem Selbst
mit der höheren Vision
Schreib auf, was sich bei deiner Visualisierung gezeigt hat.
Konzentriere dich dabei darauf, wie es sich angefühlt hat, die
beste Version von dir zu sein. Wie fühlst du dich jetzt? Was
muss sich ändern, damit du dich so fühlen kannst wie bei der
Visualisierung? Entscheidend ist es, wirklich zu *fühlen*, was
du möchtest. *Fühlen* wir uns erst mal anders, so, als würde
sich unser Leben ändern, dann verhalten wir uns auch bald
anders. Genau wie bei der Intention ist das Einschwingen
aufs Gefühl supermächtig. Wie fühle ich mich? Diesen
Selbstcheck kannst du jederzeit anwenden. Wenn du dich
nicht so fühlst wie in deiner Visualisierung, dann lass dir das
ein Warnsignal sein: Irgendeine Korrektur ist fällig. Du hast
jederzeit Zugang zu einem neuen Bewusstseinszustand.

Dein Jahresleitbild
Du weißt jetzt schon viel über das, was nötig ist, um ein zielgerichtetes Leben zu führen und deine Lebensaufgabe um-
zusetzen. Es ist an der Zeit, die Fäden aufzunehmen und
dein eigenes Leitbild zu erstellen. Jedes Unternehmen hat

eins. Du bist dein eigener CEO. Wofür stehst du? Da es schwer ist, das fürs ganze Leben zu bestimmen, fangen wir einfach mit dem nächsten Jahr an. Was wird deine Aufgabe im nächsten Jahr? Nimm deinen Mut zusammen. Das Leitbild muss dich motivieren und dich in deiner jetzigen Wirklichkeit fordern. Du musst dran glauben, du hast das volle Potenzial dazu. Nimm dir Stift und Papier und beantworte folgende Fragen:

Schritt 1: Werde verdammt spezifisch. Was möchtest du im nächsten Jahr erreichen? Warum? Wie wird es andere unterstützen?

Schritt 2: Schreib dir das Datum auf (heute in einem Jahr), bis zu dem du deine Mission erfüllt haben wirst, und markiere es.

Schritt 3: Was wirst du aufgeben müssen, um deine Mission bis zu diesem Datum erfüllen zu können?

Schritt 4: Mach einen Plan, damit du erreichst, was du möchtest.

Schritt 5: Verbinde deine Antworten zu den Schritten 1 bis 4 mit ein paar Sätzen. Zum Beispiel: »Ich werde im nächsten Jahr als Gesundheitscoach arbeiten. Um die Zulassungskurse bezahlen zu können, kündige ich meinen Kabelvertrag, und ich setze wöchentlich meine körperliche und geistige Gesundheit an vorderste Stelle.«

Jetzt hast du dein Leitbild. Kleb dir Post-its an Stellen, die du morgens nach dem Aufwachen und abends vor dem Schlafengehen siehst (zum Beispiel an den Badezimmerspiegel).
Wir können unsere Mission/unser Ziel wie ein Mantra an-

wenden. Damit senden wir unseren Genen das Signal, dass das Ganze ungefährlich ist. Es fühlt sich vielleicht beängstigend an, aber wir müssen so tun, als ob, bis wir die Angst überwunden haben. Sende deinem ganzen Selbst das Signal, dass die auf dein Ziel ausgerichtete Arbeit keine Gefahr für dich bedeutet.

Es ist eine Übung. Tu so, »als ob«: Visualisiere beim Lesen deines Leitbilds, dass du es bereits erreicht hast und in dieser Welt lebst. Du kannst es dir auch aufschreiben und in der Tasche oder im Portemonnaie immer bei dir tragen. Ein Schüler von mir hat einen Screenshot von seinem Leitbild aufgenommen und verwendet es als Hintergrundbild. Ab jetzt kannst du es als Werkzeug nutzen, wenn du dich unsicher fühlst oder verwirrt bist.

Real, aber nicht wahr

Jeder und jede von uns ist unter ganz unterschiedlichen Lebensumständen groß geworden. Vielleicht wurdest du in irgendwelche Konflikte hineingeboren, hast schon früh im Leben Traumata erlebt oder bist unter besonders schwierigen Bedingungen aufgewachsen. Deine Lebensumstände unterscheiden sich von meinen. Wir haben unterschiedlichen Scheiß abzuarbeiten, sind aber alle hier, um genau das zu tun. Auch wenn du dich davor drückst, ist er da und wartet auf dich. Was uns alle gleich macht und ja irgendwie auch schön und positiv ist: Keiner von uns hat ein Geheimrezept fürs Leben. Wir sind alle hier mit unserer Verwirrung im Kopf und dürfen zusammen unseren Weg finden. Egal, was deine Umstände sind, egal, wer du bist oder wo du lebst, du kannst frei sein.

Jeder Mensch erfährt Leid, egal, um wen es sich handelt. Aber es gibt einen Ausweg: Wir können frei sein. Ich weiß, dass das fast unmöglich scheint. *Frei.* Was für ein Anspruch! Kannst du glücklich sein? Allerdings! Deine Träume können sich bewahrheiten, egal, wer du bist oder woher du kommst, egal, ob du 30 Tage oder 30 Jahre von deinem Ziel entfernt bist. Du kannst es schaffen. Ein lautes JA gegen alle deine Zweifel. Die Antwort lautet *ja.*

Die Haltung gegenüber dem eigenen Potenzial ist geprägt von einer Konditionierung, die uns einschränkt. Wir dürfen nicht vergessen, dass ein unverarbeitetes Trauma und neurotische Gewohnheiten wie Scheuklappen wirken. Wo du gewesen bist und was du durchgemacht hast, definiert dich nicht. Auch deine derzeitigen Umstände definieren dich nicht. Du kannst dich an jedem einzelnen Tag neu entscheiden, einen Schritt nach vorn zu tun. Das ist Freiheit. Du kannst dir eingestehen, dass du an dem Ort, an dem du gerade bist, nicht wirklich bleiben möchtest, und tagtäglich kleine Schritte tun – und das ist Freiheit. »Mir ist bewusst, dass die Situation beschissen ist, aber ich werde dieser Scheißgeschichte nicht noch mehr Scheiß hinzufügen. Ich entscheide mich, vorwärtszugehen.« Fang da an, wo du jetzt stehst.

Wenn du regelmäßig Zurückweisung erfährst, weil du einfach nur bist, wer du bist, dann denk dran: Leute fügen anderen Leid zu, weil sie selber leiden. Natürlich ändert das nichts an der Tatsache, dass dich jemand beschimpft hat, gewalttätig geworden ist oder dir seelischen Schmerz zugefügt hat. Aber es gibt dir persönlich die Verantwortung, vorwärtszugehen. Du kannst dich entscheiden, vorwärtszugehen und dem Idioten zu vergeben, so schwer das auch sein mag. *Du* hast es in der Hand. Deine Fähigkeit zu verzeihen und vorwärtszugehen macht dich frei. Das hat nichts mit Passivität zu tun! Im Gegenteil, es ist ein kraftvoller Akt persönlicher Power und Freiheit.

Wenn du einen menschlichen Körper hast, kannst du frei sein. Das dürfen wir nicht vergessen, wenn wir an Geschichten festhängen, die uns in unserem Potenzial einschränken. Allerdings, Schätzchen: Dein Potenzial ist nicht durch äußere Umstände bestimmt. Wir laufen in der Überzeugung durch die Gegend, unsere Umstände wären die wahren Gradmesser für die Qualität unserer inneren Landschaft, dabei ist es genau umgekehrt. Natürlich können deine äußeren Umstände behindernd wirken; sicher, sie können dich auf reale, frustrierende Weise zurückhalten. Trotzdem können wir anerkennen, dass unsere Umstände zwar objektiv real, aber nicht *wahr* sind. Bist du von Suchtkranken, negativen Leuten oder Getratsche umgeben oder lebst du in Armut, dann sind das verdammt reale Einschränkungen. »Ich habe reale Einschränkungen!«, sagst du. Ja, sie sind real, sie stellen deine derzeitige Erfahrung dar, aber trotzdem sind sie nicht *wahr*, weil sie nicht für immer anhalten und nicht definieren, wer du bist.

Die Wahrnehmung unserer Umstände ist durch unverarbeitetes Trauma gefiltert und bedingt, und zwar durch unser eigenes und das von früheren Generationen. Das ist harter Stoff. Falls du es mit Dingen zu tun hast, die du als äußere Einschränkungen wahrnimmst – vielleicht hast du einen Job, der dir nicht genug Geld einbringt, um auf dein Ziel hin zu sparen oder einen Kurs zu belegen; vielleicht möchtest du ein eigenes Unternehmen gründen, bist aber in einem gewerblichen Job gefangen und lebst von Monatsgehalt zu Monatsgehalt; vielleicht sind Therapie und Selbsthilfe ein Luxus, den du dir nicht leisten zu können meinst – das ist zwar alles real, aber nicht wahr. Wenn wir diesen Sachen eine Wahrheit zusprechen, die sie an sich gar nicht beinhalten, klingt es nur, als würden wir uns rausreden wollen.

Es geht darum, realistisch zu sein, und das könnte sich durchaus wie liebevolle Strenge anfühlen. Ich kann gar nicht zählen, wie oft ich Leute sagen höre: »Ich kann nicht gesund essen, das ist zu teuer« oder »Zeit zum Meditieren hab ich nicht«. Die Leute haben wirklich die kreativsten Ausreden parat! Frag dich selber: Willst du 75 Jahre am Stück immer im selben Film leben? Willst du so leben, als wäre das Leben nichts weiter als eine Generalprobe? Willst du dich weiter beschissen fühlen? Willst du zulassen, dass deine äußeren Umstände die Qualität deiner inneren Landschaft bestimmen? Oder möchtest du, dass deine innere Landschaft die äußere beeinflusst? Möchtest du frei sein? Wie sehr sehnst du dich danach?

Die Umstände können nur so real sein wie die Stärke unserer Konditionierung. Je mehr wir mithilfe von Übungen, wie du sie hier im Buch findest, unsere Konditionierung verringern, desto mehr lösen wir unsere verdrehte und überladene Wahrnehmung davon auf, was an uns real und was wahr ist, und erkennen überall unser Potenzial. Desto mehr sehen wir, wie Licht durch unsere Gebrochenheit scheint, und begreifen, dass wir selbst unter den schwierigsten Umständen erfinderisch sein und irgendwas Gutes auf die Beine stellen können.

Oft sind die erfinderischsten Menschen die, die gar nichts haben. Es geht nur darum zu wissen, dass es – ganz egal, was du gerade erlebst – auf keinen Fall die Qualität deines Lebens bestimmt. Es braucht noch nicht mal die Qualität deines heutigen Tages – oder der Woche, des Monats, des Jahres – zu bestimmen. Wir denken gern, dass das, was wir gerade vor uns haben, oder das Leben, das wir gerade leben, ein echter Gradmesser dafür wäre, wie der Rest unseres Lebens aussehen wird. Dabei vergessen wir aber ein Naturgesetz des Universums: Nichts ist von Dauer. An deiner inneren Freiheit allerdings kannst du immer arbeiten. Das ist das Allerwichtigste, und noch dazu steht es voll und ganz in deiner Macht.

Du bist nicht jedermanns Sache

Beim Durcharbeiten der einzelnen Schritte in diesem Buch wächst du unweigerlich, was wiederum unweigerlich dazu führt, dass sich einige Menschen in deinem Umfeld unwohl fühlen. Dabei zuzusehen, wie Leute ihr Glück finden, während du irgendwo stecken bleibst, macht nie Spaß, daher möchte ich dich auf diese Realität vorbereiten. Es ist völlig in Ordnung, getrennte Wege zu gehen, wenn es jemandem nicht passt, dass du dein bestmögliches Leben lebst.

Leute, die ausflippen, weil du deine Wahrheit lebst, gehören womöglich nicht zu denen, die du in deinem Traum visualisiert hast. Tatsächlich werden auch deine Beziehungen stimmiger, je mehr du in Übereinstimmung mit dir lebst. Manche Menschen, mit denen du früher gerne zu tun hattest, passen jetzt nicht mehr. Und neue, eher auf eine höhere Vision ausgerichtete Leute werden wichtiger für dich. Das ist gut so und gehört zum Wachstum dazu. Und genauso, wie du nicht jedermanns Sache bist, sind auch nicht alle Leute deine Sache. Manche werden sich, genau wie manche Sachen und Verhaltensweisen, erledigen und Platz für ein ausgelasseneres Leben schaffen.

Vielleicht ist es jetzt Zeit, eine bestimmte Situation, Gruppe oder Gemeinschaft zu verlassen. Was »verlassen« dann genau heißt, ist deine Sache. Vielleicht energetisch, das heißt, du hältst dich eine Weile fern von einer bestimmten Szene oder löschst Leute in deinen sozialen Netzwerken. Vielleicht auch mit einem tatsächlichen physischen Umzug. Vielleicht musst du den Job wechseln oder klarere Grenzen in deinem Leben ziehen. Egal, was es ist: Du bestimmst, wie du dein neues Leben förderst und stärkst, vor allem, weil du mental immer gefestigter wirst. Du weißt, dass es Zeit ist zu gehen, wenn die Leute in deiner Umgebung komplett feststecken. Arbeite mit dem Leben, das du hast, und fang klein an – kleine Pausen können extrem wirksam sein. Sobald du deine inneren Ressourcen aufgefüllt hast, kannst du wieder zurückkommen und dein Material weiter testen.

Eins garantiere ich dir, Schätzchen: Wenn du deinen sensationell-spirituellen Weg lebst, wirst du zum Katalysator für das Erwachen anderer. Manche inspirierst du und andere, die für einen Wandel nicht bereit sind, machst du eifersüchtig. Und wieder andere bringst du dazu, sich ihren Scheiß anzuschauen. Aber bilde dir bloß nichts darauf ein. Sobald du aufhörst, eine Zündholzschachtel zu sein, und zur Flamme wirst, werden die Leute nicht mehr wissen, was sie mit dir anfangen sollen. Mit dir, mit deiner Liebe und deinem Glauben an dich, mit deinem vollen Regenbogensein und deinem frechen Ich. Sei dir sicher, dass sich Leute, die noch feststecken, davon getriggert fühlen werden. Nimm es nicht persönlich. Lass dein freches, freimütiges Ich einfach eine Einladung für sie sein, ebenfalls frech und freimütig zu sein.

Der Weg mag sich eine Weile einsam anfühlen, aber dein Leben wird sich mit Sicherheit um dein neues Ich herum neu ausrichten. Hältst du mit deinen Gaben weiter hinterm Berg, wirst du nur umso einsamer. Hör auf, die Magie in dir zu verstecken. Hör auf, dein freches Ich zu verstecken. Am Ende wird dich deine neue Familie finden. Erst durch deine ganz spezielle Magie, dein Regenbogensein und deinen Mut können wir einander sehen und finden.

Am Anfang meiner Reise war ich so aufgeregt über das, was ich lernte, dass ich dachte, jeder und jede um mich herum wäre bereit für die Art von Verpflichtungen, Eiden und Veränderungen, die ich einging. Aber auf die meisten traf das nicht zu. Die meisten Menschen, denen wir auf unserem Weg begegnen, kennen ihr Herz nicht wirklich; sie sind vielleicht so sehr in ihrem inneren Chaos gefangen, dass sie dir an deinem neuen Ort gar nicht begegnen können. Ihre Arbeit kannst du nicht für sie erledigen. Deine Aufgabe ist es, dich selbst zu nähren und zu wissen, dass genau so, wie du nach deiner neuen Familie suchst, auch sie nach dir Ausschau hält. Je mehr du an dir selber arbeitest, desto bessere Voraussetzungen schaffst du dafür, dass dein äußeres Leben mit der Person übereinstimmt, die du im Innern bist.

Immer häufiger wirst du Momente vollständiger Verbindung erleben. Du bekommst eine Ahnung, dass es etwas gibt, das viel größer und stärker ist als alles, was sich mit Sprache beschreiben lässt.

Wenn du dann »bye-bye, Girl« zu deinem vergangenen Leben sagst, heißt das noch lange nicht, dass es endgültig vorbei wäre. So läuft das nicht. Vergiss nicht: Wir haben uns jahrelang mit unserem Geist, Körper und unseren Worten zugemüllt. Jahrelang haben wir uns gefesselt und vor unserem spirituellen Herzen versteckt. Also geht das nicht so einfach nach dem Motto: »Ich ziehe aus, gehe fort, wechsle den Job, trenne mich, sage Tschüss zu meinem alten Leben, lasse alle und alles hinter mir.« Das klingt zwar nett, aber du hast, wie gesagt, diese Samen über lange Zeit selber gegossen, also werden sie ab und zu auch noch mal aufgehen und blühen.

Es ist zwar unmöglich, die Vergangenheit und unsere alten Denkmuster völlig auszuradieren, aber wir können unsere Beziehung zu ihnen umgestalten. Wie lautet meine Antwort, wenn irgendwas Beschissenes passiert? »Lass mal sehen, hier wartet eine Lektion auf mich.« Alles bietet die Chance auf eine Lektion und einen Segen, Schätzchen. Das ist das Leben. Wir werden besser im Hinfallen und Gleich-wieder-verfickt-noch-mal-Aufstehen. Vielleicht hast du dir den Absatz abgebrochen, aber weißt du was? Du hast Klebeband in der Tasche! Kleb den Scheiß zusammen und geh weiter. Steh auf. Arbeite, arbeite, arbeite. Diene anderen. The show must go on, Schätzchen. Was anderes gibt es nicht.

Es ist nicht so, dass du dich auf den spirituellen Weg machst, und das war's. Wir haben einen Haufen Arbeit vor uns, und auch die alten Samen werden weiter aufgehen. Wenn das passiert, haben wir die Wahl. Du hast immer die Wahl, Schätzchen. Wir müssen ständig Entscheidungen treffen, Augenblick für Augenblick.

8

Hab keine Angst davor, großartig zu sein

Schritt 6: Glaube daran, dass du großartig bist.

Das Rezept kennst du bereits, also los jetzt, ab in die Küche! Das sollte doch nicht so schwer sein, oder? Na ja, wir wissen, dass das nicht stimmt und dass es von Moment zu Moment Gewahrsein und kluge Entscheidungen braucht. Außerdem können wir nur erfolgreich sein, wenn wir auch dran *glauben*. Über negative Selbstgespräche und einschränkende Selbstüberzeugungen haben wir schon gesprochen. Es gibt aber noch andere hintergründige Ängste, die sich erst rühren, wenn wir Fortschritte machen. Die Angst vor Erfolg und finanziellem Gewinn, die Angst davor, nicht gut genug zu sein, Angst vor der eigenen Ausstrahlung – sie alle tauchen auf dem Weg auf, und wir brauchen Werkzeuge, um sie zu verstehen. Selbstzweifel, Unsicherheit und sozialer Vergleich sind Traumkiller und führen zu Untätigkeit. Jetzt haben wir schon so viel Arbeit hinter uns, Schätzchen. Wir haben die Geschichte von deinem Leben neu geschrieben, deine Mission und deinen Traum herausgearbeitet. Du hast dich visualisiert, wie du ihn lebst. Was steht dir also noch im Weg? Oft ist die Angst, dass wir tatsächlich erreichen könnten, was wir uns vorgenommen haben, das hartnäckigste Hindernis vor dem Ziel. Diese Angst kann sehr alt sein und sich auf hinterhältigste Weise manifestieren. Zum Beispiel als Impuls, eine Gelegenheit auszuschlagen oder den eigenen Lohnsatz aus Angst vor Fülle zu niedrig anzusetzen. Als Eifersuchtsgefühl gegenüber einer anderen Person mit Ausstrahlung oder als Lähmungsgefühl, wenn es darum geht, aktiv zu werden. Während wir uns diese Angsterscheinungen genauer ansehen, stelle ich dir Werkzeuge zur Verfügung, mit deren Hilfe du deine Ziele und Träume trotzdem weiterverfolgen kannst.

Die Welt braucht deine Ausstrahlung

»Du bist mir too much!« »Du bist verrückt!« »Du bist ja völlig ausgetickt!« »Du bist mir zu schrill!« Du bist viel zu … und überhaupt. Weißt du was? Es wird Zeit, diesen ganzen Geschichten *Verpisst euch!* zuzurufen. Nur dann wirst du keine Angst mehr davor haben, unglaublich zu sein.

Wenn du dich hell leuchtend zeigst, beleuchtest du auch für andere den Weg. Meinst du, dein strahlendes Licht würde nur für dich leuchten? Aber nicht doch, Schätzchen. Deine Unglaublichkeit, dein Mut, dein Besonderssein, dein freches Ich helfen nicht nur dir, buuuh, buuh! Du erleuchtest damit für uns alle die Brücke.

Wir durchlaufen unsere Höhen und Tiefen, sind mal im Licht und mal im Dunkeln. Aber manchmal sind wir mehr im Licht als im Dunkeln, weil wir schon an uns gearbeitet haben. Dann können wir die Ernte unserer rechtschaffenen Mühen einfahren und draußen in der Welt unser Material testen.

Je mehr du im Licht stehst, desto mehr bist du in deinem Herzen. Je mehr du in deiner Großartigkeit bist, zu deinem Besonderssein stehst, desto heller strahlst du. Und genau das brauchen wir: dein strahlendes Sein, das den weiteren Weg beleuchtet! Wir brauchen dich, weil so viele Menschen in der Dunkelheit verwurzelt sind. Dabei verstehe ich Dunkelheit nicht negativ, sondern nur als Verwirrung und Selbsttäuschung. Wir sind abhängig von Menschen, die im Herzen wohnen, mit der Kraft ihres Herzens übereinstimmen und tief in ihrer wahren Essenz verwurzelt sind, die wach sind und so mutig, dass sie für den Rest von uns hell leuchten können. Natürlich sieht dein Weg anders aus als der von anderen. Aber stell dir vor, wir suchen im Wald nach ein und derselben Lichtung. Viele Wege führen dorthin. Wenn du dir selbst den Weg leuchtest, zeigst du ihn zugleich auch anderen.

Alle Wege führen zu der Lichtung. Alle Wege führen zu vollständigem Erwachen und vollkommener Freiheit. Aber dafür brauchen wir dich hell leuchtend, klar? Das heißt zugleich, dass du immer mehr Zeit in der Wachstums- und Überwältigungszone verbringst. Und wenn ab und zu noch kleine Restkonditionierungsblumen in deinem Kopf aufblühen, fragst du dich, wie das eigentlich passieren kann, wo du doch so heiter und hell strahlst.

Angst, die große Lehrerin

Wenn du eine Vision hast und dich auf einen klaren Weg fokussierst, taucht auch schon die Angst auf und versucht, dich vor Gefahren zu schützen. Die Angst wird im Reptiliengehirn erzeugt, das wirklich glaubt, ein Ungeheuer versucht dich im Dschungel zu töten. Also schickt es selbst an einem ganz normalen Tag, an dem dein Leben alles andere als in Gefahr ist, Angstsignale durch deinen Körper. Das Gehirn hat bei der

Evolution nicht mitgehalten – es versucht, dich am Leben zu halten und vor einer Bedrohung durch Löwen und Tiger und Ähnlichem zu bewahren.

Wenn du also größere Sachen angehst, die dir ein bisschen Angst einjagen, mischt sich gleich das Reptiliengehirn ein und fragt: »Bist du dir sicher?!« »Ist das auch ungefährlich?!« In diesem Fall ist die Angst einfach das Signal dafür, dass dein Status quo infrage gestellt wird, und dein System flippt aus. »Aber Veränderung ist unheimlich! Wir könnten ja alles verlieren! Wir könnten scheitern!« Angst schreit diesen Mist im Hintergrund, während du dich wacker an deinen Fortschritten versuchst. Und wenn du nicht weise genug bist, um den Unterschied zwischen einem echten Löwen und einem Löwen zu erkennen, den nur dein Gehirn erfunden hat, triffst du womöglich Entscheidungen aus Angst, statt dich weiter in Richtung deines Traums zu bewegen. Danke deiner Angst, dass sie dich wissen lässt, was dir wichtig ist. Beachte, wie sie sich zeigt, wenn du dich ernsthaft für etwas interessierst. Versuche festzustellen, wann das passiert, und danke ihr im Stillen für die Information.

Stell dir vor, du würdest die Angst nicht bekämpfen, wenn sie auftaucht. Stattdessen fragst du sie: »Was'n los, Bitch, willste mit mir tanzen?« Du kennst das Spiel und fällst nicht drauf rein; du hast die Kontrolle. Du hast keine Angst mehr vor der Angst. Sie zeigt dir einfach nur an, dass du gerade am Hochleveln bist. Die Angst lässt dich wissen, dass du der Megaboss bist, der sich nicht fürchtet, die Komfortzone zu verlassen. Die Angst sagt dir nur: »Hallo, Schätzchen. Willkommen im sensationell-spirituellen Club der Megabosse.« Klopft die Angst nicht bei dir an, wenn du deine Übungen machst, immer heller leuchtest, vorangehst und weiter an dir arbeitest, dann steckst du einfach zu tief in der Komfortzone. Irgendein Scheiß wird garantiert hochkommen. Wenn nicht, machst du irgendwas falsch.

Angst kann sich als Hochstaplersyndrom äußern, als Gefühl, ein Betrüger oder nicht zugehörig zu sein, und als Zweifel, ob du verdienst, wo du gerade stehst. Die Erfahrung kennen wir alle. Ich erzähle mal von einer, die ich gemacht habe. An meinem 27. Geburtstag traf ich einen meiner spirituellen Lehrer in Nepal. Bei einem 30-Tage-Meditationsretreat hatte ich als einer von fünf Teilnehmenden die Ehre, diesem Lama zu begegnen. Während ich im Vorzimmer wartete, war meine Aufregung unter einem Haufen von Angst und Selbstzweifeln begraben. Ich konnte nur noch daran denken, wie er mich als Betrüger entlarven würde. Dass ich seiner Aufmerksamkeit nicht würdig wäre. Er würde meine Zerrissenheit spüren und mich wegschicken. Ich traf ihn noch drei weitere Male in der folgenden Woche, jedes Mal mit dem Gedanken, dass ich seiner nicht würdig wäre. Dabei lief in Wirklichkeit alles gut – mehr als gut sogar. Die Angst teilte mir bloß mit, dass ich meine Komfortzone verlassen hatte.

Ich wünschte, ich könnte sagen, dass dieser Moment, in dem ich mich so unwürdig gefühlt hatte, ein einmaliges Ereignis gewesen wäre, ausgelöst durch die überwältigende Begegnung mit einem spirituellen Meister. Aber Gefühle von Ehrfurcht und Dankbarkeit sind bei vielen großen Anlässen in meinem Leben unter einem riesigen dampfenden Misthaufen aus Selbstkritik begraben gewesen. Statt meine Reise zu genießen, listet mein Kopf sofort alle Beweise auf, die er finden kann, um mir zu zeigen, dass ich nicht gut genug bin. Und wenn es keine Beweise gibt, dann denkt er sich welche aus! Kommt dir das bekannt vor?

Wir müssen die Angst immer wieder outen mit einem: »Bitch, ich sehe dich. Mir geht's gut.« Beschwichtige sie, sag ihr, dass du okay bist. Da ist kein Löwe. Und wende dich wieder deiner Arbeit zu. Wir dürfen nicht vergessen, dass sich Angst und Unsicherheit immer wie die echte Wirklichkeit anfühlen, auch wenn dem nicht so ist. Manche unserer Gedanken und Gefühle verhelfen uns zu mehr Fülle und Vertrauen, noch häufiger bremsen sie uns aber aus, es sei denn, wir haben unsere Arbeit gemacht.

Angst ist nie deine Gesamterfahrung. Es ist immer nur der eine ängstliche Teil von dir. *Du* bist nicht die Angst. Du hast keine Angst. Es ist nichts weiter als ein alter karmischer Samen, der gerade aufgeht und dich bittet, den Keim zu beachten und zu jäten. Du brauchst ihn nicht deine ganze Erfahrung in Anspruch nehmen zu lassen. Geh in den Garten, reiß ihn raus und komm zurück. Halte dich nicht zu lange mit ihm auf.

Jedes Mal, wenn ich ein ängstliches karmisches Pflänzchen überwunden habe, achte ich darauf, allen Lebewesen dasselbe zu wünschen. Das ist eine starke Übung, die mir hilft, nicht zu vergessen, dass es nicht nur um mich geht. Versuche, jedes Mal, wenn du es schaffst, eine Angst zu überwinden und eine Ebene weiterzukommen, allen Lebewesen ein Geschenk zu machen: »Mögen sich alle Lebewesen, die gerade Angst erleben, wieder mit ihrer inneren Weisheit und Stärke verbinden.« Bleib, wenn möglich, nicht auf dich fixiert. Wünsche, während du die übrigen Blockaden im Kopf überwindest, allen anderen Lebewesen dasselbe. »Ich wünsche allen Lebewesen, dass sie _____ überwinden mögen.« In dieser Gabe steckt Fülle. Großzügigkeit ist eine natürliche Neigung. Anderen Gutes zu wünschen verbindet dich auf wunderschöne Weise wieder mit dem Naturgesetz der Fülle.

Überwinde deine Angst, großartig zu sein

Zweifel, Unsicherheit, Angst, Scham und mangelnde Selbstachtung – das kann alles wiederkommen und versuchen, dich von einem Richtungswechsel zu überzeugen oder auszubremsen. Wenn wir die Angst davor, großartig zu sein, überwinden wollen, kostet das jede Menge innere Kämpfe. Aber wir können lernen, ein paar von den Gedankenmustern zu erkennen und zu stoppen, bevor sie uns aus dem gegenwärtigen Augenblick herausreißen und in unsere alten Gefühle zurückfallen lassen.

Der indische buddhistische Philosoph Nagarjuna, der im 2. Jahrhundert u. Z. lebte, arbeitete acht spezifische Denkmuster aus, nach denen wir Ausschau halten müssen, wenn wir diese Angst zu überwinden beginnen. Sie werden auch die acht weltlichen Belange genannt.[1] Ihnen zufolge sind wir in diesem Teufelskreis gefangen. Wir versuchen, vier von ihnen – Glück, Ruhm, Lob und Gewinn – zu erlangen, und tun alles, was in unserer Macht steht, um vor den anderen vier – Leid, Bedeutungslosigkeit, Tadel und Verlust – davonzulaufen. Solange wir keine verlässliche Verbindung zu unserem erwachten Herzen entwickeln und auch nicht die nötigen Werkzeuge, mit denen wir es besser wissen, bleiben wir im Kampf mit uns selbst, unserem Leben und den Menschen darin gefangen. Wir halten alles fest, was wir mögen, und laufen vor dem weg, was wir nicht leiden können. Werden wir von einem dieser Extreme mitgerissen, kann das ungewollt die Samen der Verwirrung im Garten unseres Verstandes begünstigen. Zu erkennen, wie sich diese acht Muster und Tendenzen in unserem Leben manifestieren können, kann uns als Mahnung dienen und helfen, achtsam zu sein, wenn wir uns in irgendwas verstricken, unwissentlich schädliche Samen in unserem Leben fördern und unsere Großartigkeit blockieren. Lerne, sie zu beachten und anzuerkennen, und dann richte dich wieder auf dein Herz aus.

1 & 2: Glück versus Leid

Der nächste Schritt beim Aufdecken deiner eigentlichen Essenz besteht darin, das ziellose Herumgerenne loszulassen, als wärst du ein hungriges Tier, das nie genug kriegen kann. Ertappe dich, wenn du glaubst, dein Glück würde davon abhängen, dass deine Sinne ständig mit schönen Erfahrungen gefüttert werden. »Ich möchte nur schöne Sachen hören!« »Ich brauche gute Gerüche!« »Ich möchte nur schöne Sachen anfassen!« »Ich möchte nur schöne Sachen sehen!« »Ich muss mich unbedingt gut fühlen!« Wenn du einen sinnlichen Genuss nach dem anderen jagst, wirst du nie zufrieden sein. Das ist einfach nur klassisches Leid. Rennen wir ständig nur guten Gefühlen hinterher, können wir den Muskel nicht stärken, der für den Umgang mit den Unannehmlichkeiten des Lebens zuständig ist. Unannehmlichkeiten – wie Trauer, Schmerz, Verzweiflung, Traurigkeit – gehören aber ganz natürlich zum Leben dazu. Wir müssen ihnen mit Gewahrsein begegnen und können nicht vor ihnen weglaufen. Unangenehme Empfindungen sind in Ordnung oder sogar nötig. Als sensationell-spirituelle Kriegerin wirst du durch jeden Trouble stärker. Echtes Glück und Großartigkeit scheinen aus deinem erwachten Herzen und hängen nicht von äußeren Faktoren ab. Wenn du dich dabei erwischst, wie du sinnlichen Befriedigungen nachläufst, dann erinnere dich, dass echtes Glück nicht von außen kommt und du deine Großartigkeit ganz einfach üben kannst: Du brauchst nur allen Menschen zu wünschen, dass sie frei sein mögen von unstillbaren Begierden.

3 & 4: Ruhm versus Bedeutungslosigkeit

Besonders im Zeitalter von Social Media leben wir in einer ruhmbesessenen Kultur. Jeder und jede möchte irgendwas Besonderes abgeben, um ja nicht bedeutungslos zu sein. Du musst *dir selber* wichtig werden. Greif auf deine Mantras zurück und erinnere dich täglich, dass du wichtig bist, dass du es wert bist und verdienst, auf der Erde zu sein. Du tust es für deine persönliche Freiheit und nicht des Ruhms wegen.

5 & 6: Lob versus Tadel

Wie viel von dem, was du im Leben tust, machst du, weil du von anderen gelobt und anerkannt werden möchtest? Und wie viel davon machst du nur für dich? Suchst du nach Anerkennung? Bist du lobsüchtig? Und reiß dich zusammen, Schätzchen, wenn du anfängst, die Welt zu beschimpfen, weil du nicht das Lob bekommst, das du zu verdienen meinst. Hör auf herumzueiern! Wenn du merkst, dass du von Lob abhängig bist und dich nicht selber aufmuntern kannst, oder wenn du in einer Schuldzuweisungsspirale feststeckst, dann denk dran, dass das, was du tust, dem Erwachen dient und nicht irgendwelcher äußerlichen Anerkennung. Greif auf ein Mantra zurück und erinnere dich daran, dass du dir selbst vertrauen solltest, oder nimm ein paar tiefe Atemzüge und verbinde dich mit dem Teil in dir, der nie aufhört, an dich zu glauben. Erkenne dein eigenes verdammtes Selbst an!

7 & 8: Gewinn versus Verlust

Wir leben nach den kulturellen Normen sehr unglücklicher Menschen, die von ihrem frechen Herzen entfremdet sind. Wir haben gelernt zu glauben, dass mehr besser ist, ein größeres Haus zu haben besser ist und du umso glücklicher sein wirst, je mehr Besitz du anhäufst. Sachen immer gleich zu kriegen, wenn du willst, ist zum Synonym für ein glückliches Leben geworden. Und wenn du nicht kriegst, was du willst, oder verlierst, was du hattest, fühlst du dich mies. Du glaubst, dein Wert hängt von dem ab, was du vorzuzeigen hast. Vereinfache dein Leben und pflege deine besten Eigenschaften: Mitgefühl, Altruismus und Großzügigkeit. Verschenke, was du nicht brauchst. Je mehr unnützes Zeug du besitzt, desto weiter bist du von einer echten Verbindung zu anderen und zu deinem Herzen entfernt.

Mantras für den Glauben an sich selbst

An sich selbst glauben erfordert Mut. Nutze eines der hier aufgeführten Mantras oder rezitiere alle, wenn sich bei deinem Weg nach oben Angst einschleicht.

> Ich habe den Mut, um das zu bitten,
> was ich mir wünsche.
> Ich habe den Mut, meine Träume durch die Kraft
> des Wortes Wirklichkeit werden zu lassen.
> Ich habe den Mut zu Furchtlosigkeit.
> Ich habe den Mut, meine Transformation voll und
> ganz zu verwirklichen.
> Ich habe den Mut, die Menschen und
> Dinge in meinem Leben loszulassen, die meiner
> Heilung nicht förderlich sind.
> Ich habe den Mut, mich selbst so sehr zu lieben,
> dass es andere ebenfalls dazu inspiriert, sich zu lieben.
> Ich habe den Mut, jeden Tag eine neue Version
> von mir zu sein.
> Ich habe den Mut, meine Vergangenheit loszulassen.
> Ich habe den Mut, frei zu sein.

Hast du Angst vor Erfolg?

Dein Verstand belügt dich nicht unbedingt, wenn er dir Angstsignale sendet. Die eigenen Ziele und Träume zu verwirklichen bedeutet gewöhnlich, dass wir eine Lebensweise für eine andere oder den Status quo für etwas Besseres aufgeben – und Veränderung kann durchaus Angst machen. Lass uns anhand einer kurzen Nutzen-Kosten-Analyse untersuchen, was genau du aufgibst und was du gewinnst.

Denk über folgende Fragen nach oder schreib deine Antworten auf ein Extrablatt Papier.

Was muss ich aufgeben,
wenn ich mir meinen Traum erfülle?
Was verliere ich, wenn ich mir meinen Traum erfülle?
(Das sind die Kosten für deinen Traum.)

Und jetzt mach dir Gedanken über folgende Fragen:

Was passiert,
wenn ich mir meinen Traum *nicht* erfülle?
Was bekomme ich,
wenn ich mir meinen Traum erfülle?
Wird das, was ich erhalte,
die Kosten übertreffen?

Cheerleaderin von dir selbst zu sein, dich selber ständig daran zu erinnern, dass du Gesundheit, Wohlbefinden und Glück verdienst, ist ein Fulltime-Job. Auf dem Weg zu deinem Herzen kreuzen ständig kleine Schwindler auf. Eigensabotage ist so einer. Als ich zum ersten Mal in Nepal war, betrank ich mich nach meinem ersten 30-Tage-Retreat sinnlos und verirrte mich in den Straßen Kathmandus. Es grenzte an ein Wunder, dass ich weder ausgeraubt noch verletzt wurde. Eigensabotage gehörte eine ganze Weile zu meinem

Prozess dazu. Ich machte einen Schritt vorwärts und zehn Schritte zurück. Aber die Rückwärtsschritte gehören zur Reise nach vorn dazu. Sie enthalten kostbare Lektionen, wir sollten uns also nicht verurteilen. Der Saboteur stellt sich ein, sobald du dich vorwärtsbewegst und deine Ziele erreichst. Er überredet dich dazu, in alte Muster zurückzufallen und es so richtig zu vermasseln. Schlagen können wir die Saboteurin, indem wir gut scheitern: fallen, uns abstauben, vergeben und nicht zulassen, dass so ein kleiner Rückschritt zu einem bedeutungsschweren Vorfall wird. Es ist deine Entscheidung, ob du ihn als Lektion und Chance betrachtest, dir selbst zu vergeben.

Das Vergleichsspiel

Vergleiche und Konkurrenz mit anderen gelten in der buddhistischen Psychologie als Hauptursachen für Leid. Sie sind in den drei mentalen Giften Gier, Hass und Ignoranz verankert, durch die wir alle stark konditioniert sind. Eines dieser Gifte ist die Ignoranz, sie bildet die Hauptursache von Leid. Es ist verdammt ignorant von uns, wenn wir neidisch oder eifersüchtig auf jemanden reagieren, der aufblüht, statt uns von ihm inspirieren zu lassen. Ebenso ignorant ist der Gedanke, wir könnten etwas bekommen, was jemand anders hat. Jeder und jede von uns ist einmalig und auf einem unverwechselbaren eigenen Weg unterwegs. Jeder und jede bringt etwas anderes mit. Wir leiden, weil wir den Erfolg anderer durch die Brille der Ignoranz betrachten. Verblendung hat Inspiration in Eifersucht verwandelt.

Was wäre, wenn du – da wir ja doch alle miteinander verbunden und voneinander abhängig sind – über deinen Tellerrand schauen und sehen würdest, dass der Erfolg anderer dir womöglich selbst den Weg in deine Kraft ebnet? Wenn du jemanden mit etwas sehen würdest, das du dir ernsthaft wünschst, und dich von seinem Erfolg begeistern lassen würdest, statt neidisch zu sein? Der Erfolg anderer ist für dich eine Einladung, selber erfolgreich zu sein.

Erkenne, wenn Neid und Eifersucht in dir aufsteigen, und übernimm Verantwortung. Niemand anders macht dich eifersüchtig – das tust nur *du* allein. Lass solche Gefühle gehen und sieh zu, ob du dir diese Erkenntnis zur Gewohnheit machen kannst. Sei wohlwollend mit dir und wünsche dir: *Möge ich glücklich sein.*

Auch Dankbarkeit ist ein gutes Gegenmittel für Eifersucht. Das Herz der Eifersucht glaubt, du wärst nicht gut genug, und das, was du hast, wäre unzureichend. Begegne schwierigen Gefühlen mit Dankbarkeit. Schreib drei Dinge auf, für die du dankbar bist, oder sprich sie laut aus. Schick dir Liebe für all das, was du erreicht hast und was dein Leben reich macht. Hab Mitgefühl für dich und schick den Menschen Liebe, auf die du eifersüchtig warst. Wünsch ihnen ebenso Gutes wie dir selbst: *Mögest du glücklich sein.* Sich das anzugewöhnen, ist nicht leicht, aber etwas wird sich verändern, wenn du diese negative, ignorante Denkweise über die Errungenschaften anderer umwandelst.

Überwinde das Mangeldenken

Eins sollte von vornherein klar sein: Du verdienst Erfolg. Und Glück. *Erfolg* ist kein schmutziges Wort. *Geld* auch nicht. Es sind einfach nur Werkzeuge, die helfen zu handeln, frei zu leben und Dinge mit anderen zu teilen. Wir müssen aufhören, sie für schmutzige Wörter zu halten. Erfolg und Geld musst du lieben. Damit meine ich nicht, dass du Geld ausgeben sollst, das du nicht hast, oder die Karriereleiter hochklettern sollst. Sondern, dass du die emotionale Ladung von Erfolg und Geld umwandeln und ein anderes Verhältnis dazu bekommen musst.

Viele von uns haben Angst vor Erfolg und Geld, weil wir beides nie hatten oder nicht glauben, dass wir sie verdienen. Wir sprechen ihnen zu viel Macht zu, weil wir Angst haben, sie zu verlieren. Stattdessen müssen wir ihnen die Macht nehmen und sie energetisch mit Fülle, Leichtigkeit, Flow und Nützlichkeit aufladen. Geld ist einfach nur dazu da, genutzt und getauscht zu werden für Dinge, die uns auf unserem Weg behilflich sind. Geld kommt und geht, Erfolg kommt und geht. Es ist also nicht notwendig, sie so wichtig zu nehmen. Geld hat dir nie was getan! Hör auf, dich so zu benehmen, als müsstest du Angst haben davor. Behandle es lieber als etwas, das du absolut haben darfst und das dir zusteht.

Wenn wir über Mangeldenken sprechen, meinen wir, es hätte nur mit Geld zu tun, dabei steckt noch viel mehr dahinter. Es kann für alles Mögliche gelten wie Zeit, Beziehungen, Gesundheit, Intelligenz, Urteil und Willenskraft. Gehst du an irgendeinen dieser Bereiche mit dem Glauben heran, dass er eine begrenzte Ressource ist? Mangeldenken ist nichts weiter als eine Denkweise. Es gründet auf Überzeugungen und ist nichts Festes oder Dauerhaftes, sondern nur ein Konzept, das uns konditioniert hat. Und was ist das Schöne an einer Denkweise? Sie kann sich ändern. Also gewöhnen wir uns doch lieber ein Fülledenken an.

Checkliste Mangeldenken
- ☐ Du hältst Situationen für dauerhaft.
- ☐ Dein Vokabular beinhaltet jede Menge »Ich kann das nicht«, »Ich hab nicht genügend Geld«, »Ich bin nicht klug genug«, »Ich hab nicht genug Zeit«.
- ☐ Du bist total neidisch auf andere.

- Du bist eher geizig (gibst nicht gern Trinkgeld, teilst und spendest nicht gern).
- Du neigst zum Horten von dem, was du hast, und es fällt dir schwer, Dinge loszulassen.
- Du bist sehr kritisch und gibst schnell anderen die Schuld.
- Du tratschst gern.
- Du hoffst heimlich auf das Scheitern anderer.
- Du hast eine Scheißangst vor Veränderung.

Checkliste Fülledenken
- Du machst anderen oft Komplimente.
- Es fällt dir leicht zu verzeihen.
- Du wünschst anderen Erfolg.
- Du zeigst Dankbarkeit.
- Du hast Zugang zu Kreativität und eine starke Vorstellungskraft.
- Du teilst gern.
- Du begrüßt Veränderungen.

Mangeldenken gibt dir das Gefühl, nicht dazuzugehören, als wärst du immer allein, als gäbe es nicht genug Wasser, Essen, Geld oder Chancen. Es kann äußerst heimtückisch sein, sich in alle Lebensaspekte einschleichen und die Fülle blockieren. Mangeldenken ist Angst im Automatikmodus.

Im Gegensatz dazu ist Fülledenken:

Ich habe immer eine Wahl.
Ich bin dankbar.
Ich bin mir bewusst, dass alles möglich ist.
Ich konzentriere mich auf das, was funktioniert.
Ich zähle die Segensmomente in meinem Leben.

Eine Mangelheilungsmeditation

Visualisiere alle Fesseln und Ketten an deinem Herzen.

Stell dir vor, wie du dich von ihnen losreißt.

Nutze deine ganze Vorstellungskraft dazu. Fokussiere dich auf die Übung. Fängt dein Verstand an abzuschweifen, ist das okay. Hole ihn einfach wieder zurück und konzentriere dich mit ganzer Energie auf diese kraftvolle Visualisierung. Finde immer wieder zurück. Und falls Widerstand auftaucht, nimm auch ihn wahr und kehr einfach zurück zur Übung.

Wiederhole während der Visualisierung dieses Mantra:

Liebes Herz,
hilf mir, aus dem Mangel in die Fülle zu erwachen.

Kultiviere ein erfülltes Leben

Wir müssen in jedem Lebensbereich am Fülledenken arbeiten und unser Denken verändern: weg von der idiotischen Überzeugung, wir müssten Millionäre sein, hin zu dem Fokus darauf, dass wir zufrieden sein können mit dem, was wir haben. Tust du jeden Tag irgendwas für eine Denkweise, die aus der Fülle schöpft?

Die Definition von Fülle ist die Überzeugung, dass du genug hast, um es mit anderen zu teilen. Wir können es auch noch weiter aufdröseln. Anhaltendes Glück erfordert üppigen Flow in folgenden Schlüsselbereichen.

Fülle an Bildung

heißt nicht, dass du es ständig auf neue Titel oder Ausbildungen abgesehen hast, sondern einfach nur, dass du ständig weiter lernst.

Fülle an Gesundheit

bedeutet, dass dein Körper mit einer ausgewogenen Menge an physischer Aktivität aufgeladen ist.

Fülle im Zuhause

Sieht dein Zuhause üppig aus und fühlt sich auch so an? Damit meine ich keine protzigen Möbel. Ist es sauber und offen?

Fülle in Beziehungen

heißt nicht, reiche Freunde zu haben. Wenn, dann sind sie reich an Verbundenheit, Zugehörigkeit, Liebe und Großzügigkeit. Du fühlst dich gesehen und gehört.

Fülle in der Spiritualität

Verbindest du dich regelmäßig mit deinem Herzen?

Fülle in Karriere und Finanzen

Eine erfüllte Karriere nützt nicht nur dir, sondern auch anderen. Das wiederum führt zu mehr als ausreichenden Finanzen.

Wenn wir bewusst oder unbewusst kein gutes Selbstwertgefühl haben, steckt der Verstand im Mangeldenken fest, und unser dysfunktionales Verhältnis zu Geld schleicht sich auch in andere Lebensbereiche ein. In welche Lebensbereiche schummelt sich bei dir der Mangel? Schau dir alle oben aufgeführten Bereiche an. Wo nimmst du Fülle wahr und wo Mangel? Alles, was wir an einer Stelle tun, wirkt sich auch auf andere aus. Alles ist miteinander verbunden. Vielleicht läuft in manchen Bereichen alles cool, während andere deine Aufmerksamkeit brauchen.

Fülle-Affirmation

Ich bin frei von allem, was Wohlstand und Erfolg jemals unerreichbar für mich scheinen ließ.

Ich ziehe finanzielle Fülle magnetisch an, sie ist unverbrüchlich mit mir verbunden.

Alles, was ich tue, dient der Herstellung von Fülle in meinem Leben.

Geld verdienen ist so leicht und natürlich für mich wie das Atmen.

Ich begrüße Wohlstand in jeder Form.

Ich kann gut mit Geld umgehen, im Gegenzug vermehrt es sich für mich.

Ich verdiene üppigen Wohlstand.

Je mehr ich der Welt diene und meine Talente einbringe, desto mehr Geld erzeuge ich.

Ich helfe anderen gern dabei, einen Wohlstand zu erzeugen, der ihre wildesten Träume übersteigt, denn ich vertraue darauf, dass es endlosen Vorrat gibt und mehr als genug für alle da ist.

Finanzielle Unabhängigkeit ist eine Realität, die ich verdiene.

Ich teile meinen Wohlstand furchtlos im Dienst anderer. Je mehr ich gebe, desto mehr bekomme ich.

Meine finanzielle Fülle hilft mir, im Leben anderer Menschen etwas zu bewirken.

Meine Dankbarkeit für all das, was mir gegeben wurde, ist grenzenlos, und ich weiß, dass noch mehr kommen wird.

Heile dein Verhältnis zum Geld

Ich sage es noch mal, weil ich möchte, dass dir die Vorstellung oder die Sprache vertraut wird, die für manche von uns so schmutzig klingt: Du musst Geld auch mögen. Du musst begreifen, dass Geld Energie bedeutet, und Energie brauchen wir, damit wir erschaffen können, was uns bestimmt ist.

Ich hatte immer ein schreckliches Verhältnis zu Geld. Dabei dachte ich nicht nur, dass ich es nicht verdiente, sondern ich hatte auch nicht gelernt, wie man damit umgeht: wie man es spart, wie man Gewinn steigert, wie man eine Steuererklärung macht. Ich hatte von nichts eine Ahnung. Und das verschlimmerte meine Schamgefühle in Bezug auf Geld umso mehr. Am Ende wandte ich mich an einen Steuerberater, den ich gern für etwas bezahle, wovon ich selber nichts verstehe. Das ist nämlich auch so ein Problem: Dass wir nicht um Hilfe bitten und uns ganz sicher scheuen, dafür zu bezahlen; also versuchen wir, selbst Sachen zu machen, von denen wir keine Ahnung haben. Auch das zeigt die Angst vor dem Geld und ist ein Zeichen, dass wir zu sehr daran festhalten. Geld gehört zu den Dingen, die bei vielen Leuten mit viel Ballast verbunden sind. Also bitten sie nicht um Hilfe und sprechen das schmutzige Wort lieber gar nicht erst aus.

Fülle kann absolut durch die Überzeugung blockiert sein, dass du sie nicht verdienst. Vielleicht ist dir das samt der Macht, die dieser Glaube über dich hat, gar nicht bewusst. Eine weitere verbreitete Überzeugung in Zusammenhang mit Geld lautet: Reich sein ist schlecht, arm sein dagegen edel. Das müssen wir ummodeln. Womöglich fühlst du dich schuldig, hin- und hergerissen und unredlich, weil du den Wunsch nach mehr Geld und Wohlstand hast. Vielleicht beschuldigst du deine Eltern, nicht genügend Geld zu besitzen und dir nicht beigebracht zu haben, wie man auf gesunde Weise mit Geld umgeht. Wir meinen, Wohlstand sei nur was für ein paar Auserwählte und nicht für alle.

Vielleicht hast du auch gar keinen dieser einschränkenden Glaubenssätze und weißt einfach nur nicht, wo du anfangen sollst, damit du mehr Geld verdienst. Also bleibst du lieber stecken, statt dir Hilfe zu suchen. Vielleicht hast du eine Menge Geld oder kommst aus einer Familie mit Geld, schämst dich dafür oder hast sogar Schuldgefühle. Ein Riesenproblem besteht darin, dass wir eine Menge Zeit damit verbringen, über das zu reden, was nicht läuft, und zu wenig Zeit in Dankbarkeit über das, was funktioniert. Wir fokussieren uns zu sehr auf das Negative. Wenn wir uns auf die Dankbarkeit konzentrieren, lässt sie sich im Herzen nieder und hilft uns dabei, Geld magnetisch anzuziehen.

Als Beispiel möchte ich eine kleine Geschichte erzählen. Vor Kurzem traf ich einen sehr erfolgreichen Freund, der zu einer Party auf Bali wollte. Die Party kostete 25 Dollar Eintritt. Dieser Freund hat einen gewissen Hang zur Gier und eine Mangeleinstellung zum Leben: Er ist eigentlich sehr reich, wollte aber für umsonst hingehen. Wenn du jemand bist, der immer einen Preisnachlass möchte, sich irgendwo reinschmuggeln, irgendwas umsonst haben oder klauen will, dann ist Mangeldenken am Werk. Ein solches Verhalten nährt die Samen der Gier in deinem karmischen Garten, die keimen und sich schließlich zur Angst davor auswachsen, Geld auszugeben. Durch Großzügigkeit anderen gegenüber werden wir selber reich. Das ist ein Naturgesetz, genau wie die Schwerkraft.

Ich weiß, wie schwer es sein kann, in einer Welt zu leben, in der uns alles darauf konditioniert, nach Geld und Prestige zu streben. Wenn es also darum geht, Geld auszugeben, damit wir unsere Ziele erreichen – um zum Beispiel Schule, Geschäftsartikel, Steuerberatung, Ausbildung oder Zulassung zu bezahlen –, denken wir permanent so was wie: »Wie kann ich damit meine Zeit vertun, wenn es mir nicht auf der Stelle Geld einbringt?« Es geht nur, wenn wir uns für alles, was wir tun, unsere Werte vergegenwärtigen und vom Fülledenken ausgehen. Sonst bleiben wir in diesem verdammten Hamsterrad und reaktiven Zirkus stecken. Mach dir deine Werte und deine Mission bewusst. Schalte den Lärm aus und höre auf deinen inneren Kompass, auf deine innere Führung.

Ich will dir hier nichts darüber erzählen, wie du Geld für deinen Ruhestand sparen kannst oder finanziell unabhängig wirst. Das ist weder die Art von Fülle, um die es mir geht, noch verstehe ich irgendwas davon: Es gehört nicht zu meinem Vokabular. Meinst du, ich gehe irgendwann in den Ruhestand? Ha! Ich werde bis zu meinem letzten Atemzug lehren und tanzen. Was ich meine, ist ein Leben im *Jetzt*. Mir geht es darum, wie wir heute besser leben können. Wie wir einen Augenblick Klarheit gewinnen und dann den nächsten und wieder einen, also: wirklich leben. Ein Leben in Fülle hängt nur davon ab, wie wir in unserem Denken und Tun zu den Dingen stehen, die wir wollen. Teile mit anderen, sei dankbar, denk dran, dass es nichts gibt, was von Dauer ist. Und vergiss nicht: Du bist es wert.

Du bist es immer wert

Alles, was wir denken, sagen und tun, wird von Energie begleitet. Hier ein paar Möglichkeiten, wie du die tägliche Kommunikation nutzen kannst, um dein Selbstwertgefühl zu steigern. Das Setzen von Grenzen ist zum Beispiel eine der kraftvollsten Wertebotschaften. Mit einem Nein als Entscheidung, die du entsprechend deinen Werten triffst, oder als Form der Selbstwürdigung sendest du eine energetische Botschaft. Sie besagt: »Diese Person schätzt sich.« Und auf deinem weiteren Weg gehen die Leute garantiert anders mit dir um.

Eine starke Botschaft steckt auch in der Selbstbehauptung. Wenn du für dich einstehst, zeigst du anderen, wie sie dich behandeln dürfen. Vielleicht hast du mit der Tendenz zu kämpfen, dich zu schlecht für deine Arbeit bezahlen oder in einer Beziehung schlechter behandeln zu lassen, als du es wert bist. Wenn du deinen Kurs so hoch ansetzen kannst, wie du es verdienst, und in einer Beziehung kommunizieren kannst, wo deine Grenzen sind, sendest du damit eine Botschaft. Du sagst »Nein« zu einer schlechten Behandlung und »Ja« dazu, so behandelt zu werden, wie du es wert bist. Du hast in allem eine Wahl. Diese täglichen Entscheidungen beeinflussen dein Verhältnis zur Fülle – und erschaffen die nächste Version von deinem ICH!

Hier noch andere Möglichkeiten, dir und anderen eine Botschaft deines Wertseins zu senden:

- Gib anderen das Gefühl, dass sie es wert sind (biete Hilfe an, gib, teile mit ihnen, mach ihnen Komplimente).
- Versuch es mal mit einer Powerkörperhaltung: Steh und geh mit dem Herzen in Führung, aufrecht und mit den Schultern nach hinten. Achte auf deine Haltung. Wir senden mit dem Körper Signale aus. Zeig dich entschieden, wenn du einen Raum betrittst. Steh gerade, kraftvoll und mit Selbstvertrauen.

- Tanze oder übe eine andere körperliche Betätigung mit einer Intention aus. Leg einen Song auf, der dafür sorgt, dass du dich sexy fühlst. Nutze diese Bewegungspraxis, um dich mit dem Gefühl des Wertseins zu verbinden. Verkörpere es.
- Mach einen Kopfstand. Ernsthaft. Es kann auch ein Handstand sein, oder du lässt deinen Oberkörper kopfüber vom Sofa herunterhängen. Bring dich irgendwie mit dem Kopf nach unten. Damit lässt sich, wenn du das Gefühl hast festzustecken, großartig die Perspektive wechseln und die Situation buchstäblich auf den Kopf stellen, ganz egal, worum es geht.

Schließe Frieden mit dem Ehrgeiz

In spirituellen Kreisen kursiert der Mythos, nichts zu wollen wäre gleichbedeutend mit Spiritualität. Girl, du hast die Erlaubnis, alles zu wollen, was du willst. Wünsche sind die Sprache des Herzens – sie helfen uns, es zu hören. Dank unserer Wünsche sprechen unsere Träume, Ziele und Bestimmung zu uns. Was könnte daran falsch sein? Es geht nur darum, wie du zu dem stehst, was du dir im tiefsten Innern wünschst. Dein Verhältnis zu deinen größten Wünschen sollte in Liebe, nicht in Angst verankert sein. Bei deinen Intentionen kannst du dich rückversichern. Stehen uneigennützige Motive hinter ihnen, dann kannst du fröhlich jedem Wunsch nachgehen. Freude ist Ausdruck unserer tiefsten Wünsche. Ist das nicht wunderbar?

Dass spirituelle Menschen keinen Ehrgeiz haben dürfen, ist völliger Quatsch. In der heutigen Welt ist Ehrgeiz für viele von uns ein Muss. Zuerst müssen wir uns allerdings fragen: Was ist Ehrgeiz? Was ist Erfolg? Wenn es bei unserem Ehrgeiz ausschließlich um Geld und Prestige geht, weil wir meinen, sie würden uns glücklich machen, dann ist er falsch gepolt, und am Ende wartet auf uns nur Leid. Ist er von äußerer Anerkennung getrieben, von Lob und davon, dass uns alle sagen, wie toll wir sind, dann sind wir aufgeschmissen. Das ist nichts als Kopfehrgeiz. Ein Ehrgeiz mit sinnvoller Intention dagegen ist gesund und kommt von Herzen.

Kopfehrgeiz ist nichts Nachhaltiges. Die Motive dahinter sind eigennützig. Herzehrgeiz ist nachhaltig und wurzelt in uneigennützigen Motiven. Vielleicht drängt es dich nach Erfolg und Wohlstand, aber der Beweggrund ist, dass du so vielen Menschen wie möglich helfen willst. Dieser Ehrgeiz ist im Mitgefühl verankert. Du tust Dinge, weil du anderen wünschst, dass sie glücklich und frei von Schmerz sind. Was für großartige Ambitionen! Sie sind das Spielfeld für Fülle und Reichtum, Erfolg und Power, Weisheit und Freude. Wenn dein Ehrgeiz darauf beruht, etwas zurückzugeben, kann nichts und niemand dir wegnehmen, wofür du auf die Welt gekommen bist!

Fröhlicher Ehrgeiz

Stimmt dich das, was du willst, fröhlich, oder macht es dir Stress? Wenn wir angesichts unserer Träume Freude empfinden, haben wir sie ins Herz integriert. Sie vermischen sich nicht mehr mit der Angst des konditionierten Verstandes. Sie sind schon tiefer in unser Sein eingedrungen und vom Kopf ins Herz gewandert – ein Unterschied, den wir spüren können. Wir bewegen uns vom *Ich denke* zum *Ich bin*. Wir werden zum fröhlichen Ausdruck unseres Traums und sind nicht mehr das angstgetriebene Flüstern, das den Traum früher ausmachte. Habe Spaß! Lache! Lebe deinen Traum. Lass ihn von dir ausstrahlen! Lass dich von Freude erfassen. So fühlt es sich an, wenn du in Übereinstimmung mit deinem Herzen lebst.

Gleiches zieht Gleiches an

Das Kultivieren von Flow und Fülle in deinem Leben führt zu einem Fahrstuhleffekt. Je mehr du mit deinem Traum übereinstimmst und in deinem täglichen Tun Freude ausstrahlst, desto mehr ziehst du an, was du brauchst: Menschen; Gelegenheiten; neue gleichgesinnte Freunde. Das Gesetz der Fülle arbeitet in beide Richtungen. Die Menschen werden dich finden, aber auch du wirst dich immer mehr von Menschen angezogen fühlen, die schon das tun, was du gern tun würdest. Geh dem nach. Lass dich von Leuten inspirieren. Wenn Eifersucht ein Angst- und Mangeldenken in Aktion ist, dann ist Inspiration das Herz in Aktion und das Zeichen dafür, dass du deine Selbstzweifel ausgeräumt hast, dass du Frieden geschlossen hast mit deinem Traum und er von dir ausstrahlt.

Lass uns kurz auf die Vorstellung zurückkommen, dass wir mit Verträgen auf die Welt gekommen sind. Ich stelle mir Anziehung gern so vor: Wir finden ständig die Werkzeuge, die wir brauchen, und lernen die nötigen Fertigkeiten, um die Verträge zu erfüllen, mit denen wir hergekommen sind. Mit jedem erledigten Vertrag gehen wir einen neuen ein. Wir ziehen ständig die Gelegenheiten an, die wir brauchen, um unsere Verbindung zum Herzen zu stärken und qualitativ zu verbessern. Diese Chancen erscheinen in Form von Lektionen und Segensmomenten. Wir ziehen immer das an, was wir in der jeweiligen Lebensphase gerade lernen müssen. Bei jeder Gelegenheit, die sich uns bietet (egal, ob gut oder schlecht), gilt es herauszufinden, was wir durch sie lernen und wie sie uns bei der Erfüllung unseres aktuellen Vertrags helfen kann. Dir wird bewusst, was du zu lernen hast, und du wächst bei der Arbeit daran. Und mit jedem erledigten Vertrag wirst du ein Stück freier.

9

Lebe in deiner vollen Kraft

Schritt 7: Nutze, was du hast.

Du hast also gelernt, dich selbst liebevoll anzusprechen, mein Schatz. Jetzt ist es an der Zeit, dieses Mitgefühl auf alles auszuweiten, was du tust. Du bist die Botin und die Verkörperung der wunderbaren Mission, die du mit Freude erfüllen sollst. Geht es bei deiner Arbeit nur um dich, ist sie noch unvollständig. Sie fängt bei dir an und dehnt sich dann nach außen aus auf alles, was du tust und berührst. Genauso wird Selbstmitgefühl zu Mitgefühl für andere. Das Universum, das du in deinem Umfeld erschaffst, ist ein Spiegel deines Inneren.

In den vergangenen Kapiteln haben wir eine Menge innere Arbeit geleistet. Jetzt lass uns nach außen gucken und prüfen, was wir verwirklicht haben und wie wir uns auch unsere äußere Welt so einrichten können, dass sie Wohlbefinden und Gesundheit fördert.

Der größte Lehrer: Das Leben

Inzwischen ist dir klar, dass du als Mensch mit deinem Körper und deiner Erfahrung ständig an dir arbeiten musst, sonst trittst du auf der Stelle. Dir ist klar, dass die Menschen und Dinge, denen du begegnest, Chancen für dein Wachstum darstellen. Dir ist klar, dass du heil werden kannst.

Ebenso weißt du inzwischen, dass es sich, wenn wir das Leben als Ort des Mangels oder uns selbst als unwürdig, wertlos oder unzulänglich sehen, immer um Verträge oder Programme handelt, die wir hier auf der Erde erledigen und durcharbeiten sollen. Aus diesem Blickwinkel betrachtet, kann das sogar Spaß machen. Hast du ein Programm abgeschlossen, kannst du gleich das nächste anfangen. Das Leben ist das reinste Wachstumsabenteuer!

Bei diesem Abenteuer ist es wichtig, ein Team zur Hand zu haben. Wir sprachen schon davon. Deine Gemeinschaft entwickelt sich. Womöglich hat sich dein Netzwerk verändert. Es ist wichtig zu wissen, an wen du dich wenden kannst, wenn du einknickst, wer dein Cheerleader ist, wenn du mal nicht mehr an dich glaubst. Ebenso solltest du darüber nachdenken, was du deinen Leuten zu bieten hast. Der Buddha sagte zu einem seiner höchsten Schüler: »Ananda, allein die Sangha ist der Weg.«

Erinnerst du dich an meine Geschichte von der Höhle? Rate mal, wer in diesem Moment bei mir war. Meine Freunde! Für unser Wachstum brauchen wir andere Menschen. Wir brauchen einander. Dank der Kraft und Unterstützung, die mir meine Freunde schenkten, konnte ich in der Höhle meine spirituell und emotional transformierende Erfahrung machen. Nichts geht in einem Vakuum vor sich, Freunde. In gewissem Sinne sind wir nie ganz allein und auch nie ganz unabhängig.

Es ist deine Party ... wen lädst du ein?

Freunde können, so zugewandt sie sein mögen, auch Verhaftung bedeuten. Sagen wir, du bist schon eine Weile auf deinem Weg und bittest eine Freundin um Hilfe. Sie bietet dir an, mit dir auszugehen. Ihr geht also aus, betrinkt euch, nehmt Drogen. Ihr schaut euch irgendwas an, das dich von deinem Vorhaben ablenkt, oder geht zusammen essen, und du betäubst deine Gefühle damit. Das ist dann vielleicht doch nicht mehr die Art Unterstützung, die du brauchst. Vielleicht steht diese Freundin für eine alte Verhaftung, von der du dich jetzt verabschieden möchtest. Vielleicht brauchst du jetzt eher jemanden, um dich auszusprechen, zu atmen oder irgendwas zu tun, das dich an diesem Punkt in deinem Wachstum unterstützt. Vielleicht ist es jetzt Zeit, dass du deinen Freundeskreis hochlevelst und veränderst, damit er mit deinem aktuellen Standort und deinen neuen Bedürfnissen übereinstimmt.

Teste dein Material

Den Ausdruck »teste dein Material« habe ich schon verwendet. In Beziehungen kannst du deine Geisteskraft und mentalen Werkzeuge testen. Du kannst dich nicht vor der Welt schützen. Du kannst dich nicht isolieren, denn das wäre weder zukunftsfördernd, noch würde es dem sensationell-spirituellen Weg entsprechen. Um weiterzuwachsen, müssen wir uns auf andere Menschen einlassen.

Wenn du bestimmte Freundschaften pflegen möchtest, die nicht vollständig mit dem übereinstimmen, wo du sein möchtest, dann triff dich zum Mittagessen und nicht abends, wenn das dann doch nur zu Drinks führen würde. Handelt es sich um einen Freund, bei dem du weißt, dass ihr ein ungesundes Abendessen und dann noch einen Nachtisch zu euch nehmen werdet, um danach in die Bar und anschließend durch die Clubs zu ziehen, wo ihr euch die Kante gebt und bis in den Morgen Drogen nehmt, dann entscheide dich für nur eines von den Giften. Auch wenn du mit dem Rauchen aufhören willst, gibt es keinen Grund, nicht mit Rauchern befreundet zu sein. Sonst bist du bald ganz allein und gehst vor der ganzen Welt in Deckung. Das ist nicht der tantrische Weg. Du musst in dir die Stärke finden, dich noch mit anderen austauschen zu können, egal, wo sie gerade auf ihrem Weg sind. Du kannst nicht erwarten, dass andere am selben Punkt sind wie du – du musst ihnen dort begegnen, wo sie sind.

Und perfekt kann sowieso niemand sein. Statt alle Brücken hinter dir abzubrechen, kannst du dich fragen: Ist das gekonnt oder dilettantisch, wohltuend oder schädlich? Frag dich: Sind drei Gläser Wein schädlich oder wohltuend? Sind fünf Zigaretten schädlich oder wohltuend? Entscheide dich. Das Stärkende daran ist, dass du dich bewusst entscheidest und nicht unbewusst und automatisch handelst, ganz egal, welche Wahl du triffst. Zu Hause bleiben und das Leben und die Menschen vermeiden, weil sie dich triggern, ist nur spirituelle Vermeidungsstrategie. Wenn du innerlich stark genug bist, kannst du deine Entscheidungen treffen und bestehende Freundschaften weiterführen – du brauchst sie weder zu beenden noch deinen Prozess zu opfern.

Ich persönlich musste eine Weile alles hinter mir lassen. Aber dann kommt der Punkt, an dem du wieder Verbindung aufnimmst, und das ist gut so, denn, wie gesagt, du musst dein Material testen. Und denk dran, jeder Weg ist anders. Bei manchen Menschen ist das Familien- und Freundestrauma so intensiv, dass es Jahre dauern kann, bis eine Beziehung so weit repariert ist, dass sie wieder in Kontakt miteinander treten können. Du kannst Freunde und Leute, die auf die alte Art weitermachen, aber auch weiter treffen und sie von einer neuen Warte aus betrachten. Es ist ganz einfach eine Frage der Entscheidung. Statt in jedem Urlaub nach Hause zu fahren, reicht vielleicht auch einer. Oder du fährst, weil im Urlaub alle wie verrückt trinken und essen und jede Menge unkluge Sachen machen, lieber außerhalb der Urlaubszeit. Dann ist ja auch ein intensiverer Austausch möglich.

Während du versucht hast, deinen Verstand zu begreifen und herauszufinden, wer du im Herzen wirklich bist, haben sich andere dem Kreislauf aus schnellem Genuss und Schmerz (Leid) hingegeben und sind voll mit ihrem Leben beschäftigt. Sie törnen sich halt gern an (mit Klatsch, Negativität, Drogen, Alkohol, toxischen Beziehungen). Es steht dir nicht an, das zu verurteilen. Das ist unglaublich wichtig. Leute können durchaus, auch ohne dass du darüber sprichst, eine Veränderung an dir registrieren. Vielleicht merkst du, dass manche sich von *dir* getriggert fühlen. Wir wollen uns alle gut fühlen, und manchmal wirkt es wie ein Spiegel, wenn wir sehen, wie andere ihr Leben verändern. Sei mitfühlend. Beobachte, und vor allem: urteile nicht.

Dein eigenes Erwachen kannst du an den Sachen oder Situationen messen, die dich triggern. Ich fuhr zum Beispiel mehrere Jahre nicht mehr zu den Feiertagen nach Hause, sondern stattdessen zu beliebigen Zeiten im Jahr. Aber ganz egal, wann ich aufkreuzte, mein Vater warf den Grill an. Die Leute tranken und aßen Fleisch, und mein Vater bot mir beides an, obwohl er wusste, dass ich auf einem anderen Weg war. Zuerst regte ich mich unglaublich auf: »Du weißt doch, dass ich vegan lebe! Was zum Teufel soll das!« Aber mit der Zeit lernte ich meine Lektion und entwickelte Mitgefühl für ihn. Für ihn war das eine liebende Geste. Ein Weiser kann anderen einen Vertrauensbonus schenken. Niemand möchte anderen Menschen Schaden oder Leid zufügen. Wir haben alle einen natürlichen Hang zum Mitgefühl und sind im Kern mitfühlend. Wir müssen den Menschen einen Vertrauensvorschuss zugestehen und ihnen eine freundliche Absicht unterstellen. Manche loben dich, andere sehen von oben auf dich herab. Das ist in Ordnung. Es geht nicht um dich. Du kannst dich entscheiden, es nicht persönlich zu nehmen. Vergeude deine Energie nicht mit Wut und Zorn.

Gezielte Geselligkeit

Geh an die Orte, die dir spiegeln, wo du stehst und wo du gern hinmöchtest. Geh! Wenn du Freundschaften schließen und gleichgesinnte Leute treffen willst, dann geh dahin, wo du sie findest! Zeige dich. Geh ein Risiko ein. Zieh dich schön an. Erscheine mit einem wunderschönen Lächeln. Wohlriechend. Gib dir Mühe. Pass dein Äußeres deiner inneren Freiheit an. Falls du immer noch zur Happy Hour nach deiner sensationell-spirituellen Clique mit der höheren Vision suchst: Dort wirst du sie nicht finden. Hör auf, an Orten, an denen gar keine Vibes sind, nach Leuten mit höherer Vision zu suchen. Du musst dich dahin begeben, wo es diese höhere Vision gibt. Spar dir was zusammen und geh zu dem Festival, von dem du schon so lange träumst. Greif dir dein Erspartes und nimm an der Konferenz teil, zu der du so gerne wolltest. Such dir Leute an den Orten, an denen du gern gefunden werden möchtest. Ertapp dich selbst dabei, wenn du dich im »Ich finde meine Leute nie, ich bin ja so allein«-Grübeln verlierst. Du kannst dir sicher sein, dass sich solche Gedanken auf deinen inneren Garten auswirken: Sie stärken die alten Samen deines Unwürdigkeitsgefühls, von denen du dich doch befreien wolltest. Vertrau darauf, dass du die Voraussetzungen für die Entstehung wunderbarer neuer Freundschaften entwickelst. Gieß die neuen Samen, die dieses Vertrauen unterstützen.

Äußere Ablenkung, Trigger und lästige Leute wird es immer geben. Die Frage ist, ob wir uns von ihnen stören lassen.

Wir werden nicht alles, was sie sagen, persönlich nehmen. Wir werden mit den Triggern und den lästigen Leuten einen ganz neuen Tanz tanzen. Was sie sagen, spiegelt nur ihr Denken wider; wie du reagierst, ist der Spiegel von deinem.

Manche Menschen gehen deinen Weg mit, manche auch nicht. Riskiere aber nicht fünfzehn Jahre Freundschaft wegen eines Fünf-Minuten-Streits. Stell dir vor, dir geht's megagut, du bist total toll und superwach. Du bist gerade voll mit deiner höheren Vision verbunden, da kommt dir plötzlich deine Mutter entgegen, und sie weiß genau, was sie sagen muss, um dich auf die Palme zu bringen. Die Wut haut dich völlig aus den Latschen, und du denkst: »Verdammt, meine ganze Arbeit war umsonst!« Mach dir klar, dass du hingefallen bist, und reiß deinen verdammten Hintern hoch. Jedes Mal, wenn du hinfällst, hast du die Wahl. Steh. Wieder. Auf. Wenn du dich im Schmerz suhlst, weißt du, dass du noch eine Menge Arbeit vor dir hast. Kommst du wieder auf die Beine, weißt du, dass deine Arbeit Wirkung zeigt. Reiß elegant deinen Hintern hoch. Das ist sensationell spirituell. Und hab den Mut zuzugeben, dass du es vermasselt hast. Verzeih es dir.

Bist du glücklich, wenn du mit deinen Freunden zusammen bist? Fühlst du dich inspiriert? Erfüllt? Kannst du dich verletzlich zeigen? Oder stellst du fest, dass du tratschst und urteilst? Hast du eigentlich gar keine Lust, gehst aber trotzdem hin, weil du dich verpflichtet fühlst und nichts anderes kennst? Die Geistesverfassungen, die du in solchen Momenten pflegst, werden zu Eigenschaften, daher müssen wir diese Zeit kostbar nutzen und weise Entscheidungen treffen. Bei liebevollen Freundschaften und Beziehungen geht es nicht darum, wie viele Geschenke du kriegst, sondern wie ihr geistig miteinander umgeht und einander dabei unterstützt, noch unbekannte Territorien in euch zu erforschen. Falls deine inneren Qualitäten im Zusammensein mit Freunden nachlassen, solltest du eher eine Pause einlegen. Und wenn du neue Freunde suchst, dann sei dir gewiss, dass auch sie auf der Suche nach dir sind.

Die Macht eines Neins

Nein zu sagen ist nicht unhöflich. Überprüfe aber deine Intention dabei. Geht es um Selbstschutz oder um Vermeidung? Wenn du Nein sagst, um spirituell einer schwierigen inneren Herausforderung aus dem Weg zu gehen, dann ist da noch ein Stück Unsicherheit. Benenne das, was noch unausgewogen ist, prüf dich und deine Intention und sag Nein aus Selbstschutz, aber nicht aus Angst oder weil du die Situation vermeiden willst. Geht es um Selbstschutz, bist du in deiner Kraft. Geht es um Angst, kannst du dir und anderen schaden. Wenn du gut überlegt Nein sagst, erteilst du eine Lektion. Du lebst entweder mit einer höheren Vision oder mit gar keiner – dazwischen gibt es nichts. Denk drüber nach: Zeit und Energie sind schließlich unsere einzigen Ressourcen.

Geh verantwortlich mit Social Media um

Seien wir ehrlich: Die sozialen Netzwerke gehören unvermeidlich zu unserem Leben. Anhand der folgenden Punkte kannst du checken, ob du sie auf gesunde Weise nutzt oder lieber eine Pause einlegen solltest.

Zeichen dafür, dass du sie verantwortlich und zu guten Zwecken nutzt:
- Du fühlst dich durch sie inspiriert.
- Du handelst und entscheidest dich, etwas zu verändern.

- Du übernimmst Verantwortung.
- Du sagst die Wahrheit.
- Du zeigst dich verletzlich.
- Du nimmst die Dinge nicht allzu ernst.

Zeichen dafür, dass du dich nicht sensationell-spirituell, sondern toxisch in den sozialen Netzwerken bewegst:
- Du bist ständig am Vergleichen.
- Du stehst permanent im Konkurrenzkampf.
- Du schreibst gemeine Kommentare.
- Surfen laugt dich aus.
- Du wirst dabei ganz taub.
- Du lenkst dich von deinem inneren Chaos ab.
- Du folgst Inhalten, denen jeder Vibe fehlt.

Die Kraft, die im Teilen liegt

Schamgefühle und aufdringliche Gedanken lassen sich sehr wirksam beruhigen, wenn du deine Geschichte mit anderen teilst. Schau, wie die Leute auf deine radikale Ehrlichkeit reagieren. Urteilen sie oder lauschen sie andächtig? Wetten, dass du manche mit deinem Mut ansteckst und anderen damit ordentlich Angst einjagst, weil sie noch nicht so weit sind? Beides ist okay. Solange du in deiner Kraft bist, tangiert dich beides nicht. Du bist einfach du und lässt deinen Traum von dir ausstrahlen. Raum einzunehmen und als Inspiration zu dienen gehört zu deiner Mission.

Teile deine Geschichte aus der Kraft heraus. Schau dir diese beschissene Geschichte an: Was hast du aus ihr gelernt, was hast du geändert, und wer bist du jetzt? Schon das allein verleiht dir Kraft. Es ist die Grundlage für ein offenes Gespräch. Jeder hat es mit Hindernissen zu tun und wird auch weiterhin Hindernissen begegnen, aber es handelt sich um echte Menschen, die den Weg gegangen sind und es auf die andere Seite geschafft haben.

Indem du die Schlüsselmomente deines persönlichen Erwachens teilst, zeigst du den Leuten in deinem Umfeld, wo die Tür ist. Du kannst sie nicht für sie öffnen, ihnen aber die Schlüssel hinhalten, sie bis zur Tür führen und ihnen Tipps geben, wie sie aufgeht. Nur sie allein können sie öffnen und über die Schwelle treten. Du kannst niemandem außer dir selbst das Herz aufschließen. Die größte Wirkung erzielst du, wenn du anderen dabei hilfst, sich selbst zu heilen.

Findest du einen Weg, deine persönliche Befreiung auf kreative Weise mit anderen zu teilen, dann hast du es geschafft. Kreativität ist die Standardeinstellung des Herzens. Du könntest Performer sein oder Ingenieurin – jeder kann kreativ sein. Es kommt darauf an, wie du sprichst, wie du dich verhältst, wie du dich auf andere einlässt. Es gibt viele einfache Möglichkeiten, sich mitzuteilen. Etwas zu bewirken hat nichts damit zu tun, wie wir denken. Wir geben einfach nur unsere Werkzeuge weiter.

Scham-Reframing

»Ich bin ein Stück Scheiße.« »Ich verdiene es nicht, glücklich zu sein.« »Ich bin wertlos.« »Keiner liebt mich.«

Vielleicht sind dir solche Gedanken nicht fremd. Sie können auch weiterhin auftauchen. Sobald sie kommen, solltest du sie neu ausrichten, damit du dich nicht versteckst und in deinem negativen Selbstgespräch isolierst, in dem auch die Scham gedeiht. Scham ist der Glaube, dass du schlecht, unwürdig, unzulänglich, nicht gut genug bist.

Schreib drei Schamaussagen auf, die du kennst:

1. _____

2. _____

3. _____

Und jetzt formuliere diese Statements positiv um:

1. _____

2. _____

3. _____

Wenn wir diese Gefühle nicht neu ausrichten, wird sich unser Verstand immer wieder fiese massive Bestätigungen einfallen lassen. »Ja genau, ich *bin* ein Stück Scheiße!« »Ich verdiene es wirklich nicht, glücklich zu sein.« »Das stimmt: Keiner liebt mich.« Nein. Das sind Lügen, die du am besten gleich ausbremst. Reiß dich zusammen, stimm dich neu ein und erinnere dich daran, dass das nichts weiter als Kopfkino ist.

Andere Möglichkeiten, Schamgefühle ans Licht zu bringen, wären:

• Rede mit einer Freundin oder einem Geliebten darüber.
• Vertrau sie deinem Tagebuch an.

Lebe deine volle Power

Das erlaubt dir nur umso mehr Fullpower-Erfahrungen. Dabei könnten dich andere als Bedrohung wahrnehmen. Womöglich wirst du zum Trigger für sie, was aber nichts mit dir zu tun hat. Das heißt nicht, dass du keine Verantwortung für dein Handeln übernehmen müsstest, wenn du jemanden verletzt. Ganz im Gegenteil. Denk dran, dass sich, wenn du dich veränderst, auch in deinem Umfeld vieles verändert. Vielleicht musst du für andere den Raum halten; vielleicht siehst du, wie sich deine Beziehungen wandeln. Das ist alles okay. Du lebst einfach dich selbst, laut und klar. Freiheit passiert nicht in einem Vakuum. Wir sind alle miteinander verbunden, und wenn du dich befreist, hilfst du damit auch anderen in die Freiheit.

Dass deine inneren Werte mit deinem Tun übereinstimmen und du, wenn du dich auf die Welt einlässt, auf dein Herz ausgerichtet bist, kannst du hieran erkennen: Du tust es ohne jeden Nachgeschmack, Rückstand oder Würgereflex, sondern in einem Gefühl von Dankbarkeit. Neue Ideen tauchen auf, und du fühlst dich gestärkt.

Gebet für die innere Ausrichtung

Liebe Buddha-Natur,

Lieber Teil von mir, der schon erwacht ist,

Liebes Herz,

Liebes Universum,

Zeig mir, wo ich nicht ausgerichtet bin

Möge ich diese Teile in Übereinstimmung bringen

Zeig mir die Schritte, zeig mir, mit wem ich sprechen muss, was ich tun muss, was ich lesen muss, damit ich mein Leben ausrichten kann

Ich weiß, dass ich immer von genau den Menschen,
Orten und Erfahrungen geleitet bin, die ich brauche

Ich weiß, dass ich auf jedem Schritt des Weges
göttliche Führung habe

Ich gebe mich immer wieder in Ausrichtung
auf das höchste Wohl aller zu erkennen

Ich weiß, dass die wahre Ausrichtung nur einen
Atemzug, nur eine Pause von mir entfernt ist

Ich weiß, dass ich immer mit diesem Teil von mir,
meiner Buddha-Natur, dem unendlichen Potenzial
für vollständiges Erwachen verbunden bin

Ich weiß, dass dieser Teil von mir von Weisheit,
vollständiger reiner Freude, Liebe und Mitgefühl
erfüllt ist

Radikale Akzeptanz

Das ist radikales Selbstmitgefühl und radikale Selbstfürsorge
zugleich. Wenn wir radikales Selbstmitgefühl praktizieren,
akzeptieren wir, dass wir Schwächen haben, dass wir alle
schon mal Fehler gemacht haben. Aber wir erlauben diesen
Schwächen und Fehlern nicht, die Qualität unserer Tage und
unseres Lebens zu bestimmen. Das Wort *Mitgefühl* bedeutet
im Sanskrit Mitgefühl für sich selbst und für andere, im Du-
den aber steht es nur für Anteilnahme am Leid oder an der
Not anderer. Daher musste ein neuer Begriff her: *Selbstmitge-*

fühl. Die Sprache zeigt uns die Extraschicht Arbeit, die zu tun ist, damit wir auch fürsorglich und liebevoll an uns selbst denken. Mitgefühl bedeutet im Wesentlichen, dass wir uns und anderen wünschen, frei von Leid zu sein.

Selbstmitgefühl und Selbstfürsorge sind so was wie eine Pause, die du dir gönnst, wenn du dich gerade für irgendein Ereignis geißelst – wenn du dies hättest sagen oder jenes hättest tun können, wollen, sollen, wenn du Groll hegst, wenn du irgendwas bereust oder bedauerst. Die Umsetzung von radikaler Akzeptanz, radikalem Selbstmitgefühl und radikaler Selbstfürsorge bedeutet, dass du dich entscheidest, nicht an Vergangenem festzuhalten. Du erlaubst dir anzuerkennen, dass du für einen Moment Bedauern oder Reue verspürst, aber du hältst dich nicht daran fest, sondern wählst den Weg von Freiheit und Weisheit. Mit radikalem Selbstmitgefühl übergehst du die Fehler nicht einfach, die du gemacht hast. Du verpflichtest dich eher dazu, immer dann, wenn du hingefallen bist, wieder aufzustehen und für dich da zu sein. Du gibst dich deiner Befreiung hin und bist ihr verpflichtet.

Bevor wir Mitgefühl für andere entwickeln können, müssen wir es für uns selbst haben. Wenn unsere inneren Ressourcen erschöpft sind, kriegen wir vom Leid anderer überhaupt nichts mit. Wir sehen es nur als Trigger und nicht als Gelegenheit, unsere Hilfe anzubieten. Daher sind radikales Selbstmitgefühl und der Dienst an anderen zwei Seiten ein und derselben Medaille.

Radikale Selbstfürsorge

Deine Aufgabe als Mensch ist es, lösungsorientiert zu sein. Deine Aufgabe ist es, sorgfältig zu entscheiden, wie du in deinem Umfeld wirken willst. Manchmal bedeutet Selbstfürsorge, dass du in dich gehst und dich fragst: »Kann ich heute an die Öffentlichkeit?« »Kann ich heute raus und mit Leuten reden?« »Hab ich mich überhaupt im Griff, projiziere ich irgendwas auf andere oder verschaffe ich anderen Schmerz?« Das ist wichtig. Wenn du in die Welt rausgehst und deine Erfahrung mit geistiger Verblendung und negativen Emotionen färbst, dann verkriech dich lieber schnell wieder zu Hause, Schätzchen. Deine Entscheidung, zu Hause zu bleiben, ist ein Akt der Selbstfürsorge. Du stimmst dich auf dein Herz ein, erkennst, was für dich und andere das Beste ist, und handelst entsprechend.

Radikaler Dienst an anderen

Das ist der Sinn des Ganzen, hier kommt alles zusammen. Würde es dir vielleicht Spaß machen, dich in deinem Erwachen ganz allein auf der Welt wiederzufinden? Du hast den Fluss des Schmerzes durchquert, bist am anderen Ufer angelangt und ... bist da ganz alleine? Ganz schön einsame Sache und noch dazu so langweilig. Stell dir vor, du bist allein in einem Boot und siehst zu, wie alle anderen ertrinken. Du denkst: *Hahahaha, ihr seid alle da unten und leidet,* und hilfst ihnen nicht ins Boot. Anderen zu helfen gehört einfach zum Weg dazu.

Das heißt aber nicht, wie auch schon viele meiner Schüler meinten, dass das, was du tust, nicht genug wäre und noch mehr sein müsste. Das ist Quatsch. Deine Entscheidung für diese Selbstbefreiungsarbeit wirkt sich auf dein ganzes Umfeld aus. Die nächste Erkenntnis ist die, dass du der Welt etwas zurückgeben, sie verschönern MUSST. Verschönerst du dein Denken, dann verschönerst du die Welt.

Halte nicht den Drang zurück, anderen zu dienen. Willst du etwas schenken, egal, wie, dann tu es, mach das Kompliment, halte es nicht zurück. Dann kommt vielleicht der Gedanke auf: »Wow, Schenken fühlt sich ja richtig gut an.«

Du willst es also weiter tun. Das High beim Helfen gibt es wirklich. Du wirst ein bisschen high, wenn du jemandem helfen kannst. Ist dein nächster Moment aber freundlicher, friedlicher und noch präsenter, dann vertiefst du die Reinheit deiner Intention. Irgendwann schenkst du nicht mehr, um high, sondern um frei zu sein. Wenn wir von *ahimsa* oder Gewaltfreiheit reden, geht es nicht nur darum, Leuten nichts mehr reinzuwürgen, sondern darum, mit Gedanken, Worten und Taten niemandem Schaden zuzufügen.

Du musst grundsätzlich begreifen, dass du dich selbst stärkst, wenn du andere stärkst, und dir selbst hilfst, wenn du anderen hilfst. Auf der Herzensebene sind wir alle eins. Sieh andere so, als wären sie du. Gibst du die Werkzeuge weiter, die dir geholfen haben, führt das auch in dir zu mehr Heilung. Hilfst du jemandem zu vergeben, dann kannst du auch dir selbst leichter vergeben. Wir sind Spiegel, Leute! Und mal ganz egoistisch betrachtet: Helfen fühlt sich einfach gut an. Was soll daran schon verkehrt sein.

Deine frohe Mission

Wie bereits erwähnt, ist Freude die Sprache des Herzens. Wir müssen diese Sprache fließend können, damit sie unser neuer Standard wird. Ich möchte, dass du dahin kommst, wo du die Welt durch die Brille von Schönheit, Ehrfurcht und Staunen sehen kannst. Die Wirklichkeit hat in Wahrheit mit einem tiefen Gefühl von Verbundenheit zu tun, ganz einfach, weil du feststellst, dass die Qualität deiner Erfahrungen komplett von der Qualität deines Denkens und deiner Herzverbindung bestimmt wird.

Von dieser Verbindung hängt ab, wie viel Schönheit du auf

der Welt siehst, wie viel Mitgefühl du in die Welt bringst, wie viel Freude, Lachen und Spiellust du bei deinem Tanz mit der Welt erlebst. Du erkennst, wie tief wir alle miteinander verbunden sind. Wenn du also an deinen Traum, deine Mission und Bestimmung denkst, wird dir klar, dass es um viel mehr geht als nur um dich. Das führt dich zu dem Gedanken: »Ich muss Yogalehrer, Wellness-Lehrerin, Life-Coach, Wellness-Autorin werden ...« Nein. Ein so lineares Denken ist überflüssig. Du kannst Köchin sein, Schmuckdesigner, Modedesignerin, Schreiner, Bäuerin, Kellner. Du kannst alles sein, was du willst! Solange du deine Arbeit tust und dein Denken klärst, ist völlig egal, welchen verdammten Job du machst.

Es gibt keinen spirituellen Beruf, sondern nur ein spirituelles Herz. Wenn dein Herz offen ist und du mental fokussiert bist, dann wird alles, was du machst, Ausdruck dieser inneren Ausrichtung sein. Alles, was du tust und anfasst, ist heilig, und jeder, der mit dieser Tiefe in Berührung kommt, wird davon beeinflusst. Meine Definition von *Wahrheit* ist die tiefe Verbindung zum Herzen. Es ist unverkennbar, wenn jemand von diesem Ort aus agiert, der von einer höheren Vision getragen ist. Du kannst es spüren, wenn du dir ein Schmuckstück ansiehst oder ein Kleidungsstück, das mit dieser Liebe gemacht wurde, wenn du im Restaurant von einer Person bedient wirst, die dort verankert ist, oder wenn du Kunst betrachtest, einen Film schaust oder einen Song anhörst – es ist einfach unverkennbar. Du weißt, was Wahrheit ist. Dein Körper weiß, was Wahrheit ist. Egal, was du tust, du kannst dich entscheiden, es von einem uneigennützigen Standort aus tiefem Mitgefühl zu tun. Du wirst mehr Kreativität entwickeln. Und das, was du in die Welt setzt, wird auch immer mehr anderen dienen.

Jeder Mensch ist eines Lebens mit einer höheren Vision würdig. Wenn du mit einer höheren Vision lebst, hast du

Freude am Leben. Es ist komisch, aber alle meine Lehrer unterrichten mit einer gewissen Art von Humor. Selbst der Dalai Lama bringt die Leute ständig zum Lachen. An der Freude, die Menschen verbreiten, an der Tiefe ihres Lächelns kannst du messen, inwieweit sie erwacht sind. Es geht um die Energie, die sie durch ihr einfaches Da-Sein ausstrahlen. Freude ist ansteckend.

Ich hatte die seltene Chance, einer spirituellen Meisterin zu begegnen, die zwölf Jahre in einer Höhle im Himalaja gelebt hatte. Ich sagte ihr unter anderem, wie dankbar ich für ihren Lehrstil sei. Sie ermahnte mich, fröhlich zu sein und die Dinge nicht allzu ernst zu nehmen. Sie brachte uns ständig zum Lachen. Es gibt da diese sechs Pāramitās (im tibetischen Buddhismus die *sechs Tugenden*), und an dem Tag, als ich sie kennenlernte, sagte sie mir, dass es eigentlich noch eine siebte Pāramitā geben sollte: nämlich die Freude. Ist das nicht großartig? Ein Großteil des Sensationell-spirituell-Seins besteht aus Fröhlichkeit. Die sechs Grundtugenden sind: Großzügigkeit, ethische Selbstdisziplin, Geduld, Ausdauer, geistige Stabilität und Weisheit. Die siebente ist die FREUDE.

10

Die höhere Vision

Schritt 8: Lass nicht locker!

Genau wie Fitness den Körper in Form hält, ist ein inneres Work-out-Programm notwendig, um spirituell und seelisch in guter Verfassung zu bleiben. Und genau wie wir leicht die Lust verlieren, ins Fitnessstudio zu gehen, müssen wir auch hier ein System etablieren, das uns motiviert. Wir brauchen Gedächtnisstützen für das »Warum«, für die regelmäßige Praxis, und ein Hilfssystem, das für einen klaren Verstand und ein erwachtes Herz im Dienst des höchsten Gutes von allem sorgt und Ängsten keinen Vorschub leistet. In diesem Kapitel geht es um den Instandhaltungsmodus: um Fertigkeiten und eine Weisheit, auf die du immer zurückgreifen kannst.

Die vier Instandhaltungssäulen[1]

Herzlichen Glückwunsch, du hast es bis zur Instandhaltungsphase gebracht! Hier vier Grundsäulen zur spirituellen Instandhaltung: spirituelle Praxis, Flow, Work-out und Beziehungen. Wenn du dich innerlich verpflichtest, diese Bereiche zu nähren, kannst du sicher sein, dass du nicht vom Weg abkommst.

Spirituelle Praxis

Zeit zum Gärtnern im inneren Garten. Setz dich alleine hin, verbinde dich mit der Stille im Zentrum deines Seins, öffne dich für die Ruhe in deinem Herzen und hör zu! Am stärksten wirkt das in der Meditation, einer Konzentrationstechnik, mit der du die gesamte Energie des Verstandes darauf lenkst, den Atem in deinem Körper zu spüren. Wenn du merkst, dass du abgelenkt bist und mit den Gedanken abdriftest, kehr einfach immer wieder von Neuem zurück zum Atem. Nichts weiter als das! Fang mit fünf Minuten an, die du langsam steigern kannst. Wichtig ist nur, dass du jeden Tag meditierst. Mantras, Gebete und Affirmationen ergänzen die Kernarbeit. Ein konzentrierter Verstand ist ein glücklicher Verstand, und der verschafft dir direkten Zugang zum Herzen.

Flow

Beim Einsatz für deine Herzensmission geht es auch um Flow. Inzwischen weißt du, dass du deine Gaben im Kleinen und Großen weitergeben musst, was wiederum zur täglichen Instandhaltung gehört. Schaffe Platz für den Flow oder zumindest für die Suche nach dem, was dich diesem Zustand näher bringt: Erkunde deine Interessen und lerne, so viel du kannst, denn aus den Interessen entwickelt sich die Leidenschaft, die dich in ein sinnerfülltes Leben führt. Das alles ist wesentlicher Teil der Spiritualität.

Work-out

Körperliche Gesundheit fördert die geistige Gesundheit und umgekehrt. Entsprechend fördert körperliche Gesundheit den spirituellen Fortschritt. Selbstfürsorge ist, egal, in welcher Form, eine Art Fitness, ein powervoller Akt der Selbstliebe. Wenn du für dich selbst sorgst, regulierst du deine Selbstfürsorge, und der ganze Körper unterstützt deine Heilung.

Beziehungen

Verbundenheit und Zugehörigkeit sind Bedürfnisse des Herzens. Geben uns unsere Beziehungen solche Gefühle, dann sind wir auf dem richtigen Weg. Nähren dich deine Beziehungen? Spiegeln sie dir eine höhere Vision? Sieh dir deine Beziehungen an und betrachte sie als Verlängerung deines Heilungsprozesses und auch der Art und Weise, wie du etwas zurückgibst. In unseren Beziehungen können wir die Kraft erfahren, die darin steckt, Liebe zu schenken und Liebe zu bekommen; uns selbst gut zu fühlen und anderen ein gutes Gefühl zu geben; zugehörig zu sein und anderen das Gefühl von Zugehörigkeit zu schenken. Beziehungen sind so wichtig, weil wir in ihnen das Glück haben, in Liebe zu *handeln* und Ausdruck von Liebe zu *sein*.

Tagtäglich bekommen wir viele Gelegenheiten, diese Lebensbereiche zu nähren. Vertraue darauf, dass sich das Universum um den Rest kümmert, wenn du deinen Teil dazu beiträgst. Das sind Naturgesetze, so natürlich wie die Schwerkraft. Wir müssen darauf vertrauen, dass uns diese Gesetze frei machen und dass Wachstum geschieht, wenn wir unsere Arbeit tun.

Emotionales und spirituelles Work-out

Für ein emotionales und spirituelles Work-out benötigen wir wie bei jedem Trainingsplan ... einen Plan. Wie viele Tage pro Woche musst du trainieren, um gesund und fit zu bleiben? Was für Essen brauchst du dafür? Nimmst du dir jeden Tag Salat mit zur Arbeit? Machst du konsequent dreimal pro Woche Sport? Wie lautet dein emotionaler und spiritueller Work-out-Plan für den Alltag, sieben Tage die Woche? Wenn du konstanten Fortschritt möchtest, musst du eine Verpflichtung eingehen.

So ist das im realen Leben. Wir können nicht so tun, als würden wir erwachen und wären plötzlich Übermenschen, die nichts mehr tangiert. Das funktioniert leider nicht. Du bist und bleibst ein Mensch mit Emotionen, und es wird auch weiterhin Dinge geben, die dich ankotzen. Genau an dem Punkt kommt die tägliche Praxis ins Spiel. Jeder einzelne Tag ist spirituelle Praxis. Jeder einzelne Tag bietet die Möglichkeit innezuhalten, bevor die automatische Selbstbehandlung einsetzt. Und am Ende stellt sich dein Gehirn dann um. Es lernt, dass da kein Löwe ist. Aber die Richtung musst du vorgeben.

Emotionales Work-out ist dem Grundverständnis nach Vorsorge. Wir müssen uns täglich unsere inneren Welten anschauen, denn aufgrund von Gewohnheit und Konditionierung verstehen wir es nur allzu gut, die Teile von uns zu ignorieren, die wir nicht sehen können (oder wollen). Deshalb geht es beim emotionalen und spirituellen Work-out genau darum: uns um die Teile von uns selbst zu kümmern, die wir nicht sehen können.

Sonst stauen sich negative Gefühle an, Gedanken nehmen uns in Beschlag, und sobald du getriggert wirst, agierst du es blindlings aus: »Los! Mach was! Sorg dafür, dass das aufhört!« Also genehmigst du dir einen Wein und scrollst durch Social Media, um dich zu betäuben, du isst zu viel Eis oder rauchst einen Joint. So harmlos das klingen mag: Wenn du es mit der Absicht machst, Unbehagen zu vermeiden, lernt das Gehirn nicht, sich selbst zu beruhigen. Im Gegenteil, es sucht sich in dem Moment, in dem du das Signal einer Notlage erhältst, Linderung im Außen. Auf spiritueller Ebene heißt das, dass du jedes Mal, wo du blindlings reagierst, die karmischen Samen in deinem Garten förderst und ihnen die Chance gibst, dich weiterhin zu beherrschen.

Mach einen Plan

Du musst einen mentalen Plan für die Trigger, Betäubungs- und Vermeidungsstrategien machen. Denn genau das sind die Dinge, die – ausgelöst durch Gefühle des Unbehagens –

zu Abwärtsspiralen und wenig förderlichem Verhalten führen. Schreib bitte hier unten oder auf ein Extrablatt Papier deine drei Haupttrigger auf. Dabei kann es sich um Gefühle wie Traurigkeit oder Wut handeln oder um eine Situation, die dir häufig begegnet. Notier dir als Nächstes deine übliche Betäubungs- und Vermeidungsstrategie, und dann schreib auf, wozu du dich stattdessen das nächste Mal verpflichtest, wenn dieser Trigger auftaucht. Auf diese Weise werden dir deine eigenen alltäglichen Verhaltensmuster vertraut. Wenn sich dann wieder eines zeigt, bist du vorbereitet und gehst anders damit um. Und zwar so, dass es dich befreit.

Trigger: _____

Betäubungsstrategie:_____

Vermeidungsstrategie: _____

Sensationell-spirituelles Verhalten: _____

Trigger: _____

Betäubungsstrategie:_____

Vermeidungsstrategie: _____

Sensationell-spirituelles Verhalten: _____

Trigger: _____

Betäubungsstrategie:_____

Vermeidungsstrategie: _____

Sensationell-spirituelles Verhalten: _____

Tust du das oft genug, setzt du auf der körperlichen, seelischen und spirituellen Ebene einen Veränderungs- und Reinigungsprozess in Gang. Am Ende werden diese neuen mentalen Gewohnheiten in deiner DNA eingeschrieben sein, bis dahin aber kannst du jeden Tag als Chance nutzen, dein neues Werkzeug und deine neue Denkweise einzusetzen. Nimm diese Arbeit ernst. Wenn du dich tagtäglich deiner

Werte und deines Herzens versicherst, wird sie auch funktionieren.

Etabliere Stabilität im Innern

Innere Stabilität wird schließlich dein Standardmodus werden. Ob du diese Säule förderst, kannst du ganz einfach daran erkennen, wie häufig du dich innerlich oder äußerlich ablenken lässt: wie oft du zu Süßigkeiten, Zigaretten, Alkohol, Tratsch und all den Sachen greifst, die du in der Vergangenheit gemacht hast und die dich blockiert haben.

Achte darauf, wie du mit Triggern umgehst. Wenn du in der Lage bist, dich dabei zu erwischen, dass du äußeren Ereignissen die Schuld für deine innere Verfassung gibst, und stattdessen deine Aufmerksamkeit nach innen lenkst, ist das ein starkes Zeichen dafür, dass du dich auf deine komplette Befreiung zubewegst. Trigger sind Signale, die uns darauf hinweisen, wo wir Heilung benötigen.

Schnellcheck: Wie geht's mir gerade?

Ein einfaches, aber sehr wirkungsvolles Instrument ist der Selbstcheck. Er holt dich aus dem Automatikmodus und wird zum neuen Standard.

Wie geht es mir gerade auf einer Skala von 1–10?

① ② ③ ④ ⑤ ⑥ ⑦ ⑧ ⑨ ⑩
Ich fühle mich beschissen   gesund und stabil

Frag dich: Was brauche ich jetzt?
Übe, dir wirklich zuzuhören. Streng dich an und nähre auf gesunde Weise, was sich gerade im Mangel befindet. Du verdienst es. Stille deine Bedürfnisse mit Freude und liebevoller Selbstfürsorge.

Spiritualität heißt Leben

Spiritualität gibt es nicht nur in einem Yogastudio, bei einem Meditationsretreat oder Onlinekurs. Und nicht nur hier im Buch. Diese Aktivitäten bieten zwar Werkzeuge und Übungen an, aber die Next-Level-Arbeit passiert in der Welt, in deinem Alltag, wenn du es mit Widrigkeiten, Stress, schwierigen Leuten und Schmerz zu tun bekommst. Wie gehst du damit um? Wie handelst du anders? Genau darauf kommt es an, ganz egal, wie viele Retreats du besucht hast. Das Leben ist der eigentliche Lehrer, und wie du mit dem Leben umgehst, ist die spirituelle Praxis.

Manche Lehrer sagen, alle unsere Probleme würden aus der Art unserer Beziehung zu anderen entstehen. Beziehungen können Probleme verursachen, aber auch heilend wirken. Menschen machen einen Großteil deines Lebens aus, und du brauchst ein spirituelles Team wie zum Beispiel eine Sangha genauso wie Ärzte, Therapeuten und Trainer. Wer sind deine Cheerleader? Welche von deinen Freunden und Freundinnen werden dir helfen, auf dem Weg zu bleiben? Wer wird gesunde Aktivitäten mit dir betreiben?

In meinem Kernteam besteht der innere Kreis aus meiner Schwester, meinem Bruder und ein paar engen Freunden, die ich komischerweise durchs Internet kennengelernt habe, als ich verstärkt öffentlich auftrat. Das zeigt einfach, was passiert, wenn du anderen von deiner Geschichte und deinen Werkzeugen erzählst und etwas zurückgibst. Du findest deine Leute, so viel steht fest.

Die Menschen in deinem Team sind Reflektoren. Sie strahlen so hell, weil sie dir deine eigene Helligkeit reflektieren. Sie sind als deine lautesten Cheerleader und deine größten, liebevoll-strengen Fördererinnen ständig für dich da.

Das Leben schenkt uns in jedem Augenblick Gelegenheiten zum Freisein. Entscheide dich öfter für die Freiheit. Nur darum geht es. Du hast es kapiert.

Lebe jeden Tag, als wäre es dein letzter

Ich weiß, es klingt nach Klischee, aber es ist wirklich nützlich: Lebe jeden Tag so, als wäre es dein letzter. Ich sage mir
das ständig selber, weil es so ein gutes Werkzeug zum Erwachen ist. Vielleicht klingt es ein bisschen makaber, aber wir
müssen verinnerlichen, dass wir alle eines Tages sterben
werden – die Menschen, die wir lieben, die uns am nächsten
stehen, unsere Feinde und Geliebten ... jedes menschliche
Wesen, das jetzt gerade hier auf der Erde lebt, wird eines
Tages tot sein. Denk an das Erbe, das du hinterlassen möchtest. Willst du als jemand in Erinnerung bleiben, der schön in
eine Schublade passte, oder als jemand, der sich dem Leben
gestellt und andere inspiriert hat?

Deine letzte Atemmeditation

Leg dich bequem hin und schließ die Augen. Lenk deine
Aufmerksamkeit auf die Atemempfindungen. Konzentriere
dich auf diesen ganz normalen Vorgang, der dich am Leben
hält.

Visualisiere dich jetzt auf dem Sterbebett. Stell dir vor,
dass dies deine letzten Augenblicke hier auf der Erde sind,
und spür es mit allen Fasern; fühle, wie der Tod näher kommt.
Spüre den Verlust von allem, was du dir gewünscht, aber
nicht bekommen hast, von allem, was du ohne Erfolg zu erreichen versucht hast. Spüre den Tod von deinen Träumen
und allem, was du angestrebt hast. Spüre die nicht beende-
ten Gespräche. Was hättest du deiner Familie und deinen
Freunden sagen wollen oder einer Person, mit der du gestritten hast?

Bleib mit dem Gefühl verbunden, dass der Tod näher
rückt. Was hältst du immer noch zurück? Worin bist du dir
selbst gegenüber nicht ehrlich? Lass die Antworten aufsteigen. Nutze diese letzte Gelegenheit, ins Reine mit dir zu
kommen. Lass dich ganz auf dieses Gefühl ein. Worin hast du

dich selbst belogen? Wie hast du deinen eigenen Erfolg sabotiert? Lass auch hier die Antworten zu dir kommen.

Fühl die letzten Atemzüge deines kostbaren Lebens. Nimm noch einen Atemzug. Was möchtest du gern deinen Liebsten sagen? Was möchtest du dir selber sagen?

Möge dir diese Übung klarmachen, was dir in deinem Leben am wichtigsten ist. Nimm zum Abschluss der Meditation einen tiefen Atemzug, öffne die Augen und erfreue dich am Leben.

Emotionales Work-out auf Lebenszeit

Wir brauchen Mechanismen in unserer spirituellen Bauchtasche, um Gefühle und Emotionen verarbeiten zu können, sobald sie entstehen. Und denk dran: Nicht jedes Gefühl, jede Emotion und jeder Gedanke sind ein Gradmesser für die Wahrheit. Das ist nur deine Reaktion auf sie. Und deine Reaktion wiederum basiert auf der Tiefe deiner Verbindung zum Herzen.

Wenn du emotional fit bist, greifen dich die Dinge nicht mehr so an wie früher; du lässt dich nicht mehr von jedem Gedanken, jedem Gefühl, jeder Emotion und Ablenkung reinlegen. Du kannst im Innen wie im Außen gelassen und in liebevollem Gewahrsein bleiben. In diesem Gewahrsein können wir die Konditionierung, die uns sonst fest im Griff hat, mit Herz, innerer Weisheit und Licht zerstreuen und lösen.

Beim spirituellen Weg geht es nicht darum, irgendwelche Sachen zu kriegen, sondern eher darum, sie loszuwerden. Dieser Prozess erinnert uns an unsere wahre, erwachte Na-

tur, die perfekt und magisch ist. Und wenn wir erst mal
Zugang zu dieser wahren Natur haben, erwacht unser Gewahrsein, das uns erkennen lässt, dass die Dinge nicht so
sind, wie sie scheinen: Sie sind viel besser, und ihr Potenzial
ist unendlich.

Ich finde das Gelassenheitsgebet, das bei den Anonymen
Alkoholikern und in anderen Zwölf-Schritte-Programmen
zitiert wird, in seiner Essenz sehr schön. Für mich trifft es
den Kern unserer tagtäglichen Entscheidungen auf dem
Weg, in jedem Augenblick neu zu erkennen, was real ist und
was nicht. Mir hilft die folgende, leicht abgeänderte Version
sehr, daher gebe ich sie an dich weiter:

*Ich habe Frieden mit den Dingen gemacht, die ich nicht ändern
kann. Ich habe den Mut, Dinge zu ändern, die ich ändern kann, und
die Weisheit, das eine vom anderen zu unterscheiden.*

Du as fuck

Du verdienst alles, du bist der Hammer, du hast alle Werkzeuge, die du brauchst – die nötige Gemeinschaft und inneren Ressourcen, um dein absolut bestes Ich zu sein. Und ist
das gerade nicht so, vertrau drauf: Was immer noch fehlt,
wird zu dir kommen. Du bist gut genug.

Für mich ist die Verkörperung von mir *as fuck*, dass es mir
scheißegal ist. Und das meine ich im kraftvollsten, bewuss-
testen Sinne. Scheißegal heißt, aus vollem Hals »Ich bin gut
genug!« schreien. Egal, was du gerade zur Unterstützung
deiner Herzensweisheit tust, tu es laut, stolz und frech.
Scheißegal heißt nicht, dass du dich nicht für die Welt interessierst – ganz im Gegenteil. Es heißt einfach nur, dass du
dich voll und ganz darauf fokussierst, gut für dich zu sorgen.

Und das bedeutet: Du glaubst an dich, stehst für dich ein, tust und liebst, was du willst, und hängst ab, mit wem du willst. Das heißt, dass dich nicht mehr umtreibt, was andere vielleicht denken. Genau *das* ist dir scheißegal. *Das* bist einfach du *as fuck*. Was Leute von dir denken, ist ihre Sache, es hat nichts mit dir zu tun. Als ich anfing, auf Instagram meine Tanzvideos zu posten, war das für mein Ich *as fuck* ein großer Augenblick. Ich hatte solche Angst vor den Reaktionen der Leute. Würde einem spirituellen Lehrer, der doch immerzu *Namaste* sagen und Weiß tragen sollte, etwa einfallen zu tanzen? Von meiner konditionierten Warte aus entsprach Tanzen absolut nicht dem, was ich als spiritueller Lehrer tun sollte. Aber es war genau das, was ich wollte, weil ich wusste, dass ich es für mich, für mein Herz machte.

Als ich begriffen hatte, dass Tanzen für mich Reinigungspraxis im besten Sinne bedeutet, war mir auch klar, dass ich es als wichtiges Werkzeug mit anderen teilen musste. Ich hatte panische Angst vor den Reaktionen. Aber als Feedback bekam ich von Leuten zu hören, dass es sie inspirierte und ermutigte, selbst zu tanzen und freier zu werden. Wow! Tatsächlich waren viele sehr offen dafür, einen spirituellen Lehrer mal ganz anders zu erleben. Das lehrte mich, dass es Teil meiner Arbeit ist, Leuten eine andere Sichtweise zu zeigen, und Teil dessen, warum ich hier bin. Du kannst etwas anstoßen und spirituell sein, indem du einfach du selber bist.

Verkörpere die Inspirationsmeditation

Vergegenwärtige dir jemanden, der dich inspiriert, eine Person, deren Fähigkeiten du bewunderst.

Spüre die Freude darüber, wie dieses weise Wesen seine Fähigkeiten verwirklicht und verinnerlicht hat und deren Wahrheit lebt.

Jetzt stell dir dich selbst vor, wie du genau dieselben Fähigkeiten verkörperst.

Visualisiere, wie du durch die Welt gehst, wie du mit Leuten redest, wie du dich selber und die Welt siehst, sobald du die Fähigkeiten verkörperst, die du bewunderst.

Du bist zugehörig

Egal, wo du bist, mein Schatz: Du bist zugehörig. Wenn der Ort, an dem du dich befindest, nicht dem entspricht, wo du gern sein würdest, dann frage dich, was es hier zu lernen gibt, und mach einen Plan für die Zukunft, ohne dich in den Selbstzweifeln des konditionierten Verstandes zu verlieren. Wende dich an dein Herz und hör auf die Stimme, die an dich glaubt. Und denk dran: Freiheit ist, wenn du Moment für Moment weitergehst und Schritt für Schritt einen Fuß nach dem anderen setzt. Jede Entscheidung, jeder Augenblick kann dich in die Freiheit führen.

Wenn sich dann bei deinen Fortschritten die Kehrseite bemerkbar macht und die bösen Stimmen mit ihrem »Nicht genug!« kommen (und das tun sie eine ganze Weile), weißt du es besser. Das Pflegen von Gewahrsein und guten Entscheidungen ist eine lebenslange Reise, auf der du immer wieder anerkennst: *Ich bin mir dieses Gedankens bewusst, aber ich entscheide mich trotzdem weiterzugehen.* Der Muskel des Selbstvertrauens wird stärker, je weiter du wächst. Wenn ich spüre, wie das Hochstaplersyndrom näher kommt oder Zweifel sich einschleichen, wenn ich bei irgendeiner Gelegenheit das Gefühl habe: »Für wen halte ich mich eigentlich?«, dann flüstere ich mir einfach zu: *Ich bin gut genug, ich bin zugehörig,* bis die Zweiflerin in mir verstummt. Es erfordert kontinuierliche Arbeit, an dich zu glauben und auf dem Weg zu bleiben.

Meine Reise in die Zugehörigkeit und dahin, es mir scheißegal sein zu lassen, war alles andere als leicht. Ich bin in einer Familie aufgewachsen, in der es auf Konformität ankam. Alles, was dem eng definierten sozial annehmbaren und normalen Status quo nicht entsprach, war angsterregend ... und falsch. Und jetzt stell dir den kleinen Sah dort vor. Als Junge fühlte ich mich die meiste Zeit überfordert und verwirrt. Ich erinnere mich noch, wie ich alles und alle, die mich hören konnten, anflehte: »Mach mich normal, bitte, bitte, mach mich normal.«

Schaue ich zurück auf den kleinen Jungen, der sich etwas wünschte, was es gar nicht wirklich gab (Normalität), der sich nicht zugehörig und irgendwie verkehrt fühlte, dann überflutet mich eine Welle von Mitgefühl. Die Scham ist so groß, Leute. Wir müssen uns darüber im Klaren sein, dass dieses Zeug hartnäckig ist und sich immer wieder einzuschleichen versucht. Deshalb müssen wir klug sein und Nein sagen zu den ganzen Geschichten, die uns einreden wollen, wir wären »nicht gut genug«, »nicht zugehörig« oder »verkehrt«. Nichts könnte weiter weg von der Wahrheit sein.

Ich weiß, dass viele von euch wissen, was ich meine. Jeder und jede von uns hätte da eine eigene Geschichte zu erzählen. Ich suchte verzweifelt nach Zugehörigkeit, wusste aber noch nicht, dass ich keine äußere Anerkennung brauchte, sondern dieses Gefühl in mir selbst finden musste, um mich in meinem eigenen Körper zu Hause und entspannt zu fühlen. Deshalb ist ja spirituelle Arbeit so transformativ. Wenn du lernst, dass dein Herz der Ort ist, an dem du schon immer zugehörig warst, und dass du dort ein echtes Zuhause findest, ändert sich alles. Wenn du lernst, dass hier keine Gefahren lauern und du dich langsam in deinem Körper zu Hause fühlst, dann erkennst du auch, dass du tatsächlich hier auf der Erde zugehörig bist; wir sind in dieser menschlichen Erfahrung zugehörig und tief miteinander verbunden.

Mithilfe der Eselsbrücke BELONG, dem englischen Wort für Zugehörigkeit, kannst du dir ein gutes Rezept vergegen-

wärtigen. Wiederhole die Affirmationen immer dann, wenn
du eine Auffrischung brauchst:

B Beherzt – *Ich verlasse den Bereich meiner Konditionie-
rung und akzeptiere mich selbst beherzt.*
E Einfach – *Es ist ganz einfach, an mich zu glauben und
mich zu lieben.*
L Legendär – *Ich bin mir meines Potenzials bewusst;
ich bin legendär.*
O Offen – *Mein Herz ist offen; zu zeigen, wer ich bin, heilt
mich und dich.*
N Nährend – *Ich gehe nährend mit mir um.*
G Gut – *Ich bin von Natur aus gut.*

Wenn du dich abgeschnitten fühlst, ist allein schon die Tatsache, dass du es bemerkst, ein riesiger Fortschritt auf dem
spirituellen Weg. Dein Herz stupst dich immer wieder an,
damit du dich mit ihm verbindest. Fühlst du dich gelangweilt, einsam oder blockiert, kannst du lernen, dich nicht mit
diesen Gefühlszuständen zu identifizieren, sondern sie als
Anstupser des Herzens zu sehen: Sie geben dir den Mut, zu
handeln und dein Leben zu ändern. Schon allein die Tatsache, dass du die Gefühle bemerkst und dich nicht von ihnen überwältigen lässt, zeigt deine Zugehörigkeit. In dem
Augenblick, in dem du dir bewusst wirst, dass die Gefühle
vergehen und nicht du selbst sind, berührst du die Zugehörigkeit. Du spürst den Drang des Herzens; folge ihm, trau
ihm.

Du hast alles, was du brauchst
Vielleicht fragst du dich immer noch: »Bin ich gut genug?
Hab ich das Zeug dazu? Verdiene ich die Dinge, die ich mir
wünsche? Bin ich es wert?« Aber weißt du was? Das ist einfach nur der konditionierte Verstand, der den ganzen Tag vor

sich hin quatscht. Du brauchst nicht in jedes seiner Selbstgespräche einzusteigen. Deine Aufgabe besteht darin, zu beobachten und dich zu entscheiden, jeden Tag und jeden Augenblick von Neuem, und Ja zu deinem Ich zu sagen. *Ja, ich bin gut genug. Ja, ich bin gut. Ja, ich bin genug. Ja, ich verdiene es. Ja, ich bin es wert.* Genau das macht die Arbeit aus, Schätzchen. An jedem Tag, in jedem Augenblick. Es geht darum, tagein, tagaus für das einzustehen, was echt ist an dir, und den Teil von dir zu bewohnen, der immer frei ist, den Teil, der Liebe *ist.* Dann bildet Freude den Ausgangspunkt in deinem Leben, und du kannst auch anderen dazu verhelfen.

Mögen dir alle Übungen und alle Weisheit in diesem Buch auf deinem Weg in die Freiheit dienlich sein. Mögest du Freude erwecken. Mögest du frei sein. Mögest du zum Nutzen anderer arbeiten.

Freiheit ist machbar, mein Schatz.

11
Weitere Meditationen, Gebete und Mantras für deine Reise

Herzlichen Glückwunsch, Schätzchen. Ich bin sehr stolz auf dich: Du hast bis zum Ende des Buches durchgehalten. Du hast hart gearbeitet und jede Menge Fortschritte gemacht. Wenn du jetzt einen anhaltenden Erfolg möchtest, musst du regelmäßig üben. Ich habe hier ein paar meiner liebsten (und effektivsten) Meditationen, Mantras und Gebete aufgeführt. Bediene dich, sooft du magst. Viel Spaß! Ich liebe dich.

Urschrei

Es ist nicht dasselbe, ob du jemanden anschreist, weil du wütend bist, oder ob du schreist, um Frust loszuwerden. Letzteres ist ein heilsamer Vorgang, weil er Gedanken und Gefühle in Bewegung setzt, die in dir gefangen waren. Er ist vor allem nützlich, wenn du irgendwo festhängst, und kann ab und an dazu dienen, aufgestaute Emotionen aus dem Körper herauszulassen. Die Urschrei-Therapie (oder Primärtherapie) ist tatsächlich eine Psychotherapieform zur Angst-, Trauma- und Stressbehandlung.

Hol tief Luft und lass mit dem Ausatmen einen wirklich kräftigen Schrei los. Wiederhole das dreimal.

Gebet zur Stärkung der eigenen Bestimmung (nach Shantideva[1])

Diesen Text lese ich ziemlich häufig. Er bietet eine großartige Möglichkeit, sich mit der eigenen Bestimmung zu verbinden. Lies ihn, sooft du kannst. Versuche, dieses Gebet in deine tägliche Praxis zu integrieren. Es bringt uns das höchste Ziel in Erinnerung.

> Möge ich jetzt und für immer ein Beschützer sein für diejenigen, die Schutz brauchen, ein Führer für Menschen, die die Orientierung verloren haben, ein Boot für diejenigen, die Ozeane zu überqueren haben, eine Brücke für die, die Flüsse passieren müssen, Zuflucht für Menschen in Gefahr, eine Lampe in der Dunkelheit, Asyl für Obdachlose, ein Diener für die Bedürftigen, so lange der Raum fortbesteht und Lebewesen existieren. Möge ich bis dahin fortbestehen, um das Elend auf der Welt zu vertreiben.

Tantrische buddhistische Mantras

Diese Mantras sind extrem wirksam. Wenn sie keine direkte Resonanz bei dir auslösen, dann passen sie jetzt nicht, und du lässt sie beiseite. Vielleicht kannst du es später noch mal versuchen.

Achtung: Das Aufsagen dieser Mantras wirkt, wie wenn du den Finger in eine Steckdose steckst. Es kann seltsame Dinge auslösen. Geh achtsam und verantwortungsvoll damit um.

Mantra des Medizin-Buddha

Ziel dieses Mantras ist es, körperliche Erkrankungen zu heilen. Du kannst es auf verschiedene Weisen nutzen. Zum einen kannst du es 108-mal für dich wiederholen. Oder du wiederholst es 108-mal über einem Glas Wasser, das du dann entweder jemandem zu trinken gibst, der krank ist, oder selber trinkst.

Tayatha om bekandze bekandze maha bekandze radza samud-gate soha.

Und so kannst du es aussprechen: Teya-ta om bekan-dze bekan-dze maha bekan-dze samu-gate so-ha.

Manjushri-Mantra

Wenn du dieses Mantra chantest, förderst du Weisheit und einen starken Geist. Nutze es zur Etablierung der in diesem Buch gelernten Fertigkeiten.

Om Am Rah Pa Tsa Na Dhi

Und so sprichst du es aus: Om a ra pa dza na di.

Wiederhole es 108-mal am Tag, und zwar immer dann, wenn du Hilfe brauchst, um bestimmte Dinge zu lernen oder klar und weise zu erkennen.

Vajrasattva-Mantra

Das ist eines der kraftvollsten und am schnellsten wirkenden Mantras, denen ich bislang begegnet bin. Vor Kurzem wurde ich in Nepal darin initiiert. Es ist eine karmische Reinigung im Schnellverfahren, was aber auch heißt, dass bei jedem Chanten alles, was du gerade verarbeitest, ans Tageslicht muss. Sei also gefasst auf eine Entschlackung.

Om vajrasattva hum.

Und hier die Aussprache: Om vajra-sat-fa hum.

Chante es 28-mal am Tag.

Ich chante es täglich vor dem Einschlafen. Dieses Mantra reinigt uns von allem Ungesunden, was wir über den Tag mit Geist, Körper und Rede angestellt haben. So setzt es sich nicht fest, und wir nehmen es nicht in den nächsten Tag mit.

Mantra der Grünen Tara

Dies ist eines meiner Lieblingsmantras und ein enorm starker Herzensanker für mich. Ich sage es mir im Verlauf des Tages ständig im Kopf auf. Ich habe mir die Grüne Tara, die göttliche Verkörperung des universellen Mitgefühls, der Erleuchtung und der tugendhaften Leistungen, sogar auf den linken Arm tätowieren lassen.

Om tare tutare ture soha

Und hier die Aussprache: Om ta-re tu-tare tu-re so-ha.

Dieses Mantra hat vielfachen Nutzen und verschiedene Übersetzungen. Hier eine, die ich besonders mag:

Mögen alle Wesen überall frei sein von mentalem und körperlichem Leid und all seinen Ursachen, und mögen alle Wesen überall Glück und all seine Ursachen erfahren.

Wiederhole dieses Mantra 108-mal am Stück oder über den Tag verteilt. Es befreit dich von destruktiven Gefühlen wie Stolz, Ignoranz, Eifersucht, Hass, Sturheit, Anhaftung, beunruhigenden Zweifeln und Gier.

Mantras für den Alltag

Wie viel Zeit vergeudest du mit Apps und Musik oder Instagram? Nutz den Alltag und deine Freizeit lieber für tiefe Reinigungsprozesse. Die folgenden Mantras sind besonders wirksam, wenn du sie mit der Intention aufsagst, frei zu werden.

Auf der Straße

Biete jeder Person, die dir entgegenkommt, im Stillen einen Segen an. Statt jeden und jede zu taxieren – süß, hässlich, will ich, will ich nicht, sexy, nicht sexy, Schwarz, *weiß* – und mit unseren ganzen unbewussten Vorurteilen zu belegen, die uns permanent automatisch durch den Kopf gehen, können wir unsere Konditionierung langsam auflösen. Deine Übung im Stillen besteht darin, dass du jedem, mit dem du in Kontakt kommst, wünschst: *Mögest du glücklich sein* oder *Mögest du in Leichtigkeit leben.*

Beim Duschen, Geschirrspülen oder Wäschewaschen
Das sind Tätigkeiten, bei denen du dieses Mantra verwenden kannst:

Für das höchste Wohl aller spüle ich sämtliche Gedanken, Gefühle, Emotionen, Situationen, Wesen und Energien weg, die meinem Erwachen nicht mehr dienen.

Essmantra
Sag vor jedem Essen dieses Mantra auf: *Ich danke allen Wesen, die dafür gesorgt haben, dass ich dieses Essen habe: Mutter Natur, den Wesen auf dem Bauernhof, im Geschäft und denen, die die nötigen finanziellen Mittel zum Kauf dieser Lebensmittel für mich geschaffen haben. Diese Nahrung heilt und erdet mich und ist eine Gabe der Fülle an alle fühlenden Wesen, die in diesem Moment nichts zu essen haben.*

Indem du allen wünschst, dass sie gesunde Nahrung bekommen mögen, weckst du den Mut und die Disziplin in dir, mehr für andere zu tun.

Beim Schlangestehen
Wenn wir irgendwo warten müssen, neigen wir dazu, abzudriften. Nutze stattdessen die untätige Zeit, um den Verstand zu klären und zu beruhigen. Wiederhole: *Im Jetzt bin ich frei, in der Gegenwart bin ich frei.*

Spontanes Schreiben: In diesem Augenblick spüre ich ...

Nutze diese Übung immer dann, wenn du in deinen Gefühlen festhängst oder darin untergehst.

Setze dir den Timer auf fünfzehn oder zwanzig Minuten. Nimm Papier und Stift zur Hand. Schreib »In diesem Augenblick spüre ich ...« und fahre von dort aus zügig und ohne Unterbrechung fort.

Bist du an einem toten Punkt angelangt, hole einmal tief Luft und setze wieder von Neuem an: »In diesem Augenblick spüre ich ...«

Todesmeditation

Mach sie, sooft du kannst. Wir werden den Gedankenvorgang sehr kreativ nutzen, um Weisheit zu entwickeln.

Setze dich erst mal hin, wie es dir am besten passt, entweder bequem auf einen Stuhl, die Füße flach auf dem Boden, oder auf ein Kissen.

Nimm ein paar lange, tiefe Atemzüge.

Dann konzentriere deine Energie auf die Nasenspitze.

Verfolge einige Male, wie du durch die Nase ein- und wieder ausatmest. Beginne dann mit folgender Meditation.

Unvermeidbarkeit des Todes

Wende für jeden der unten stehenden Sätze den inneren Dialog an, führe ein Gespräch mit dir selbst. Driftest du in Fantasien oder To-do-Listen ab, komm wieder zurück zum Thema. Fang jedes Statement so an:

»Ich erkenne an, dass ...«

jeder Mensch sterben muss.
alle Menschen, die ich kenne, sterben müssen.
meine Lebensspanne kontinuierlich abnimmt.

mein Tod sogar während dieser Übung näher rückt.

die Lebenszeit, die mir für die Entwicklung meines Geistes und für die Herzensöffnung bleibt, sehr begrenzt ist. Ich erkenne an, wie wichtig es ist, meine innere Transformation zu üben, weil ich schon bald tot sein werde.

die Lebenserwartung des Menschen ungewiss ist.

es viele Todesursachen gibt.

ich bei einem Autounfall, wegen Krankheit, im Schlaf sterben kann.

der menschliche Körper zerbrechlich ist; er ist ein Tempel mit extremer Power, zugleich aber auch anfällig für Unfälle und Krankheiten.

mir nur Einsicht und Weisheit beim Sterben helfen können.

mein Besitz mir nicht helfen kann, egal, wie viel Geld oder Sachen ich angehäuft habe; nichts davon spielt eine Rolle, weil es mich nicht mehr geben wird.

am Ende des Tages niemand helfen kann, nicht mal unsere Liebsten. Wenn meine Zeit kommt, werde ich gehen. Jeder und jede von uns stirbt irgendwann.

unser Körper uns nicht helfen kann. Unser Körper wird krank, er altert, und dann sterben wir.

Nimm dir am Ende der Übung einen Augenblick Zeit und beobachte, wie du dich fühlst. Danke dir für die Übung und nimm deine Einsichten mit.

Schreibübung: Geständnis

Ich möchte dich zu einem Geständnis einladen, das du in dein Tagebuch oder an eine andere geschützte Stelle schreiben kannst. Dir selbst einzugestehen, dass du dir und anderen Leid zugefügt hast, hat enorme Heilkraft. Du brauchst dein Geständnis niemandem zu zeigen und noch nicht mal aufzubewahren. Aber lies es dir vor, wenn du fertig bist, und denk drüber nach. Dann wirf es weg, verbrenn es oder schneide es in lauter kleine Fetzen. Die Übung hilft dir, vergangenes Leid ans Licht zu holen. Bleibt es verborgen, wird es seinen Weg an die Oberfläche auf andere Weise finden. Gib noch ein bisschen Vergebung hinzu, nutze dafür die Werkzeuge aus Kapitel 4.

Weisheitsmeditation

In dieser Übung nutzen wir unsere Gedanken als Verbündete. Wir denken darüber nach, wie ein gereinigter Geist beschaffen ist, und erkennen, dass er unser spirituelles Herz ist. Ein Großteil unseres Leidens kommt aus der Abkoppelung von unserem Herzen. Mit Wissen und Weisheit können wir uns wieder verbinden. Also los.

Schließe sanft die Augen und richte dich zielgerichtet und anmutig im Sitzen auf.

Lenk die Aufmerksamkeit auf deinen Atem, spüre deine Nasenspitze oder auch den Unterbauch.

Nimm ein paar lange, tiefe Atemzüge, atme ein und aus.

Erinnere dich an einen Streit.

Vergegenwärtige dir den Streit und die betreffende Person und denk dabei über Folgendes nach:

Menschen können sich ändern.
Niemand ist von Natur aus schlecht oder verkehrt.
Genau wie du ändert sich auch die andere Person und wächst.

Erfahrung definiert weder dich noch sie.
Wie Menschen auf dich reagieren, hast du nicht unter Kontrolle.
Selbst wenn du weise, freundlich, mitfühlend und ruhig bist,
hast du das Verhalten anderer nicht unter Kontrolle.

Visualisiere denselben Streit, sieh ihn jetzt aber aus einer großzügigeren Perspektive.

Es gibt weder Versehen noch Zufälle.
Dein vergangenes Verhalten hat die Lage geschaffen, damit
du daraus lernst.
Die Wahrnehmung der anderen Person ist ebenso berechtigt
wie deine.
Es ist egal, wer recht oder unrecht hat.
Die Situation stellt nur ein Problem dar, weil du ihr eine
Bedeutung angehängt hast.
Erlaube dir, das Ganze nicht als Problem, sondern als Chance
für weiteres Wachstum zu sehen.

Nimm dir zum Abschluss der Übung einen Moment Zeit und beobachte, wie du dich fühlst. Danke dir für die Übung und nimm deine Einsichten mit.

Die Ha-Atmung

Mit dieser Atemübung kannst du sehr wirksam Stress loslassen.

Setze dir den Timer auf 90 Sekunden.

Atme im Sitzen oder Stehen ein und hebe beide Arme zum Himmel.

Lass beim Ausatmen beide Arme sinken und die Ellbogen die Seiten deines Brustkorbs berühren. Sag dabei »HA!«

Atme in schneller Folge ein und aus, hebe die Arme beim Einatmen und senke sie beim Ausatmen.

Die Finger sind dabei aktiv, die Handflächen nach oben gerichtet.

HA! HA! HA!

Linksseitige Nasenatmung

Wenn du drei Minuten lang nur durch das linke Nasenloch ein- und ausatmest, gewinnst du die Kontrolle über dein Nervensystem zurück. Du bist ihm nicht mehr ausgeliefert und kannst es selber beeinflussen. Anstelle von Kortisol- und Adrenalinausschüttung, Kampf- oder Fluchtimpuls leitest du ein Gefühl von Ruhe und Entspannung ein.

Heb die rechte Hand zum Gesicht.

Verschließe mit dem rechten Daumen das rechte Nasenloch.

Zähl beim Einatmen durchs linke Nasenloch bis Vier und beim Ausatmen bis Sechs. Bleib drei Minuten dabei.

Kapalbhati

Die Übung stammt aus den yogischen Schriften. *Kapalbhati* bedeutet »scheinender Schädel«. Ich habe diese Atmung während meiner schlimmsten und dunkelsten depressiven Phase angewendet. Sie hilft dir, dich von dem Irrglauben zu befreien, dass deine Gedanken, Gefühle und Emotionen wahr wären. Mach sie 90 Sekunden lang.

Atme kraftvoll durch die Nase aus.

Atme weiter kraftvoll aus, bis das Einatmen ganz von alleine passiert. Atme einige Male hintereinander weiter so: mit kurzer, kraftvoller Ausatmung.

Dank

Großer Dank gilt meiner Agentin Coleen O'Shea für ihre Vision und liebevolle Unterstützung. Meiner Redakteurin Diana Ventimiglia dafür, dass sie sich von Anfang an für das Buch eingesetzt hat, und für all die Male, die ich einen Cheerleader brauchte. Allen bei Sounds True, weil sie an das Buch geglaubt und es in die Welt gesetzt haben. Melissa Valentine für ihre harte Arbeit, ihre Geduld und Freundlichkeit während dieses Prozesses. Sie hat immer an der richtigen Stelle nachgehakt und meine beste, klarste Herzensweisheit hervorgekitzelt.

Meiner Lehrerin Tenzin Chogkyi möchte ich für ihre Weisheit danken. Sie ist eine der Lehrerinnen, die mir halfen, einige der komplexesten Lehren im Buch zu vereinfachen.

Mein Dank geht an Tenzin Palmo, weil sie mir nahegebracht hat, wie wichtig Freude im Unterricht ist. An Seine Heiligkeit den 14. Dalai Lama ein Dank von Herzen, weil er uns als Beispiel dafür dient, wer wir werden können. Und an Lama Zopa Rinpoche, weil er etwas in mir gesehen hat, bevor ich selbst es sehen konnte.

Unendlich dankbar bin ich meiner Freundin Karen Chodron, ihren Lehrern und für ihre Weisheit, die sich auf mich zurückspiegelt. Der Ehrwürdigen Sarah Thresher und unseren Führern danke ich dafür, dass sie den Besuch der heiligen Höhlen des Guru Rinpoche ermöglicht haben. Ezra Johnson dafür, mich entscheidend ermutigt zu haben, immer meine Wahrheit zu schreiben und ich selbst zu sein. Jackie Cantwell, Ian Daniel, Alexandra Roxo, Ashley Elizabeth und Lisa-Marie Schneider: danke.

Ein riesiger Dank geht an meine Familie: Mum, wegen deiner Liebe glaube ich heute an mich. Schwester Moun, du bist mir ein Leitlicht gewesen. Ich weiß nicht, wo ich ohne deine Unterstützung wäre. Bruder Micky, du bist mir auf liebevollste Weise ein heftiger Kritiker. Dad, du hast mich gelehrt, dass sich die Sprache der Liebe nicht immer gleich ausdrückt.

Meinem Freund Gabriel Marques gilt mein herzlichster Dank. Du bringst mich zum Lachen, hast mich in deinem Haus aufgenommen und warst mir immer, wenn ich es am meisten brauchte, ein lieber und lustiger Freund. Du bist seit vielen Jahren immer für mich da. Ruby Warrington, ich danke dir für deine Bücherweisheit, dein Mitgefühl und deine Freundschaft, als ich mich auf diese Reise machte.

Zuletzt möchte ich all den unglaublichen Menschen, Freunden und Freundinnen, Lehrern und Lehrerinnen danken, denen ich auf meinen Reisen begegnet bin: Ihr alle seid meine Lehrer.

Über den Autor

Sah D'Simone ist spiritueller Lehrer, Motivationsredner und Bestsellerautor. Er lädt mit seiner Schule ein zu einem herzzentrierten Leben. Seine »sensationell-spirituelle« Lehre greift auf altbewährte Techniken zurück und proklamiert Freude und Authentizität als Wege ins Erwachen.

Sah ist in Brasilien geboren und im Alter von 16 Jahren in die USA immigriert. Schon mit Anfang 20 war er als Mitbegründer und künstlerischer Leiter eines internationalen Modemagazins sehr erfolgreich in der Modebranche, litt aber an Depressionen und Ängsten und war alkohol- und drogensüchtig. 2012 ließ er alles hinter sich und machte sich intensiv auf die Suche nach Gesundheit und Wohlbefinden.

Ein Jahr später reiste er nach Nepal, Indien, Thailand und Indonesien, um bei großen spirituellen Lehrern wie Seiner Heiligkeit dem Dalai Lama, Lama Zopa Rinpoche, Jetsunma Tenzin Palmo und zahllosen anderen zu lernen. Sah hat eine revolutionäre Heilungsmethode entwickelt, bei der er den klassischen tantrischen Buddhismus mit der modernen kontemplativen Psychotherapie verbindet und mit einem Schuss seines persönlichen freimütig-frechen Markenzeichens versieht. Außerdem setzt er sich leidenschaftlich für psychische Gesundheit und Wohlbefinden in der LGBTQIA+- und PoC-Szene ein.

Sahs Lehren haben das Leben von Tausenden bereichert. Er stand zusammen mit Deepak Chopra, Yung Pueblo, Ruby Warrington und Dan Harris auf der Bühne. Sein erstes Buch *5-minute Daily Meditations* (Fünf-Minuten-Meditationen für jeden Tag) ist ein ins Spanische, Chinesische und Holländische übersetzter internationaler Bestseller. Er wurde bei TEDx zu einem Talk eingeladen, und seine Kundenliste umfasst Google, MoMa, Kanye West, Cannes Lion, American Express, die Vereinten Nationen, New Balance, Bloomingdales und Havas.

Mehr über Sah findet sich auf seiner Website: sahdsimone.com.

Anmerkungen

2 Die Grundlagen

1 Bob Weinhold, »Epigenetics: The Science of Change«, *Environmental Health Perspectives* 114, 3 (2006): A160–7, doi:10.1289/ehp.114-a160.

2 »HeartMath Science«, HeartMath Institute, heartmath.org/science (abgerufen am 19. November 2021).

3 Deine aktuelle Ich-Geschichte

1 Remez Sasson, »How Many Thoughts Does Your Mind Think in One Hour?« Success Consciousness Blog, successconsciousness.com/blog/inner-peace/how-many-thoughts-does-your-mind-think-in-one-hour (abgerufen am 19. November 2021).

2 Lion's Roar Staff, »What Are the Four Foundations of Mindfulness?« *Lion's Roar*, 13. Juni 2018, lionsroar.com/what-are-the-four-foundations-of-mindfulness (abgerufen am 19. November 2021).

3 J. Hettema, J. Steele und W. R. Miller, »Motivational Interviewing«, *Annual Review of Clinical Psychology* 1 (2005): 91–111.

4 Die Fragen sind entlehnt vom Suchthilfezentrum Center for Substance Abuse Treatment, »Enhancing Motivation for Change in Substance Use Disorder Treatment«, *Treatment Improvement Protocol (TIP) 35.* Rockville, MD: Substance Abuse and Mental Health Services Administration, Oktober 2019.

5 »What Is Neuroplasticity?« Brainworks: *Train Your Mind,* brainworksneurotherapy.com/what-neuroplasticity (abgerufen am 19. November 2021).

6 Margaret Jaworski, »The Negativity Bias: Why the Bad Stuff

Sticks and How to Overcome It«, *Psycom*, 23. Mai 2019, psycom. net/negativity-bias (abgerufen am 19. November 2021).

7 Kerry J. Ressler, »Amygdala Activity, Fear, and Anxiety: Modulation by Stress«, *Biological Psychiatry 67*, *12* (2010): S. 1117–9, doi:10.1016/j.biopsych.2010. 04.027.

8 »Self-Talk Diary« und »Replacing Limiting Beliefs«, Übungen nach Aaron T. Beck, *The Anxiety and Worry Workbook: The Cognitive Behavioral Solution*, 1. Ausg. (New York: The Guilford Press, 2011).

9 Sethanne Howard und Mark W. Crandall, »Post-Traumatic Stress Disorder: What Happens in the Brain?« *Journal of the Washington Academy of Sciences 93*, *3* (2007): 1–17, jstor.org/stable/ 24536468.

10 Gretchen Lidicker, »Could Strengthening Your Vagus Nerve Be The Secret to Crushing Your Anxiety?«, *Mindbodygreen*, 30. September 2019, mindbodygreen.com/articles/the-vagus-nerve-anxiety-how-to-strengthen-it (abgerufen am 19. November 2021).

11 Tiffany A. Ito, Jeff T. Larsen, Kyle N. Smith und John T. Cacioppo, »Negative Information Weighs More Heavily on the Brain: The Negativity Bias in Evaluative Categorizations«, *Journal of Personality and Social Psychology 75*, *4* (Oktober 2002), doi:10.7551/ mitpress/3077.003.0041.

12 John A. Sturgeon und Alex J. Zautra, »Social Pain and Physical Pain: Shared Paths to Resilience«, *Pain Management 6*, *1* (2016): 63–74, doi:10.2217/pmt.15. 56.

4 Bootcamp – hier geht's ums Vergeben

1 Loren Toussaint, Everett L. Worthington und David R. Williams, *Forgiveness and Health: Scientific Evidence and Theories Relating Forgiveness to Better Health* (New York: Springer, 2015).

2 Douglas J. Bremner, »Traumatic Stress: Effects on the Brain«, *Dialogues in Clinical Neuroscience 8*, *4* (2006): 445–61.

3 Amy F. T. Arnsten u. a., »The Effects of Stress Exposure on Prefrontal Cortex: Translating Basic Research into Successful Treat-

ments for Post-Traumatic Stress Disorder«, *Neurobiology of Stress 1* (2015): 89 – 99, doi:10.1016/j.ynstr.2014.10.002.

4 Jennifer Berry, »Endorphins: Effects and How to Increase Levels«, *Medical News Today*, 6. Februar 2018, medicalnewstoday. com/articles/320839.php (abgerufen am 19. November 2021).

5 Dr. Siri Carpenter, »That Gut Feeling«, *American Psychological Association*, September 2012, apa.org/monitor/2012/09/gut-feeling (abgerufen am 19. November 2021).

5 Deine neue Ich-Geschichte

1 Ram Dass, quotecatalog.com/quote/ram-dass-i-would-like-my-N7oEZRp (abgerufen am 19. November 2021).

6 Sei dein eigener Guru

1 Steven Kotler, »The Passion Recipe: Four Steps To Total Fulfillment«, *Forbes Magazine*, 8. Oktober 2015, forbes.com/sites/stevenkotler/2015/03/27/the-passion-recipe-four-steps-to-total-fulfillment/#6abd69d6bb41 (abgerufen am 19. November 2021).

2 Steven Kotler, »Flow States and Creativity«, *Psychology Today*, 25. Februar 2014, psychologytoday.com/us/blog/the-playing-field/201402/flow-states-and-creativity (abgerufen am 19. November 2021).

8 Hab keine Angst davor, großartig zu sein

1 Lion's Roar Staff, »What Are the Eight Worldly Concerns?« *Lion's Roar*, 13. Februar 2016, lionsroar.com/buddhism-by-the-numbers-the-eight-worldly-concerns (abgerufen am 19. November 2021).

10 Die höhere Vision

1 Die vier Instandhaltungssäulen sind dem Lehrplan des Institute of Integrative Nutrition entnommen, integrativenutrition.com/ (abgerufen am 19. November 2021).

11 Weitere Meditationen, Gebete und Mantras für deine Reise

1 Shantideva, »Shantideva Prayer«, Unitarian Universalist Association, aus *The Bodhisattvacaryāvatāra (Guide to the Bodhisattva's Way of Life)*, uua.org/worship/words/quote-reading/shantideva-quote (abgerufen am 19. November 2021).

TINA TURNER

Happiness

Mein spiritueller Weg

Tina Turner berichtet erstmals von ihrem Leben jenseits der Popwelt. Sie teilt ihre spirituellen Erfahrungen und Erkenntnisse, schildert ihre erste Begegnung mit dem Buddhismus und welch einzigartige Wirkung dieses Erlebnis auf sie hatte. Sie beschreibt ihre Meditationspraxis, die tiefe Kraft des Chanten und ihren persönlichen Weg zum Glück.

Mithilfe ihres Glaubens war es ihr möglich, die vielen schwierigen Situationen ihres Lebens zu meistern.

Ihre Botschaft lautet: »Auch in den dunkelsten Zeiten hast du es in der Hand, deinem Leben eine gute Richtung zu geben.«

»Wir lernen eine neue, unglaublich beeindruckende und sehr persönliche Seite von Tina Turner kennen. Voller Weisheit und Tiefe!« – *tv Hören und Sehen*